国家社科基金项目"地方政府治理绩效评估指标体系中的法治指标研究"（16CZZ024）的阶段成果

东北师范大学青年学者出版基金资助

东北师范大学政法学院出版基金资助

治理转型视域下我国地方政府效能评价研究

郭燕芬◎著

中国社会科学出版社

图书在版编目（CIP）数据

治理转型视域下我国地方政府效能评价研究/郭燕芬著.
—北京：中国社会科学出版社，2021.1
ISBN 978 - 7 - 5203 - 7737 - 9

Ⅰ.①治…　Ⅱ.①郭…　Ⅲ.①地方政府—行政管理—研
究—中国　Ⅳ.①D625

中国版本图书馆 CIP 数据核字 (2021) 第 020478 号

出 版 人	赵剑英
责任编辑	刘晓红
责任校对	周晓东
责任印制	戴　宽

出　　　版	中国社会科学出版社
社　　　址	北京鼓楼西大街甲 158 号
邮　　　编	100720
网　　　址	http://www.csspw.cn
发 行 部	010 - 84083685
门 市 部	010 - 84029450
经　　　销	新华书店及其他书店

印刷装订	北京君升印刷有限公司
版　　　次	2021 年 1 月第 1 版
印　　　次	2021 年 1 月第 1 次印刷

开　　　本	710×1000　1/16
印　　　张	16.5
插　　　页	2
字　　　数	255 千字
定　　　价	96.00 元

凡购买中国社会科学出版社图书，如有质量问题请与本社营销中心联系调换
电话：010 - 84083683

摘　　要

　　党的十八大后中国进入社会主义建设新时期，发展与完善中国特色社会主义制度，推动国家治理体系与治理能力现代化成为新时期全面深化改革的战略目标与任务，这也标志着我国政府治理转型步入新阶段。治理转型所蕴含的特定的价值取向、制度基础和社会基础使处于治理转型视域下的地方政府效能评价既不同于西方国家的政府绩效评价，也有别于传统治理模式下的政绩考核评价。对治理转型及地方政府治理转型有一个精准的现实认定，并基于这个现实认定来构建与之相适应的地方政府效能评价体系，是保证地方政府效能评价有效发挥作用的关键。基于这样的逻辑起点，本书的研究主题是构建一个与治理转型相契合的地方政府效能评价理论分析框架。

　　本书的基本思路如下，第一，对政府效能评价的相关理论进行分析，揭示政府效能评价在政府治理及推动政府治理变革中的重要作用。第二，从应然层面对我国治理转型意蕴——时代背景和战略目标——进行阐述，并对这一背景下地方政府治理转型的基本特征进行梳理与论述，在此基础上阐述治理转型对政府效能评价的客观需求以及治理转型为地方政府效能评价提供的现实基础。第三，在应然需求分析之后，通过对我国地方政府效能评价的政策文本进行计量分析和内容分析以求从宏观上把握我国地方政府效能评价的实然状态。基于上述三个部分的现实认定分析，第四，在学理依据和基本前提假定论述基础上，阐释与治理转型相契合的地方政府效能评价体系的基本思路、内容要素和指标体系，即基于地方政府效能评价实践的"初始状态"与"理想状态"，结合治理转型时期的"约束条件"来重新阐释与分析为什么评价（评价基本定位与价值取向）、评价什么（评价内容与指标体系）、谁来评价（评价主体）、如何评价（评价方法）这一分析架构。沿着这一分析思路，构建与治理转型相契合的地方政府效能评价体系，并具体阐释其要素结构与内容，依据内容要素框架从理论上构建地方政府效能评价指标体系，并通过隶属度分析和相关分析对评价指标体系进行筛选和优化，确定最终的评价指标体系。第五，从理念、制度和技术三个层面提出与治理转型相契合的地方政府效能评价有效实施的保障体系。

本书的主要研究结论有：第一，随着我国社会主义建设进入新阶段，治理转型进一步发展，我国地方政府效能评价应基于我国地方政府治理的基本情境和当前我国地方政府效能评价存在的问题进行自主创新。第二，治理转型既具有超越传统政府治理模式，走向现代化政府治理模式的先进性，也带有深刻的传统治理模式路径依赖，尚未达到现代化政府治理模式的局限性，这是构建科学的、与治理转型相契合的地方政府效能评价体系的现实依托。同时，构建与治理转型相契合的地方政府效能评价体系也是肩负推动治理变革，促进治理模式成功转型的重要治理工具。第三，与治理转型相契合的地方政府效能评价体系，是以成为推动治理变革的战略治理工具为基本定位，兼顾和均衡治理转型背景下地方政府治理多元价值取向，反映地方政府治理转型主要维度的评价体系。基于我国政府治理实际情境与现实约束条件，兼顾治理转型过程中因路径依赖而残存的传统治理要素的限制和治理变革的战略目标要求而尝试的渐进型、次优型的分析框架构建思路，由为什么评价（评价基本定位与价值取向）、评价什么（评价内容与指标体系）、谁来评价（评价主体）、如何评价（评价方法）构成的有机系统。第四，与治理转型相契合的地方政府效能评价指标体系是以分析框架中评价内容的逻辑思路，即"以评促改"为逻辑起点，以地方政府治理体系和治理能力现代化为两条逻辑主线，具体表现为政府内部管理效能、制度建设效能、改革创新效能、公共政策效能、经济建设效能、社会治理和公共服务效能六个动态过渡与静态完成相结合的一级指标维度。在借鉴现有研究基础、实证分析筛选基础上形成了最终的指标体系。这一指标体系与以往指标体系的最大不同是有效地契合了当前我国治理变革的主要维度，突出对地方政府治理能力的考察。第五，与治理转型相契合的政府效能评价的保障体系主要包含：理念更新，迈向与治理转型相契合的地方政府效能评价的新思维；完善制度，克服与治理转型相契合的地方政府效能评价的发展"瓶颈"；优化技术手段，适应与治理转型相契合的地方政府效能评价新格局三个方面。

本书的研究意在构建一种与治理转型相契合的地方政府效能评价体系的理论分析框架，为推进我国地方政府行政体制改革和政府效能评价的理论研究提供新的视角和观点，为有效推进政府治理变革，推进国家治理体系与治理能力现代化，进而推进新时代我国建成中国特色社会主义小康社会的配套改革提供理论参考。

关键词：治理转型；地方政府；效能评价

目　录

第一章　导论 …………………………………………… 1

第一节　研究背景与问题提出 …………………………… 2

第二节　相关概念厘定与阐释 …………………………… 10

第三节　国内外研究现状 ………………………………… 21

第四节　研究内容与研究意义 …………………………… 38

第五节　研究方法 ………………………………………… 40

第六节　研究思路与技术路线 …………………………… 43

第七节　创新与不足之处 ………………………………… 44

第二章　理论阐释：政府效能及其评价 ……………… 46

第一节　政府效能：一个"构念"分析 ………………… 46

第二节　政府效能评价的概念及基本特征 ……………… 55

第三节　政府效能评价的理论基础 ……………………… 62

第四节　本章小结 ………………………………………… 69

第三章　应然需求：治理转型对地方政府效能评价的客观要求 …… 70

第一节　我国治理转型的意蕴分析 ……………………… 70

第二节　治理转型视域下地方政府治理的基本特征 …… 75

第三节　地方政府治理转型的主要维度 ………………… 83

第四节　治理转型视域下地方政府效能评价的应然转变 ……… 88

第五节　治理转型视域下地方政府效能评价的现实基础 ……… 91

第六节 本章小结 …………………………………………… 96

第四章 实然状态：我国地方政府效能评价的实施现状 ………… 97
第一节 我国地方政府效能评价的实践历程回顾 ………… 97
第二节 我国地方政府效能评价的现状分析 …………… 101
第三节 治理转型时期地方政府效能评价实践的发展与
不足 ………………………………………………… 122
第四节 构建与治理转型相契合的地方政府效能评价体系的
必要性 ……………………………………………… 127
第五节 本章小结 ………………………………………… 130

第五章 框架重构：与治理转型相契合的地方政府效能评价
体系 …………………………………………………… 132
第一节 地方政府效能评价体系重构的学理依据 ……… 132
第二节 地方政府效能评价体系重构的前提假定条件 …… 139
第三节 地方政府效能评价体系重构的基本思路 ……… 142
第四节 与治理转型相契合的地方政府效能评价体系 …… 147
第五节 与治理转型相契合的地方政府效能评价指标体系
构建 ………………………………………………… 158
第六节 本章小结 ………………………………………… 190

第六章 保障系统：与治理转型相契合的地方政府效能评价的
有效实施 …………………………………………… 192
第一节 理念更新，迈向与治理转型相契合的地方政府效能
评价的新思维 ……………………………………… 192
第二节 完善制度，克服与治理转型相契合的地方政府效能
评价的发展瓶颈 …………………………………… 196
第三节 优化技术手段，适应与治理转型相契合的地方政府
效能评价新格局 …………………………………… 207
第四节 本章小结 ………………………………………… 210

第七章　主要结论与研究展望·························· 211

　　第一节　研究的主要结论·························· 211

　　第二节　研究展望······························ 212

附　录···································· 213

参考文献·································· 234

后　记···································· 251

第一章　导论

当今世界，政府效能已成为衡量一个国家竞争能力的重要指标。一国政府效能的高低，是该国现代化水平尤其是该国政治现代化程度的重要标尺。萨缪尔·亨廷顿（Samuel P. Huntington）认为，各国之间重要的政治分野不在于它们的政治形势，而在于它们的政府的有效程度①。自 20 世纪七八十年代新公共管理运动兴起以来，世界各国行政改革的一项重要措施是探索构建科学合理、实际可用的政府绩效评价体系，以达到提升政府效能的目标。西方国家的经验表明，政府绩效评价在提高行政效率、节约行政成本、改善公共服务质量方面有着重要的推动作用。在学习西方国家成功经验和国内行政改革的双重驱动下，政府绩效评价这一管理工具也日渐频繁地进入我国中央和各级地方政府重要议程。然而，必须认识到的事实是，政府绩效评价作为一项管理工具或者管理制度，一方面会受到国家工作重心转移和治理模式转向的引导，另一方面也能够成为推动国家治理模式转型的重要工具。即政府绩效评价既是落实治理转型，将各项重要的大政方针转化为实际治理行为的重要机制，也是提升政府治理体系与治理能力，推动"国家治理体系与治理能力现代化"的重要手段。基于此，立足于治理转型的宏大背景，探讨地方政府绩效评价具有重要的理论价值与现实意义。

---

① 萨缪尔·亨廷顿：《变化社会中的政治秩序》，上海世纪出版社 2008 年版，第 1 页。

第一节　研究背景与问题提出

正如莫里斯·阿莱（Maurice Allais）的自我激励："一个科学家不能对他所处时代的重大问题无动于衷。"[①] 一般而言，一个有意义的研究选题需要包含以下两个原则：一是研究选题要着眼于真实性的问题，即研究现实中亟待解决的问题。二是研究选题要着眼有意义的问题，即对经济社会发展具有重大影响的问题。

一　研究背景

（一）国家治理现代化对地方政府效能评价的现实需求

2013 年，党的十八届三中全会通过的《中共中央关于全面深化改革若干重大问题的决定》（以下简称《决定》），将"完善和发展中国特色社会主义制度，推进国家治理体系与治理能力现代化作为我国全面深化改革的总目标"，并且提出"到 2020 年，在重要领域和关键环节改革上取得决定性成果，完成本决定提出的改革任务，形成系统完备、科学规范、运行有效的制度体系，使各方面制度更加成熟更加定型"。国家治理体系与治理能力现代化是一项复杂而艰巨的战略工程，地方政府在这项战略工程中担负着主要执行者的角色，在中央国家战略规划框架内，地方政府的治理能否实现现代化是国家战略能否实现的关键环节。从当前治理阶段到治理现代化的目标实现，实质上是处于治理转型阶段。这一阶段是通过全面深化改革，将国家治理从不完备、不规范、弱有效性转变为"系统完备、科学规范和运行有效"的过渡转型期。而地方政府作为全面深化改革的重要执行者，其治理效能的高低直接决定了改革任务的完成程度，影响着地方政府治理体系与治理能力的现代化，并最终决定着国家治理体系与治理能力现代化的进程。因此，在治理转型关键时期，提升地方政府治理效能成为一个重要课题。

提升地方政府治理效能，实现地方政府治理体系与治理能力现代化到具体的制度、政策落实的过程需要现代化的治理工具予以保障。詹姆

[①]　蔡昉：《蔡昉自选集》，学习出版社 2009 年版，第 408 页。

斯·哈林顿（H. James Harrington）认为在管理活动中，"评价是关键，如果你不能评价它，那么你就不能控制它，如果你不能控制它，那么你就不能管理它，如果不能管理它，那就不能改进它"①。地方政府效能评价是控制和管理地方政府改革方向、制度和政策落实，进而提升与改进地方政府效能的重要治理工具。作为一种存量改革进程，实现地方政府治理体系与治理能力现代化需要对现有治理体系和治理能力进行全面的完善与提升，其过程的利益调整使改革的方向和改革的程度都具有较大的不确定性，如果没有政府效能评价这一治理工具来指引、约束和控制，则很难保证地方政府具体的改革制度和政策落实能够按照国家治理现代化的战略要求和目标方向前进。因此，国家治理现代化这一宏伟目标的实现需要有效的地方政府效能评价。

（二）现有政府绩效评价模式的局限性

相同的管理工具在不同的情境下需要做出相应的调整以适应本土的行政生态环境，进而发挥其有效作用。有学者提出，中国的政府绩效评价系统是一个"分析工具"②。一方面，地方政府通过这一"分析工具"知悉中央政府的政策目标；另一方面，中央政府通过这一"分析工具"来增进对地方政府实施这一政策目标情况的掌控。然而，近些年来，政府绩效评价在中国的发展出现很多"扭曲"和"悖论"的发展势态，例如，评价价值的偏差导致的绩效评价实质上仍是"政治锦标赛"，"官本位"价值仍是绩效评价的主要价值依据，这也进而导致了评价组织过程的"一言堂""自上而下"、不规范、透明度差等弊端。笔者通过对当前中国政府绩效评价的具体实践考察及相关研究的研读，认为当前我国地方政府绩效评价实践存在局限的原因源自两个方面：

1. 绩效评价既有模式与中国治理转型时期行政生态环境的"水土不服"

罗伯特·A. 达尔（Robert Alan Dahl）认为，"从某个国家行政环

---

① Harrington, H. James, *Business Process Improvement*: *The Breakthrough Strategy for Total Quality*, *Productivity*, *and Competitiveness*, New York: McGraw Hill Professional, 1991, p. 82.

② Chan, H. S., Gao, J., "Can the Same Key Open Different Locks? Administrative Values Underlying Performance Measurement in China", *Public Administration*, Vol. 91, No. 2, 2013.

境归纳出来的概论，不能立刻普遍化或者被应用到另一个不同环境的行政管理中去，一个理论是否适用于另一个不同的场合，必须先把那个特殊场合加以研究后才可以判定"①。按照佛雷德·里格斯（Fred Warren Riggs）依据行政生态要素对国家行政生态的划分②，以美国为代表的西方发达国家属于工业社会"衍射型"行政模式，而中国则属于过渡型社会"棱柱型"行政模式。作为新公共管理背景下产生的一种管理工具，政府绩效评价是西方经济社会发展到一定阶段的产物，带有根深蒂固的"衍射型"行政模式下的价值基础、制度基础和社会基础，其有效应用的前提是将其应用于符合这种管理工具所蕴含的价值、制度和社会基础的行政生态中。即使是行政模式发展程度比较接近的西方发达国家的政府绩效评价应用模式也存在差异，更何况中国作为过渡型社会的"棱柱型"行政模式，无论是经济要素、社会要素、沟通网络、符号系统还是政治架构都与政府绩效评价所根植的行政模式存在巨大差异，这使政府绩效评价在中国实施会存在"水土不服"，主要表现在价值冲突、制度困境及社会乏力三个方面：

一是价值冲突。西方发达国家的行政模式是以市场导向为基石的。市场导向的一个价值特点是将所有的劳动力都视为商品，通过价格（薪水）来衡量劳动力的"价值"，"无论是工厂的工人，还是行政部门的公务员，无论是农场的雇农，还是官僚机构的长官，都被看作是出售其服务换取金钱/薪水"③。在这种价值体系下，公众对于政府工作人员的态度与对于私人部门工作人员的态度并无差异，对他们的要求同样是"物有所值"（Value for Money），即政府及其工作人员提供的服务要与公民"支付的价格"（纳税）相符。这就自然而然地衔接到公众对于政府服务产出与税收收入和使用的评价问题，尽管不可能或无法达到支付与接受服务完全对等，但这种市场导向是政府绩效评价的价值基础。在市场导向价值基础下，公众对政府是一种不信任的态度，对政府服务水

---

① Dahl, R. A., "The Science of Public Administration: Three Problems", *Public Administration Review*, Vol. 7, No. 1, 1947.

② F. W. Riggs, *The Ecology of Public Administration*, Bombay : Asia Publishing House, 1961.

③ Ibid., p. 6.

平的关注是自下而上的，通过公众、专业团体以及议会等立法机构直接或间接监督和评价政府服务成为一种社会习惯。

由于特殊国情和独特的发展历史，我国的公共行政价值基础与西方市场导向的行政模式价值基础不同，"价格"和"物有所值"等市场导向的价值基础在最初计划经济时期的行政模式中不存在。尽管经历了40多年的经济体制改革与行政体制改革，当下行政模式有了很大的改变，但是自上而下的目标制定、任务和资源配置的价值导向仍然对行政模式具有主导性影响。长久以来的自上而下的行政模式导致公众对政府更多是一种服从、依赖和信任的价值倾向，这也使立法机关、公众对政府绩效评价的监督和评价渠道非常有限。自上而下的、以对政府行为内部控制与监督为主导的政绩考核与考评始终占主导地位。因此，在绩效评价的实施过程中，绩效目标更多地体现为上级政府和领导者的政绩期望，而非基于科学的、公众期待的政府组织目标和使命来制定，尽管换上了政府绩效评价的"新瓶"，仍然装着政绩考核的"旧酒"。

二是制度困境。绩效评价产生于完善、规范、法治的制度基础上。近些年来，尽管一些西方国家的政策与项目绩效评价也加入了合理性与必要性，但地方政府效能评价这一管理工具的初衷是追求行政结果最大化。美国于1993年成立了"国家绩效评审委员会"，该委员会发布的报告《从繁文缛节到结果导向：创造一个花钱少、工作好的政府》认为美国政府绩效不佳的原因并非是由于人员的懒惰与无能，而是由于太多的繁文缛节约束了人员的创造力。因此，解决政府绩效不佳这一问题的途径是创造一个对结果负责，而非对规则负责，抛弃繁文缛节的新的举措①。

与绩效评价产生于完善、规范与法治的成熟制度基础上，初衷是减少繁文缛节对结果束缚的目标不同，当前我国政府改革的一个主要任务仍然是设立各种制度以规范政府行为。以公务员管理制度为例来阐述我国与西方发达国家的制度成熟度差异：在20世纪90年代初，中国公务

① Gore, A., *From Red Tape to Results: Creating a Government That Works Better & Costs Less*, Report of the National Performance Review, 1993.

员制度刚刚起步，而美国联邦政府公务员管理制度规范却已经是一本1万多页的联邦人员管理手册①。不仅公务员制度，我国的很多基础性制度至今仍在不断完善中，如预算制度、审计制度、人事制度等。整体而言，当前我国政府行政仍处于从"人治型政府"到"法治型政府"的转型过渡期，实现公共行政的法治化、规范化是当前的行政改革的一个重点。如果在规则不完善的情况下，就跟随绩效评价的结果导向初衷，追求结果最大化，这样的评价弊大于利，会导致政府部门为了追求所谓的绩效结果，采取不合法的手段。近些年，为追求政绩最大化而采取危害公众利益的事例也频频见诸报端。

三是社会乏力。绩效评价产生于一种高度分化的、政府与社会力量具有平衡制约关系的社会结构中。实际上，西方国家政府绩效评价的发起也是源自社会专业团体的推动，以美国为例，早在1943年，美国地方管理协会已经开始对地方政府绩效测量进行研究。此外，国际城市管理协会（International City/County Management Association，ICMA）等非营利组织针对城市发展问题的研究也在不断推动着地方政府绩效测量的发展，例如，比较绩效测量协会（Comparative Performance Measurement Consortium，CPMC）曾经汇集了44个地方政府数据进行比较分析和评价②。政府绩效评价的有效实施需要强有力的社会力量推动。在美国社会生活中，各种专业社会组织和团体是不可或缺的一部分，例如美国政治科学协会、美国医学协会、美国律师协会等分化细致的专业协会，除了专业协会，还有工人组成的工会、相同信仰的人组成的教派等。这些社会组织不仅大量存在，更重要的是它们可以作为公民与政府沟通的桥梁对政府形成实质性的影响。由于美国公共行政的部门划分与各类专业协会的关注领域可以形成有效对接，专业协会可以依据其专业特长来评价政府在其领域内政策的科学性与效益性。相较于公民个体对政府绩效影响甚微和专业性不足，社会团体汇集关注相同领域的个体，可以对政府绩效评价形成较大的影响力。另外，专业协会

---

① Wang, Wen, "Improving the Capacity to Govern Based on Rules in China", *Public Administration Review*, Vol. 73, No. 5, September/October, 2013.

② 吴建南、阎波：《政府绩效：理论诠释、实践分析与行动策略》，《西安交通大学学报》（社会科学版）2004年第3期。

及其他社会团体通常是公众关注相关领域或政策信息来源的一个重要渠道，通过协会获取比较全面和权威的相关领域的公共政策信息，也有助于提高公众对政府在某一领域实质绩效的认知，为自下而上的绩效评价奠定了组织与信息基础。

反观我国，尽管近些年来社会组织在逐步发展，政府与社会力量之间的关系也在不断地改革与调整中，但整体而言，社会组织，尤其是影响力较大的社会组织仍然依附于政府，其自身影响力，尤其是对其相对应的政府部门的影响力微乎其微。并且当前我国的社会组织很少能有效地组织公众，汇集民意，这也限制了其作为公民与政府部门沟通纽带的作用。如果立法机构对政府行为约束不足，社会力量对政府行为影响也不够，那么政府绩效评价实施的有效性必然会大打折扣。"理性经济人"现象普遍存在于政府行为中，基于自利性的考量，政府组织成员对目的是降低成本、提高产出、带有明显"利益威胁"的绩效评价的实施是存在抵触心理的，这导致政府内部绩效评价效力大大削弱。此外，尽管当前我国很多地方政府实施了"万人评议政府"等公众参与政府绩效评价的做法，但由于存在公众对政府相关行为和政策信息的匮乏、政府为主导的绩效评价设计与组织以及公众评价结果作用的微乎其微等因素影响，这些地方政府绩效评价的实践也仅是一种"花拳绣腿"的形式主义。跳过组织性、专业性较强的社会组织作衔接，公众个体很难有效对接政府绩效评价，很难真正成为推动政府绩效评价有效实施的力量。

2. 绩效评价的本土化改造存在路径偏差

产生于西方行政模式中的政府绩效评价在我国的实施出现了诸多因"水土不服"而导致的困境。也因此，在理论研究中，很多学者对绩效评价的本土化改造进行了研究，但当前推动政府绩效评价本土化的研究存在两方面的问题：一是局限在绩效评价与生俱来的价值基础、制度基础和社会基础的框架内修补，突出表现为仅对政府绩效评价技术性问题进行分析，如政府绩效评价的主体选取、指标设计、评价方法等，很少有学者跳出政府绩效评价的既定价值基础、制度基础和社会基础，基于中国当前的价值基础、制度基础和社会基础的行政生态来分析绩效评价在中国的实践问题。二是研究政府绩效评价在中国实践的难点及解决策略时，很多学者提出的制度调整策略实质上是一种本末倒置。根据帕森斯（Talcott Parsons）的组织层次论，组织层次分为技术、管理和制度三个层次，技术和管理两个层次是包含在组织内部的，而制度的层次明显是位于技术和管理层次之上，是位于整个广泛社会系统的组织部分①。绩效评价显然是属于组织内部的技术与管理层次的一种管理工具，其功能只是改进政府组织的管理水平，而且是在适应整个制度环境下的一种工具应用，如果让整个制度环境来适应一种管理工具，是本末倒置，同时也是短期内无法实现的任务。

二 问题提出

评价是有成本的，无论是操作的成本，还是操作后依据评价结果进行治理改革的成本，如果评价本身的参照物就存在问题，那不仅仅是在做无用功，还会因无用功而引起连锁的改革损耗。比较成熟的绩效评价模型是基于西方发达国家的国情而设计的，一些在西方发达国家已经被视为理所当然的事务，在我国可能却是需要改进的事务，如审批权、政企分离等在西方社会基本不存在的问题，在我国却严重影响着整体政府效能。所以，照搬西方国家的政府绩效评价模式很有可能遗漏最亟须的评价内容。

时刻需谨记的是，政府评价并非为了评价而评价，这是很多学者研究政府绩效评价在中国语境下实践时最容易忽略的问题，他们试图将中国的绩效评价实践最大化接近西方国家语境下的政府绩效评价，因此进行了一系列技术改造，例如，一些学者试图以技术手段构建所谓"科学化"的政府绩效评价指标体系。然而，构建评价指标体系并非终极目标，指标能够体现当前政府治理需求、满足提升政府治理体系与治理能力才是终极目标。简单地用技术手段来构建指标体系可能看似天衣无缝，披上了科学化的外衣，然而，却忽视了指标选择与应用其实是一个

---

① Parsons, T., *Structure and Process in Modern Societies*, New York: The Free Press, 1960, pp. 58 – 72.

政治过程①，需要有效地反映人民的意愿以及承担政府变革监督与激励、责任控制与方向把控的重要角色。笔者比较认同陈天祥教授对这一问题的认知："首先应该做的是从治理的高度去认识和探讨绩效管理，而不是舍本逐末，热衷于技术的精益求精。"② 正如上文所述，西方国家绩效评价建立在具有比较成熟的宪政体制和市场体制基础上，它们的权力机关能够比较有效地实施对行政机关的监督与控制，政府与市场之间的界限十分清晰，各个治理主体各司其职。加之，政府治理过程的公开性和透明性较高，民众对政府工作的认知度较高，使政府绩效评价能够有效做到"政治理性"与"技术理性"的统一，从而改进政府治理。由于我国正处于体制与治理转型期，民众诉求渠道较少、政治回应性较弱，政府与市场、政府与社会的职能界限并不清晰等治理转型特点导致绩效评价必须回归到治理变革的高度来进行统筹设计。这一点，国内一些学者已经逐渐意识到，除了陈天祥教授，彭国甫教授也认为政府绩效评价"追求工具理性与价值理性的整合，既是地方政府公共事业管理的内在要求，也是地方政府公共事业管理绩效评价的一个发展方向"③。然而，尽管学界已经提出了站在治理高度来统筹设计政府绩效评价的观点，但是关于如何与治理变革为核心的治理转型背景相结合来设计政府绩效评价体系的研究并不丰富。

本书认为，作为一种治理工具，政府评价应该基于治理需求进行设计，在我国追求国家治理体系和治理能力现代化战略大背景下，如果单纯地模仿西方国家政府绩效评价来对中国政府进行评价，其弊端不言而喻。评价指标是指挥棒，如果制度规制和约束机制不完善，那么地方政府会扭曲这种以结果为导向的评价指标体系的初衷，从而热衷于经济发展而忽视民生，热衷于结果导向而漠视过程合法性与合规性，虽然会促进地方政府经济的高速发展，但是也会带来严重的

---

① 陈天祥：《政府绩效管理研究：回归政治与技术双重理性本义》，《浙江大学学报》（人文社会科学版）2011 年第 4 期。

② 陈天祥：《政府绩效管理研究：回归政治与技术双重理性本义》，《浙江大学学报》（人文社会科学版）2011 年第 4 期。

③ 彭国甫、张玉亮：《追寻工具理性与价值理性的整合——地方政府公共事业管理绩效评估的发展方向》，《中国行政管理》2007 年第 6 期。

治理困境，如环境污染和资源浪费问题、公共物品和公共服务质量低劣等。这与解决新时代"人民日益增长的美好生活的需要和不平衡不充分发展之间的矛盾"是背道而驰的。当前我国更加突出的矛盾是发展不平衡不充分，在以治理变革为主旨的、解决发展不平衡不充分这一主要矛盾的治理转型背景下，政府效能评价也需要跟上治理变革的步伐，探寻治理转型视域下最急迫、最契合实际需求的政府效能评价体系。

基于以上三个方面，笔者定下本书研究主题，即基于一个更加准确的现实认定，来确定一个与这个现实认定相符合的政府效能评价分析框架，从评价定位和价值取向、评价主体、评价内容到评价方法都与当前我国治理转型背景相契合，体现当前政府治理亟须改进的关键点，充分发挥政府效能评价管理工具对推动治理变革，促进治理转型，最终实现地方政府，进而实现国家治理体系与治理能力的现代化的作用。

第二节　相关概念厘定与阐释

治理转型和政府效能都是内涵丰富的概念，在进行理论阐释之前，有必要对其概念及相关概念进行厘定与阐释。

一　治理、治理现代化与治理转型

（一）治理

"治理"一词近些年日益成为学界高频使用的词汇。"治理"所对应的英文单词为"governance"，源于14世纪的法语，与"统治"具有相同的词根。表示"统治的行为或方式"。在现代意义上，也会将"治理"看作"控制、引导和操纵"，与"统治"意义相近，主要体现在国家政治或公共事务的相关活动中。20世纪90年代以来，西方学者赋予治理"多主体、多中心共同管理"的含义，将其广泛应用到社会经济领域，衍生出远远超越"政治统治"的含义，正如鲍劫·杰索普（Jessop, Bob）所说，"它在许多语境中大行其道，甚至成为可以指涉任何事物或毫无意义的时髦词汇"①。在对"治理"概念的理解中，最权威、最广为引述的当属全球治理委员会（Commission on Global Governance）的界定，他们提出，"治理是各种公共或私人的个体和机构管理其共同事务的诸多方式的总和，是使相互冲突的或不同的利益得以调和并且采取联合行动的持续性过程"。并指出治理的四个基本特征："治理不是一整套规则，也不是一种活动，而是一个过程；治理过程的基础不是控制，而是协调；治理既涉及公共部门，也包括私人部门；治理不是一种正式的制度，而是持续的互动。"② 根据这一释义，"治理"与"统治"具有明显的不同之处：二者权威来源和权力运行方向不同——统治是自上而下的通过命令、制定和实施政策，对社会公共事务实行单一向度的管理，而治理则是通过合作、协商、伙伴关系、确立认同和共同目标等方式来实现一个上下互动的管理过程。

然而，不可忽视的是，治理理论实际上并非是一套具有完整内容的理论体系，也因此，"治理"的含义在不断地发生改变。国外治理研究遍布在诸多领域，如地方治理、城市治理、社会治理、国家治理、全球治理等，不同的治理研究领域所选取的研究路径及理论取向存在较大的差别，并且很多与治理研究相关的关键性议题，如治理与民主的关系、治理的主要构成要素、治理的形式、地方治理的有效性等，西方学界还未取得共识，仍在激烈的讨论中。西方治理理论发展至今已经形成多个理论流派，这些理论流派的共同倾向是立足社会中心主义，主张弱化政府权威，趋于多中心社会自我治理，并以此为基础，提出了"善治"理念，即治理应该坚持合法性、透明性、责任性、法治性、回应性、有效性的标准和规范③。

治理理论在不同地域被赋予的理论内涵也不尽相同，甚至差异很大。20 世纪 90 年代末期，我国逐步展开对治理的理论与实践研究，其中，尤以俞可平教授为代表，他在参考多种治理定义后，认为，"治理

---

① Jessop, B., "The Rise of Governance and the Risks of Failure: The Case of Economic Development", *International Social Science Journal*, Vol. 50, No. 155, March 1998.

② Commission on Global Governance, *Our Global Neighbourhood: The Report of the Commission on Global Governance*, Oxford: Oxford University Press, 1995.

③ 俞可平：《治理与善治》，社会科学文献出版社 2000 年版，第 9—11 页。

一词的基本含义是指在一个既定范围内运用权威维持秩序，满足公众的需求"[1]。党的十八届三中全会提出"国家治理体系与治理能力现代化"的命题与任务之后，国内学术界将治理研究推向热潮，各种领域（国家和政府、生态环境、经济建设、社会建设等）以及各层级（国家、中央政府、地方政府、基层政府）的治理研究逐步纵深发展。随着研究的深入，中国治理理论与实践和西方国家治理理论与实践存在的差异逐步显现，有学者提出，"治理理论只有在本土化的基础上才能实现理想的重塑"[2]，也有学者提出，中国共产党执政的社会主义国家治理尤其独特，其独特性的根源来自它所遵循的是马克思主义国家理论逻辑，基于这一逻辑，社会主义国家的国家治理，本质上既是政治统治之"治"与政治管理之"理"的有机结合，也是政治管理之"治"与"理"的有机结合[3]，这就导致我国的治理从本质上既区别于传统统治，又在价值取向和政治主张上区别于西方国家的治理主张。本书认为，中国的治理应该是坚持马克思主义国家理论，注重党和政府在多元治理中的主导作用，在此基础上积极鼓励社会其他主体多元参与，共同维护社会秩序，满足公共需求的过程。

（二）治理现代化

"现代化"作为一种描述自科学革命以来人类社会事务发生变革过程的一般概念，出现的较晚，但是"现代"作为一个指称当前时代性质的术语可以追溯到6世纪晚期拉丁语的用法，这个术语首先出现在拉丁文中，随后在英文和其他语言中被用于区分当代和"古代"的作家与作品。到了17世纪，"现代性""现代派"被运用于各种有限制的、专门化的语境："现代性"在早期的认识中主要用来描述那些在技术、政治、经济、社会发展方面最先进国家的共同特征，而"现代化"则被用于描述这些国家获得这些特征的过程——使事情变得更现代，或者

---

① 俞可平：《治理与善治引论》，《马克思主义与现实》1999 年第 5 期。

② 吴家庆、王毅：《中国与西方治理理论之比较》，《湖南师范大学社会科学学报》2007年第 2 期。

③ 王浦劬：《国家治理、政府治理和社会治理的含义及其相互关系》，《国家行政学院学报》2014 年第 3 期。

渴望追随比自己先进的东西的过程①。而事实上，"现代化"并非是第一个或者唯一的用于描述这个过程的名词，还有一些其他与此过程相近的词汇，如"欧化""西化""工业化""城市化"等。然而，这些词汇更倾向于强调的是经济方面、技术革命的直接后果，不能表达"转变过程的复杂性以及普遍渗透的特征"以及"它对人类事务影响的普遍性，发源于社会能够而且应当转变、变革是顺应人心的信念和心态"②。赛德（A. R. Saltan）也认为，"现代化"是用来把握和描述人类社会发生的深刻的质变与量变，先前的那些概念不是被"现代化"所取代，就是被纳入现代化概念之中。此外，他还提出，"现代化"是一个力图描绘人类社会的一个过渡时期，经过这个过渡时期，人类进入一个取得技艺的现代理性阶段。因此，可以说"现代化"既是一个过程又是一个产物：作为过程，现代化描述了一个比先前的一些概念更为复杂的过程；作为结果，它意指具有特定社会形式的同样复杂的产物。在中国政治语境中，"现代化"更多的是指一种理想的治理结果。

"治理现代化"是中国共产党在十八届三中全会针对当前我国国家治理体系与治理能力（以政府行为为主）存在诸多弊端以致不能适应社会各方面发展要求而提出的一个新概念，被称为继"四个现代化"（工业、农业、国防及科技的现代化）的战略规划之后的"第五个现代化"③，不同的是，前四个现代化主要体现的是工业化，注重的是物质的提升与改善。第五个现代化是以前四个现代化为前提与基础，同时又是对前四个现代化的超越。自改革开放以来，经济高速增长 40 多年伴随而来的是严重的环境污染、贫富两极分化、食品安全危机、社会道德滑坡等诸多问题，对于大多数民众而言，赖以生存的物质条件已经比较充足，其关注的焦点逐渐从基本物质条件到"美好生活的追求"，由此带来的对政府效能的期待由原先依赖经济建设成就，转变为以经济增长

---

① ［美］C. E. 布莱克：《现代化的动力》，段小光译，四川人民出版社 1988 年版，第 9—10 页。

② ［美］C. E. 布莱克：《现代化的动力》，段小光译，四川人民出版社 1988 年版，第 11 页。

③ 李景鹏：《关于推进国家治理体系和治理能力现代化——"四个现代化"之后的第五个"现代化"》，《天津社会科学》2014 年第 2 期。

为基础的社会建设成就。党和国家适时提出"推进国家治理体系和治理能力现代化"的战略目标正是回应了时代要求和民众呼声。"治理现代化"既是一种理念表达,也是一种过程与结果的追求,展现的是国家与政府的治理要适应时代发展要求,以改善民众的生活质量、提高民众的幸福指数①。此外,"治理现代化"也与党的十九大报告提出的当前我国社会主要矛盾转化为"人民日益增长的美好生活的需要和不平衡不充分的发展之间的矛盾"相呼应。

罗纳德·英格尔哈特(R. Inglehart)指出,现代化的进程与工业社会的进步带来了社会文化的转型,即"物质主义的价值观(强调经济与物质安全的第一位)向后物质主义的价值观(强调自我表现与生活质量)转型"②。在工业化完成之后的20世纪70年代,西方社会发展方向发生了根本转变,开始进入后现代社会,后现代化的核心社会目标是由加快经济增长转变为提高人们的生活质量与增进人类幸福。同时,不仅是西方社会按照这样的方向发展,英格尔哈特认为中国也必将沿着这样一条道路向前发展。新的"现代化"不仅包含经济物质生活的丰裕,还包括社会的普遍幸福和人们生活质量等其他要素,如自由、平等、公平等方面的普遍满足。我国提出的"治理现代化"在某种程度上也兼具一种后现代化的意蕴,是追寻从不均衡的注重经济发展到全面的均衡发展的过程。

(三) 治理转型

从哲学意蕴上看,"转型"是事物从一种运动型式向另一种运动型式转变的过渡过程,既包括事物结构的转型也包括事物运行机制的转换③。社会从一种类型向另一种类型的过渡过程,即社会转型④。社会

---

① 唐天伟、曹清华、郑争文:《地方政府治理现代化的内涵、特征及其测度指标体系》,《中国行政管理》2014年第10期。

② [美] 罗纳德·英格尔哈特:《现代化与后现代化:43个国家的文化、经济与政治变迁》,严挺译,社会科学文献出版社2013年版,第127页。

③ 郑杭生、李强等:《社会运行导论:中国特色的社会学基本理论的一种探索》,中国人民大学出版社1993年版,第306页。

④ 徐海波:《中国社会转型与意识形态问题》,中国社会科学出版社2003年版,第25页。

转型是一种包含政治、经济、社会、文化等各领域结构性变动的过程①，而治理转型是公共治理领域系统化和根本性的转变过程，可以将其视为社会转型的结果和必要组成部分。就此意义而言，西方发达国家自 20 世纪七八十年代兴起的以行政改革为核心的公共治理运动即可视为是通过变革达到治理转型的过程。尽管包括中国在内的后发国家不断学习西方国家的治理转型的经验和教训，但不可忽视的是西方发达国家和后发国家面临的治理转型任务是大相径庭的，后发国家大多面临的是治理体系不完善和治理能力不足的问题②。因此，虽然西方国家的新公共管理改革运动影响着中国治理变革，客观上助推中国政府治理模式的转型，但中国国情的特殊性、政治体制的独特性以及政府改革动力的差异性，使中国的治理转型从来都不完全是西方国家治理转型向全球扩散的结果。自改革开放以来，中国就进入了从农业社会向工业社会、从计划经济向市场经济转型的"转轨国家"行列，在整体社会转型背景下，公共治理也随之转型：从计划经济时代的全能型、管制型、人治型、封闭型的行政模式到改革开放以来政府职能逐渐转变，不再集中于政治统治，放松对经济的过度干预和严格控制等。

治理转型是一个动态的过程，它会随着时代发展与社会主要矛盾的变化而变化，经历四十多年的政府转轨，我国治理转型又面临着新的战略目标——国家治理体系与治理能力现代化。这一战略目标决定着治理转型不再仅仅满足摆脱传统治理模式的弊端，而是要向着治理体系与治理能力现代化而努力。为实现这一战略目标，当下的治理转型过程实质是一种深刻的政府治理变革过程，"政府组织的理念、结构、体制、功能和方法等从一种类型向另一种类型转换，它是政府为了适应政治、经济和社会发展的需要，通过自身的系统性变革，以适应社会环境变迁并

---

① 钱振明：《公共治理转型的全球分析》，《江苏行政学院学报》2009 年第 1 期。

② 这里的"治理能力"特指现代化治理能力，如政府的公共服务能力、回应能力、法治能力、危机处理能力等各方面的公共能力。由于我国传统的自上而下命令式行政模式，可以说我国政府在"集中力量办大事"或上级领导指示的治理领域上执行能力超过西方发达国家，但是基于常规性的、法治化的现代化治理能力而言，我国政府治理能力与西方国家相比是不足的。

与之保持新的平衡的过程"①。整体而言，本书认为治理转型是以治理变革为主旨、为了解决社会主要矛盾而摆脱过去或当下治理模式弊端，促进治理模式更加现代化的动态发展过程。

二 政府效率、政府效益、政府绩效与政府效能

政府效率、政府效益、政府绩效及政府效能是四个既相互联系却又有所区别的概念。在进行论述之前，有必要对这四个概念进行辨析。

(一) 政府效率

"效率"（efficiency）一词最早出现在生产领域，是衡量单位时间或单位生产成本下产出的数量概念。效率也是管理学研究的核心议题，是管理实践追求的重要目标之一。效率被引入公共行政领域后，仍然是侧重产出与时间或成本投入的比值关系。政府效率是指所获得的行政效果与所消耗的人力、物力、财力和时间的比率，追求的是以最节约的方式完成既定的任务，其本身不包含正义、公平等价值判断。也因此，用效率来衡量政府的缺陷也是显而易见的。首先，政府作为公共组织，其目标取向是多元化的，效率只是其中之一，传统行政过程受到管理主义思想的影响，过度探究行政管理过程中的效率问题，而忽视了其公共性等价值取向；其次，政府效率的评价依赖于具体的投入—产出数值，在政府投入要素中尚能找到相对可进行科学分析的指标，如劳动力、资本、土地、设备等，然而产出方面的指标却很难进行衡量，因为公共产品与私人物品属性的不同，导致其无法通过价格、市场份额等可以量化分析的数据信息进行评价，即便可以找到一些能够用数量衡量的指标，这些指标能否真正反映公共物品的价值也有待商榷。也因此，当代公共行政试图突破效率，寻找一种更适用于对公共部门进行评价的范式。

(二) 政府效益

"效益"（effectiveness）一般与"效率"并列出现，效率强调活动

---

① 沈亚平、马建斌：《政府转型：涵义、动因和目标》，《内蒙古大学学报》（人文社会科学版）2008 年第 1 期。

过程的快慢，而效益注重活动结果的优劣。[①] 这种优劣评判就涉及人的价值判断，这是效益与效率只注重客观状况描述的不同之处。政府效益是指行政管理活动所产生的客观价值，即在考虑成本的情况下，政府行政活动所获的最终收益。可以认为政府效益，除了强调结果的有效性、过程的经济性，还强调价值追求的正确性。政府效益的侧重点是行政管理运行过程作用于行政管理客体之后所产生的结果和影响，效益不可能在行政活动过程中出现，更不会在行政活动之前产生。

（三）政府绩效

"绩效"（performance）一词的含义至今并未有公认的统一界定，其初原含义是指业绩和效果，最早用于投资项目管理方面，后来在企业管理，尤其是人力资源管理方面得到广泛应用[②]。《绩效指标辞典》中对绩效的界定是"绩效就是我们想要的东西，也可以说是结果。绩效首先是结果，当其他因素对结果的影响相对不变时，改变特定因素能促使产生良好的结果时，控制这些因素就等于控制了绩效"[③]。有学者认为，政府绩效一般是指政府在社会经济管理活动中的结果、效益和管理效率，是对政府实施政策、项目或计划等某一方面行为及其结果进行的评价，一般是显性的行为与可观察的结果。正如坎贝尔（Campbell，J. P.）所说，绩效是组织或成员实际的并且是能观察到的行为表现[④]。"绩效"内涵很丰富，是一个多维构件的概念。如一般认为绩效包括"3E"：经济性（economy）、效率性（efficiency）和效果性（effectiveness），随着新公共管理运动开展，公平性（equity）也成为一个重要维度，发展成为"4E"。

（四）政府效能

"效能"（efficacy）这一概念产生于物理学，在该领域是对物体运动能量释放和做功效果的评价。在此后的发展中，"效能"被逐步引入管理学、行政学等社会科学领域，从对物体运动能力和做功的评价转变

① 俞可平等：《政府创新的理论与实践》，浙江人民出版社2005年版，第171页。

② 范柏乃：《政府绩效管理》，复旦大学出版社2012年版，第1页。

③ 水藏玺、唐晓斌、冉斌：《绩效指标辞典》，中国经济出版社2005年版，第2页。

④ 安德鲁·坎贝尔、凯瑟琳·萨默斯·卢斯：《核心能力战略：以核心竞争力为基础的战略》，严勇、祝方译，东北财经大学出版社1999年版，第14页。

到对社会活动发展状况的评价，一般而言，是指事物的潜在、有利功能，目标及其在特定条件下的实现程度①。在汉语中，"效"和"能"需要分开解析，《汉语大字典》中"效"是功效的意思，《现代汉语词典》和《辞海》中"效"的首要解释为效果、功用。《在线汉语词典》对"能"的首要解释是才干、本领。将二者结合在一起，《新华词典》的解释为"事物在一定条件下所起的作用、机械设备等所产生的功用"。《现代汉语词典》的解释为"事物所蕴含的有利作用"。在现实应用中，效能是一个更为中国化或本土化的概念，从字面上理解包括两层含义：一是"效"，即效率、效果、效益的统称；二是"能"，即能力②。因此，概括而言，笔者认为政府效能是政府及政府工作人员为实现政府目标而发挥功能和能力的程度以及其产生的效率、效益和效果的综合体现，是程序合法合理下的结果达成，是政府潜在功能与外显效果的动态联结，是政府效率与社会价值的结合。由于效能是一个比较中国化的词汇，在英语中很难找到一个完全贴切的、与之相对应的词汇，本书选取"efficacy"作为"效能"的英语对应词，仅是一个较为接近其汉语意思的选择③。

（五）政府效能与政府绩效的辨析

政府效率、政府效益与政府绩效、政府效能之间的关系很显然，前两者属于后两者的要素。但政府绩效与政府效能却经常存在互换使用的情况，需要略作辨析。除去两个词中相同的"效"，绩效和效能分别剩下了"绩"和"能"，前者更侧重于业绩、结果，是结果导向的概念，而后者更侧重于功能和能力，既关注结果，也关注过程，是结果与过程相统一的概念，所以尽管二者含义接近，但是由于政府效能对能力与功能的关注使其内涵比政府绩效更为丰满。尽管二者存在一定的细微差

---

① 彭向刚：《和谐社会视野下行政效能建设研究》，中国社会科学出版社 2013 年版，第 51 页。

② 吴建南、马亮、杨宇谦：《比较视角下的效能建设：绩效改进、创新与服务型政府》，《中国行政管理》2011 年第 3 期。

③ 也有学者将"effectiveness"作为效能的英语对应词。但鉴于"effectiveness"更常见于与"效益"相对应，且"效益"是"绩效"的一个要素。为了更突出表述"效能"的含义比"绩效"更广阔，而不至于其被误解为是"绩效"的一个要素，我们选取"efficacy"为英语对应词。

异，但是在实践中经常互换使用，尤其是在两个词汇的复合词汇中，如"效能建设"经常与"绩效管理"等同或近似使用。所以，本书并不打算过分放大二者的差异性，而是遵循吴建南等提出的从"二者的共性和使用语境上加以区分和使用"①。但是，由于本书的立意是寻求一种基于治理转型视域下的政府评价模式，体现的是评价工具与治理变革过程相结合的体系，而政府效能更加强调政府功能与能力，又兼具效果导向，故认为"政府效能"是比"政府绩效"更为合适的词汇。所以，本书选择用政府效能而非政府绩效。然而，由于过去的研究与实践中经常将二者等同使用，所以本书在选取引用文献及借用前人论述时，会将二者视为等同。

三　地方政府

一般而言，"地方政府"是相对于"中央政府"而言的，是主管某一地区行政事务的政府组织的总称。《国际社会科学百科全书》将地方政府界定为："有权决定和管理一个较小地区内的公共政治，是地区政府或中央政府的一个分支机构。"②《美国百科全书》认为："地方政府，在单一制国家，是中央政府的分支机构；在联邦制国家，是成员政府的分支机构。"③《剑桥百科全书》将地方政府界定为："在宪法上属于全国性政府、区域性政府或联邦制政府下的一整套政治机构，它有权在国家有限的领土范围内履行某种职能。"④ 尽管不同界定的侧重有所不同，但可以确定的是，地方政府是国家政治制度的重要组成部分，是为了实现更好的区域治理而设定的与中央政府或全国性政府相对应的行政机关。

我国作为统一的多民族国家，地方制度源远流长，随着时代发展经历了复杂的变迁历程。新中国成立后，建立了新型地方政府。《中华人

---

① 吴建南、马亮、杨宇谦：《比较视角下的效能建设：绩效改进、创新与服务型政府》，《中国行政管理》2011 年第 3 期。

② *International Encyclopedia of the Social Science*，Vol. 9 – 10，London：Macmillan，1968，p. 451.

③ *Encyclopedia Americana*，Volume 17，New York：Grolier，1997，p. 637.

④ *Cambridge Encyclopedia*，London：Cambridge University Press，2000，p. 658.

民共和国宪法》第一百零五条规定："地方各级人民政府是地方各级国家权力机关的执行机关，是地方各级国家行政机关。"《辞海》对"地方政府"的解释为："'中央政府'的对称，设置于地方各级行政区域内负责行政工作的国家机关。"① 学术研究中一般将地方政府视为是狭义的行政机关。我国作为单一制国家，"主要的政府机构即立法、行政和司法机构对该领土内所有的区域和国民行使全权的国家。……从严格的法律意义上而言，所有的权力都属于中央政府"②。在我国，中央政府与地方政府共同履行政府职能，尽管上述"职责同构"特征明显，但是不同层级之间职能的划分存在不同侧重。一般而言，中央政府更侧重于对经济和社会事务的宏观管理，制定战略规划、政策法规和标准规范，维护国家法制、政令和市场的统一，而地方政府的主要职责则集中于保证中央方针政策和法律的有效实施，治理本地区的经济与社会事务，履行执行和执法监管职责，服务基层，维护市场秩序和社会稳定，促进经济和社会事业发展③。根据《中华人民共和国地方各级人民代表大会和地方各级人民政府组织法》规定，我国地方政府除特别行政区外，包含省级（省、自治区）、地区级（地级市、自治州）、县级（县、自治县政府，县级市以及市辖区政府，旗政府）和乡级（乡/民族乡、镇政府）四级。其中，乡镇级以上地方政府一般是由地方人民代表大会、地方行政机关和地方法院、地方检察院组成的④，现又增加了地方监察机关。

　　本书中所指"地方政府"主要是指狭义的政府行政机构，从层级来说，本书的"地方政府"更多的聚焦于省级政府层级，少量涉及市级政府层级。如在第四章现状分析中，对评价内容指标的分析，除了聚焦省级地方政府，也涉及了市级政府层面的内容。值得一提的是，就我国的基本政治制度和基本治理体制而言，地方政府效能高低并不能完全

---

① 夏征农主编：《辞海》（上），上海辞海出版社 1999 年版，第 1503 页。
② ［英］戴维·M. 沃克：《牛津法律大词典》，北京社会与科技发展研究院译，光明日报出版社 1988 年版，第 905 页。
③ 高小平、沈荣华：《行政管理改革理论新探索》，社会科学文献出版社 2012 年版，第 18—19 页。
④ 杨凤春：《中国政府概要》，北京大学出版社 2002 年版，第 332 页。

与中央政府割裂，很多时候地方政府对中央政府的战略部署、改革任务以及政策执行与协调是其效能的重要组成部分，在治理转型期尤其如此，也因此，在地方政府效能评价内容和指标体系中也加入了地方政府对中央政府战略部署、改革任务及政策执行与协调的内容。

第三节 国内外研究现状

在提出本书的研究问题之后，有必要对已有研究进行系统的梳理。一般而言，研究综述分为两个组成部分，第一部分是文献审视，发现论据，并依据大量的论证通过构建逻辑桥梁来陈述当前研究主题的研究状况，即对于这个研究已经知道了什么；第二个部分是文献评论，是基于大量的证据，构建逻辑桥梁，回答所要研究的问题的答案是什么[①]。自行政学产生起，政府绩效评价就是公共行政研究的一个重要问题，威尔逊在行政学的奠基之作《行政学之研究》中明确指出，行政学涉及两个根本问题，一个是政府应该做什么；另一个是政府应该如何高效、廉价和公正地去做[②]。其中，第一个问题涉及政府的权限和职责问题，而第二个问题大多与政府效能相关。也因此，直至今日，政府效能评价问题无论是在国内还是在国外仍是学术界研究的一个热点问题。

一 国外研究现状

现代意义上的政府绩效评价源于西方国家。也因此，国外对于政府绩效评价问题的研究要早于国内，且其研究的成熟度也较高。整体而言，国外对政府效能的研究内容集中于初始阶段对政府效能概念和理论溯源的探析、当前阶段对政府效能影响因素的实证研究以及对政府效能评价未来发展模式三个方向。

（一）对政府效能概念溯源的探析

任何研究的逻辑起点都应当是对概念的充分理解。在政府效能评价

---

① Machi, L. A. and McEvoy, B. T., *The Literature Review: Six Steps to Success*, California: Corwin Press, 2016, pp. 105 – 106.

② Wilson, W., "The Study of Administration", *Political Science Quarterly*, Vol. 2, No. 2, June 1887.

研究的初始阶段，国外研究更多地集中于对"政府效能是什么"的概念探讨与理论溯源。对于"政府效能是什么"这个问题，至今尚未形成一致的观点。不同学者依据其研究的侧重提出了不同视角的解析。回顾这些研究，主要包括理性目标理论视角、系统—资源理论视角、多元利益相关者理论视角、矛盾理论视角、竞值架构理论视角等。

1. 理性目标理论

在组织效能众多理论模型中，最具代表性的是组织效能的理性目标理论，理性目标理论将组织效能定义为组织目标实现的程度，[①] 即一个组织的目标实现程度越高，其效能越高。目标理论暗含的假设是组织的目标可以清晰设定且人力和物力等资源可以全力支持目标的达成。代表学者坎贝尔（J. P. Campbell）认为，"以目标为中心的观点有个暗含的假设，即组织由一群理性的决策者控制，这些人明了他们希望达到的一系列目标。并且这些目标既不会多到难以控制，又能定义得很好、便于理解"。而汉南（Hannan，M. T.）与弗雷曼（Freeman，J. H.）考察了目标模型后指出其应用存在的一些问题，他们认为，不能完全摒弃目标这一概念，因为目标是组织效能的一个核心特点，但是目标模型最大的困难在于组织目标，尤其是公共组织目标通常有多重性。第二个困难是目标的特殊性，整体目标在实际操作中会得到具体化，其可能的具体表现形式是更加特定的目标。在组织内部，不同单位之间可以有不同的运行方向，这些方向虽然与更广泛的目标相一致，但可能给彼此之间的操作带来妨碍。第三个难题是目标的临时性，应该考虑的是长期目标还是短期目标，在整个等级体系中不同的层级可以有不同的时间框架，使目标情况变得更加复杂。[②]

2. 系统—资源理论

以西肖尔（Seashore，S. E.）和尤琴特曼（Yuchtman，E.）为代表的系统理论学派将组织效能定义为组织成功获取和应用稀缺、有价值资源的程度，即当组织获取关键资源能力较强时组织效能较高。系

---

① Etzioni, *Modern Organizations*, Englewood Cliffs, NJ: Prentice Hall, 1964, p. 26.

② Hannan, M. T., Freeman, J., "The Population Ecology of Organizations", *American Journal of Sociology*, Vol. 82, No. 5, March 1977.

统理论学派关注组织与环境的交互关系。他们认为，将组织效能定义为目标实现的程度，存在方法和概念的问题，一方面，确定一致的目标不太可能，另一方面，虽然理论上目标模式为组织评价提供了参照系，但具体如何操作却存在困难。因此，源自组织系统—资源模型的组织效能概念框架更加优越，该模型的主要观点有：①将组织整体作为核心参考框架，而非外部事务或特殊的人员；②明确地将组织和其环境关系作为效能定义的中心组成部分；③提供一个能够包含不同类型复杂组织的基本理论框架；④在保证效能评估应用到任何组织可操作性的基础上，提供了一些关于独特性、差异性和变化性的维度，同时保证潜在的比较评估框架；⑤提供一些鉴别与组织效能相关的绩效和行为变量为实证研究选择变量的向导。系统—资源模型的效能评估很大程度是分析组织从环境中获取资源的能力。① 但埃姆博（Ambe J. Njoh）质疑该模型有以下问题：①将获取资源能力等同于效能将会忽视组织规模对资源获取能力的影响；②该模型忽视了组织如何应用其所掌握的资源的问题。②

3. 多元利益相关者理论

以特瑞·康诺利（Terry Connolly）、爱德华·康伦（Edward J. Conlon）和斯图亚特·杰伊·多伊奇（Stuart Jay Deutsch）为代表的多元利益者理论学家认为多元利益者的判断和需求决定了组织效能是什么，因此，组织效能即为满足多元利益相关者需求的程度。这一模型强调在效能的统一框架下包含多样的价值取向，希望改变关于组织效能的单一价值陈述。③ 埃姆博（Ambe J. Njoh）批判该模型的弱点是其尝试包含的多维视角有可能是无意义的努力，尤其是这些多维视角相互冲突时，多元利益相关者理论应用于实践存在的问题有：①无法有效获知相关利益者需求的信息；②如果想要得到更好的认可，必须对该模型对组织所做

---

① Ephraim Yuchtman, Stanley E. Seashore, "A System Resource Approach to Organizational Effectiveness", *American Sociological Review*, Vol. 32, No. 6, December 1967.

② Njoh, Ambe J., "A Clint Satisfaction Model of Public Service Organizationa Effectiveness", *Social Indicators Research*, Vol. 32, No. 3, July 1994.

③ Connolly, T., Conlon, E. J. and Deutsch, S. J., "Organizational Effectiveness: A Multiple-constituency Approach", *Academy of Management Review*, Vol. 5, No. 2, April 1980.

的明示或暗示的前提假设进行检验①。普菲弗（J. Pfeffer）和萨兰西克（G. R. Salancik）详细论述了这些前提假设。一个最基本的假设是组织能够清晰划分不同利益相关者对组织的重要程度，但是这又意味着弱小利益群体的意见被忽视或低估，进而否定了该理论的初衷是想要承认组织的任何利益相关者都具有同等重要的地位，因此，多元利益相关者理论又被认为是一种"承诺大于其实质可以承担的责任"②的理论视角。

4. 矛盾理论

组织效能的矛盾模型认为效能是有多个侧面的。卡梅隆（Cameron, K.）对高等院校进行研究，发现效能是个"多领域"的现象。他的结论如下："某个领域的效能并不一定同另一领域的效能有关。例如：使某一组织中个人的满足和发展最大化……可能与下属单位高水平的输出和高水平的协调呈负相关，具体而言，发表大量的研究报告是一个目标，这对教员（在个人层次上）而言意味着较高的绩效，但对学生而言（在下属单位或组织的层次上）意味着较低的效能（例如，教学质量低下，与学生在一起的时间较短、对学生的关注少，由研究生代替教学等）"③。霍尔（Richard H. Hall）建立了一个效能分析的矛盾模型，该模型包含已有模型的内容，但又不同于已有模型。矛盾模型的核心观点是组织面临的环境约束条件、目标、利益相关者和时间框架是多重且相互冲突的④。

5. 竞值架构理论

奎恩（Quinn）和罗哈博夫（Rohrbaugh）⑤ 提供了一个效能的空间

---

① Njoh, Ambe J., "A Clint Satisfaction Model of Public Service Organizationa Effectiveness", *Social Indicators Research*, Vol. 32, No. 3, July 1994. .

② Pfeffer, J. and Salancik, G. R., *The External Control of Organizations*: *A Resource Dependence Perspective*, Stanford University Press, 2003, p. 48.

③ Cameron, Kim, "Measuring Organizational Effectiveness in Institutions of Higher Education", *Administrative Science Quarterly*, Vol. 23, No. 4, December 1978.

④ ［美］理查德·H. 霍尔：《组织：结构、过程及结果》，张友星等译，上海财经大学出版社 2003 年版，第 283—285 页。

⑤ Quinn, R. E. and Rohrbaugh, J., "A Spatial Model of Effectiveness Criteria: Towards a Competing Values Approach to Organizational Analysis", *Management Science*, Vol. 29, No. 3, March 1983.

模型，该模型认为效能测量存在着竞争的价值，将人际关系模型、开放系统模型、理性目标模型与内部过程四个效能模型联合起来作为一个有机的理论模型。

此外，组织效能还有管理过程、组织发展等理论视角。尽管不同的理论视角对组织效能的内涵界定并不一致，学者们对于组织效能的某些特征还是取得了共识，包括：①组织效能是组织理论不可忽视的核心内容；②描述组织的方式不同，定义组织效能的方式和模式也会有所不同；③组织效能的衡量维度会随着组织生命周期的发展而变化；④不同的组织效能理论模型有其最适应的研究情境，选择何种理论来探究组织效能取决于研究目的①。

（二）关于政府效能影响因素的研究

1. 宏观外部影响因素研究

国外关于政府效能宏观影响因素的研究多是基于理论框架而进行的广泛的实证检验研究。有研究通过使用政府干预、行政效率、公共产品供给、政府规模、政治自由等指标对不同行政生态环境的国家进行调研、评估与比较，得出政府管辖区域的社会贫富、宗教信仰、异质性等历史沿革对政府效能有较大影响，政府规模与政府效能具有正相关性②。安鲁德斯（Andrews, R.）、博因（Boyne, G. A.）和劳（Law, J.）对外部环境影响因素的研究表明，公共组织的效能高低受外部管制体制、社会多样性和经济繁荣程度的影响，这些外部约束通过限制公共组织决策者的决策空间进而影响组织整体的效能水平③。

2. 微观内部影响因素研究

关于政府效能的微观影响因素，国外的研究多是基于实证检验方式来确定影响因素的作用大小。安鲁德斯（Andrews, R.）、博因（Boyne, G. A.）通过对英国地方政府公共服务的实证研究，对影响政府管

①　Cameron, Kim S., "Effectiveness as Paradox: Consensus and Conflict in Conceptions of Organizational Effectiveness", *Management Science*, Vol. 32, No. 5, May 1986.

②　La Porta, R., Lopez – de – Silanes, F. and Shleifer, A., "The Quality of Government", *The Journal of Law, Economics, and Organization*, Vol. 15, No. 1, April 1999.

③　Andrews, R., Boyne, G. A. and Law, J., "External Constraints on Local Service Standards: The Case of Comprehensive Performance Assessment in English Local Government", *Public Administration*, Vol. 83, No. 3, September 2005.

理和公共服务效能的内部和外部影响因素进行了分析。其中，对内部管理影响因素的研究主要探讨了管理能力是否影响公共管理的效能，以及将领导力作为控制变量，检验领导力是否提高了管理能力对公共管理效能的影响。其分析结果强调了管理系统和领导力对政府效能的重要影响，组织的内部结构与过程对效能的影响很大，尤其是管理的核心功能——资本投资、财务、人力资源管理和信息联合起来对效能产生了重大影响。认为对公共服务绩效的研究不应该仅仅注重组织的外部约束，也应该关注政府组织的内部管理安排①。博因（Boyne, G. A.）、乔治（George, A.）等对高层管理人员流动对政府效能的影响进行了研究，以英国地方政府为样本的实证研究表明，高层管理者的人员流动对于原本效能较差的地方政府而言，会促进政府效能的提升，但是对于原本效能较好的地方政府而言，则会导致相反的后果。这个研究的创新之处是，将地方政府原来的效能状况作为一个调节变量来分析新任管理者对效能的影响，改变了以往不考虑组织初始效能状况的概述研究②。此外，他们还研究了人事系统对政府效能的影响，研究表明，人事管理系统如果无法去除一个无效的管理者，会损害政府整体的效能，而无法及时激励一个好的管理者并不会对政府整体的效能产生影响③。加尼特（Garnett, J. L.）、马洛（Marlowe, J.）和潘迪（Pandey, S. K.）对沟通与政府效能的关系进行了实证研究，认为沟通主要是通过直接和间接两种方式影响政府效能，间接影响主要是作为文化与政府效能的间接或调节变量出现。结果表明，沟通是作为一个整合机制形成与传导文化到

---

① Andrews, R., Boyne, G. A., "Capacity, Leadership, and Organizational Performance: Testing the Black Box Model of Public Management", *Public Administration Review*, Vol. 70, No. 3, May/June 2010.

② Boyne, G. A., James, O. and John, P., "Top Management Turnover and Organizational Performance: A Test of a Contingency Model", *Public Administration Review*, Vol. 71, No. 4, July/August 2011.

③ Brewer, G. A. and Walker, R. M., "Personnel Constraints in Public Organizations: The Impact of Reward and Punishment on Organizational Performance", *Public Administration Review*, Vol. 73, No. 1, January/February 2013.

政府效能，进而影响政府效能①。特别地，任务导向、反馈和向上的沟通对任务导向型文化的组织有积极影响，而对于规制导向型文化的组织具有消极影响。也有学者研究了组织协调、合作与结盟等对政府效能的影响，认为纵向的结盟在探索性组织策略中对服务效能具有积极影响，但是纵向的结盟在防卫性组织策略中对服务效能没有影响②。还有学者论述了政府内部管理、领导等因素对政府效能的影响，认为政府效能的高低取决于政府组织内部管理的规范性、政府组织的自治程度以及政府领导能力高低③。此外，一些学者还探究了外部因素和内部因素对政府效能影响的关系。与其他分析不同的是，其研究分别测量了外部因素和内部因素对政府效能的影响，并测量了外部因素与内部因素联合起来对政府效能的影响，结果显示，外部规制和内部策略因素对政府效能都有影响，并且二者对彼此作用于政府效能的程度是相互影响的，所以如果孤立地测量外部或内部因素对政府效能的影响是不准确的，必须联合考虑内部因素与外部因素的共同作用④。

（三）政府效能评价模式及其反思研究

当前国外学者对于政府效能评价模式的研究进入从应然模式的探讨到实然模式的反思阶段，反思效能评价是否能够促进更好的结果，并且在反思基础上提出了政府效能评价的未来发展模式。

1. 政府效能评价效果的反思

很多学者对政府绩效评价的研究不再沿袭着如何进行评价、怎样提高评价效果的惯性继续开展研究，而是逆向反思：进行的这些绩效评价是否真的能够带来好的结果？如西奥多（Poister H. Theodore）、帕夏（Obed Q. Pasha）等通过对美国公共运输行业进行实证分析，探寻绩效

---

① Garnett, J. L., Marlowe, J. and Pandey, S. K., "Penetrating the Performance Predicament: Communication as a Mediator or Moderator of Organizational Culture's Impact on Public Organizational Performance", *Public Administration Review*, Vol. 68, No. 2, March 2008.

② Andrews, R., Boyne, G. A. and Meier, K. J., et al., "Vertical Strategic Alignment and Public Service Performance", *Public Administration*, Vol. 90, No. 1, March 2012.

③ Rainey, H. G. and Steinbauer, P., "Galloping Elephants: Developing Elements of a Theory of Effective Government Organizations", *Journal of Public Administration Research and Theory*, Vol. 9, No. 1, January 1999.

④ Andrews, R., Boyne, G. A., Law, J., et al, "Organizational Strategy, External Regulation and Public Service Performance", *Public Administration*, Vol. 86, No. 1, March 2008.

评价与管理是否能够带来更好的产出，研究通过对 88 个美国中小公共运输机构的调研得来的原始数据进行分析，结果显示，持续使用绩效评价与管理能够增加机构的有效性，提升其绩效水平①。茱莉亚（Julia Melkers）、凯瑟琳·威洛比（Katherine Willoughby）认为，相较于较少的城市与县镇正在积极设计有效的政府绩效评价，大多数美国城市已经有几十年的绩效评价实践，这些实践是否有效是值得关注的研究议题。其研究对将近 300 个政府机构进行调研和分析，结果显示，城市和县镇应用绩效评价效果差异微乎其微，同时结果还显示，持续、积极的绩效评价对于政府有效预算和沟通是非常重要的②。杰克·李（Jack Yun-jie Lee）、王小虎通过对美国、中国台湾地区和中国大陆三个地区的绩效预算影响分析探寻预算绩效评价的中长期影响，结果显示，预算绩效评价会影响政府支出行为的有效性③。

2. 政府绩效评价采纳与有效实施的影响因素研究

帕特里亚·德兰瑟·朱恩斯（Patria de Lancer Julnes）、马克·霍哲（Marc Holzer）基于对美国州和地方政府的全国调研数据，对影响绩效评价系统采纳与有效应用的因素进行了分析，分析结果显示，地方政府是否采纳绩效评价更多地受理性和技术性因素影响，而绩效评价是否有效应用则更多地受政治和文化因素影响④。杨凯峰、马克·霍哲论述了政府绩效测量与公民信任之间的关系，认为公民信任有助于绩效评价的公众参与，进而提升绩效评价的有效性⑤。大卫·阿蒙（David N. Am-

---

① Poister, T. H., Pasha, O. Q. and Edwards, L. H., "Does Performance Management Lead to Better Outcomes? Evidence from the US Public Transit Industry", *Public Administration Review*, Vol. 73, No. 4, July/August 2013.

② Melkers, J. and Willoughby, K., "Models of Performance - Measurement Use in Local Governments: Understanding Budgeting, Communication, and Lasting Effects", *Public Administration Review*, Vol. 65, No. 2, March/April 2005.

③ Lee, J. Y. J. and Wang, X. H., "Assessing the Impact of Performance - Based Budgeting: A Comparative Analysis across the United States, Taiwan, and China", *Public Administration Review*, Vol. 69, No. 1, December 2009.

④ Julnes, P. L. and Holzer, M., "Promoting the Utilization of Performance Measures in Public Organizations: An Empirical Study of Factors Affecting Adoption and Implementation", *Public Administration Review*, Vol. 61, No. 6, November 2001.

⑤ Yang, K. and Holzer, M., "The Performance - trust Link: Implications for Performance Measurement", *Public Administration Review*, Vol. 66, No. 1, January 2006.

mons）和威廉·瑞文巴克（William C. Rivenbark）对美国北卡罗来纳州的标杆管理项目进行调研分析，探寻绩效评价结果使用程度对于政府公共服务提升的影响①。珍妮特·泰勒（Jeannette Taylor）通过对澳大利亚 21 个州政府机构进行调研，对机构的绩效评价系统、利益相关者对绩效评价系统的支持、组织文化、外部环境以及个人对绩效评价在机构实施的看法等影响因素进行了分析②。德·邦特（De Bont, A.）、格利特（Grit, K.）分析了简单的指标是如何有效地促进绩效评价的，认为效能评价的指标复杂性并不会增加评价的可靠性与精确性，相反，选取简单可行的指标作为"开罐器"，能够更有效地实施效能评价。好的效能评价不是意味着选取更多、更复杂的指标，而是能够探寻到效能的始点③。

3. 对绩效评价技术与方法的反思

肯尼斯·迈耶（Kenneth J. Meier）等对主观绩效评价的可靠性进行了探析，他们通过对美国得克萨斯州和丹麦中学绩效评价的对比研究，探寻管理者主观感受被用于绩效评价的可靠性，结果显示，主观评价结果与实际绩效差距较大，且这些主观评价存在较大的偏见④。乔治·博因（George A. Boyne）等一改前人默认客观绩效测量方法优于主观测量方法的看法，对公共部门组织绩效测量的主观和客观方法进行了实证分析，他们认为，在公共部门不存在完全客观的绩效测量方法，客观测量会受到政治和技术的限制而存在结果偏见，主观测量结果与客观测量

---

① Ammons, D. N. and Rivenbark, W. C., "Factors Influencing the Use of Performance Data to Improve Municipal Services: Evidence from the North Carolina Benchmarking Project", *Public Administration Review*, Vol. 68, No. 2, March/April 2008.

② Taylor, J., "Factors Influencing the Use of Performance Information for Decision Making in Australian State Agencies", *Public Administration*, Vol. 89, No. 4, December 2011.

③ De Bont, A. and Grit, K., "Unexpected Advantages of Less Accurate Performance Measurements. How Simple Prescription Data Works in a Complex Setting Regarding the Use of Medications", *Public Administration*, Vol. 90, No. 2, June 2012.

④ Meier, K. J., Winter, S. C., O'Toole, L. J., et al., "The Validity of Subjective Performance Measures: School Principals in Texas and Denmark", *Public Administration*, Vol. 93, No. 4, December 2015.

结果完全不相关①。更进一步地，基因·布鲁尔（Gene A. Brewer）通过对英国联邦政府机构的调查分析，认为从本质上而言，所有的绩效测量都是主观的②。

4. 基于反思的政府效能评价模式构建

当前几乎每个与政府相关的治理主体都在测量绩效，公共管理者在测量组织及其合作者的绩效，立法者和法院坚持行政机构应该阶段性汇报其绩效，公众则希望实施绩效测量以便能使政府负责任。所以，评价绩效的目的是在进行测量前需要思考的重要问题。贝恩（Behn，R. D.）认为，不存在能满足所有评价目的的"集大成者"绩效评价体系。不同的评价目的，需要不同的评价主体、评价指标侧重以及评价结果的应用，在此基础上他提出了政府绩效测量的八个目的模型，认为公共管理者在测量政府绩效时，应该从"评估""控制""预算""激励""提升""庆祝""学习""改良"这八个不同的评价目的来设计绩效评价体系。例如，如果测量绩效的目的是评估某个政府部门的履职情况，那么公共管理者必须首先要明白这个公共机构被期望完成什么，即要形成一个清晰、连续的任务、策略和目标，这时的评价指标选取应该依据的是结果以及与结果相关的投入及外部影响因素。如果是预算目的而进行的绩效测量，公共管理者需要描述各种活动的效率。一旦政治领导者设定了宏观的预算偏好，具体的政府机构管理者可以用效率测量来建议这些活动应该投资多少资金。管理者不仅需要结果数据作为效率公式的分子，还需要可靠的投入数据作为分母，且这些花费不仅仅是明显的、直接的花费，还包括不明显的、间接的花费③。杨凯峰和谢俊义（Jun Yi Hsieh）认为，政府绩效评价大多是描述性或规范性研究，缺少对绩效

① G. A., Boyne, K. J., Meier, L. J., O'Toole, R. M. Walker, *Public Service Performance: Perspectives on Measurement and Management*, Cambridge: Cambridge University Press, 2006, pp. 14 – 34.

② Boyne, G. A., "All Measures of Performance are Subjective: More Evidence on US Federal Agencies." In G. A. Boyne, K. J. Meier, L. J. O'Toole, R. M. Walker eds., *Public Service Performance: Perspectives on Measurement and Management*, Cambridge: Cambridge University Press, 2006, pp. 35 – 54.

③ Behn, R. D., "Why Measure Performance? Different Purposes Require Different Measures", *Public Administration Review*, Vol. 63, No. 5, September 2003.

评价有效实施的假设检验与中层理论构建，他们认为政府绩效评价受到一系列因素的影响，并基于这些影响因素构筑了一个政府绩效评价的中层理论模型。通过对利益相关者支持度、技术资本、领导者承诺、市民参与度、技术培训等因素对绩效评价的有效性实施的影响系数分析，构筑了绩效评价有效性理论模型，这为绩效评价接纳和有效应用提供了一个方向性策略[①]。安迪·尼利（Andy Neely）、理查兹（Huw Richards）构筑了绩效评价的"记录单"结构分析模型，根据测量目的、目标等要素来测量和审计绩效测量[②]。

二　国内研究现状

国内对政府效能评价的研究，与政府效能评价实践相对应，晚于国外。1995年以来，国内学术界对政府绩效评价的研究逐渐深入，并在2000年之后变得火热[③]。由于绩效评价研究起步较晚，国内关于政府绩效评价研究主要集中于对国外成功经验和做法的介绍、政府绩效评价体系构建、评价模型与方法、要素及反思等方面。

（一）对国外政府绩效评价经验与做法的介绍

早期对国外政府绩效评价经验与做法的介绍以概述为主。如国家财政部编译了《美国政府绩效评价体系》，介绍了美国从联邦到地方政府的绩效评价制度、技术和方法。中国行政管理学会课题组在《关于政府机关工作效率标准的研究报告》中对美国和英国等国家的政府绩效管理经验进行了总结等。总体而言，早期的借鉴研究更多的是从宏观框架方面进行介绍，研究方法也主要以定性描述为主。近年来对国外先进经验的介绍性研究更加具体化，方法也更加多样化。如尚虎平、杨娟对美国《项目评估与结果法案》进行分析介绍，为我国购买公共服务、

---

① Yang, K. and Hsieh, J. Y., "Managerial Effectiveness of Government Performance Measurement: Testing a Middle – Range Model", *Public Administration Review*, Vol. 67, No. 5, September 2007.

② Neely, A., Richards, H., Mills, J., et al., "Designing Performance Measures: A Structured Approach", *International Journal of Operations & Production Management*, Vol. 17, No. 11, November 1997.

③ 倪星：《地方政府绩效评估创新研究》，人民出版社2013年版，第16页。

公共服务外包项目的责任监控和绩效评价提供了借鉴思路①。冉敏、刘志坚通过对美国、英国、澳大利亚和日本的政府绩效管理立法文本进行分析，总结出各国政府绩效管理制度化的共性特征②。尚虎平、韩清颖对美国政府绩效立法的央地互动模式进行了总结分析，并提出了对我国绩效立法央地互动的启发③。近年来，尤以学者包国宪为代表对美国、英国、澳大利亚等西方国家绩效评价的最新进展进行了系统的比较与分析④⑤⑥⑦。

（二）对政府效能评价一般理论、方法和原则的研究

在我国政府绩效评价研究的初期，除了对国外经验的介绍与借鉴研究，还有一部分学者聚焦于对政府绩效评价基本原理和方法的介绍与探索。如刘旭涛在其专著中通过对当代西方国家行政变革过程中政府管理模式的变迁分析，总结其蕴含的逻辑规律，寻找和归纳出实施政府绩效管理的制度基础、构建出绩效管理的战略框架⑧。胡税根阐述了绩效管理的实施运作过程⑨。卓越在其三部著作中系统而全面地介绍了政府绩效评价的模式构建、组织实施、方法运用、心理调控实践内容⑩等。

（三）政府效能评价体系与模式研究

评价体系及模式通常是指政府效能评价的价值、主体、内容及指

---

① 尚虎平、杨娟：《公共项目暨政府购买服务的责任监控与绩效评估——美国〈项目评估与结果法案〉的洞见与启示》，《理论探讨》2017 年第 4 期。

② 冉敏、刘志坚：《基于立法文本分析的国外政府绩效管理法制化研究——以美国、英国、澳大利亚和日本为例》，《行政论坛》2017 年第 1 期。

③ 尚虎平、韩清颖：《政府绩效立法的央地互动模式：美国的经验与启示》，《甘肃行政学院学报》2016 年第 5 期。

④ 马佳铮、包国宪：《美国地方政府绩效评价实践进展评述》，《理论与改革》2010 年第 4 期。

⑤ 包国宪、周云飞：《英国全面绩效评价体系：实践及启示》，《北京行政学院学报》2010 年第 5 期。

⑥ 包国宪、周云飞：《英国政府绩效评价实践的最新进展》，《新视野》2011 年第 1 期。

⑦ 包国宪、李一男：《澳大利亚政府绩效评价实践的最新进展》，《中国行政管理》2011 年第 10 期。

⑧ 刘旭涛：《政府绩效管理：制度、战略与方法》，机械工业出版社 2003 年版。

⑨ 胡税根：《公共部门绩效管理——迎接效能革命的挑战》，浙江大学出版社 2005 年版。

⑩ 卓越：《公共部门绩效评估》，中国人民大学出版社 2005 年版；《公共部门绩效管理》，福建人民出版社 2004 年版；《政府绩效管理导论》，清华大学出版社 2006 年版。

标、评价方法等构成的整体框架，这部分研究主要是通过宏观、系统地论述来探寻政府效能评价体系的整体发展特点与未来趋势。不同的学者根据其理论视角将政府效能评价分为不同的模式。比较有代表性的研究有：吴建南等从评估内容、评估方式等方面分析了福建省效能评价的路径选择与特点，他认为政府效能评价体系应该平衡参与评价各方的利益需求、充分发挥政府内外各个利益相关者的作用①。郎玫、包国宪从博弈视角对政府绩效评价模型选择进行了理论优化，根据中国实践归纳出六种基本模型：民意调查型评价模型、治理型评价模型、考核型评价模型、参与型评价模型、决策型评价模型、监督型评价模型②。付景涛从主客观评价模式视角对我国地方政府绩效评价进行了分析，认为我国地方政府绩效评价发展从"政治动员式"绩效评估逐渐转向"利益调节式"绩效评估。并通过评估目的、评估权力的分配方式、评估指标和计分方法的属性及评估结果的用途这四个变量构建出地方政府绩效评估模式的主观和客观绩效评估模式③。郑方辉、段静对我国省级政府绩效评价或政绩考核进行了模式分析，认为当前福建省、广东省和深圳市的"效能考核""科学发展水平考核评价"与"政府绩效评价"是三种典型的效能评价模式，对其共性与特殊性进行了分析，认为不同评价模式表现出自身的地方特色和领导者的个人风格④。蔡立辉认为，绩效评估就是根据管理的效率、能力、服务质量、公共责任和社会公众满意程度等方面的判断，对政府公共部门管理过程中投入、产出、中期成果和最终成果所反映的绩效进行评定和划分等级，是由收集资料、确定评估目标、划分评估项目、绩效测定及评估结果使用等组成的行为体系⑤。

（四）政府效能评价要素的研究

与体系、模式的研究不同，效能评价中的要素研究聚焦于政府效能

---

① 吴建南、阎波：《地方政府绩效评估体系的路径选择——福建的分析》，《中国行政管理》2008 年第 2 期。

② 郎玫、包国宪：《博弈视角下政府绩效评价模型选择的理论优化》，《西北师范大学学报》（社会科学版）2019 年第 3 期。

③ 付景涛：《我国地方政府绩效评估的主客观模式及进展》，《领导科学》2010 年第 23 期。

④ 郑方辉、段静：《省级"政府绩效评价"模式及比较》，《中国行政管理》2012 年第 3 期。

⑤ 蔡立辉：《政府绩效评估的理念与方法分析》，《中国人民大学学报》2002 年第 5 期。

评价体系中某一个要素的价值、特点与未来发展方向。关于政府效能评价要素的研究主要集中于政府效能评价的价值、主体、内容与指标体系等。

1. 政府效能评价价值体系的研究

价值定位是政府效能评价研究最丰富的一个要素。国内研究中主要集中于两个视角：一个视角是对政府效能评价的价值定位研究。如蒋小杰、马玉超分析了从传统公共行政到当前政府效能评价的价值变迁，呈现当前政府绩效评价日益注重工具理性与价值理性相互融合的趋势[①]。马宝成从政治哲学的角度对政府绩效评估的价值取向作了学理分析，认为在政府绩效评估问题上人们的基本价值取向是增长、公平、民主和秩序[②]。蔡立辉认为，地方政府绩效评估的基本价值取向应该包含效率、秩序、社会公平和民主[③]。倪星等提出要兼顾效率与公平、效率与民主、经济增长和社会发展[④]。臧乃康认为，顾客至上、公共责任、投入产出是绩效评价的一般价值[⑤⑥]。另一个视角是通过对政府效能价值定位来设计效能评价框架。如包国宪、周云飞以"分解—分析—综合"的逻辑思路，剖析价值体系的要素，构建了价值载体绩效评价模型[⑦]。卓越、杨道田从公共部门战略特性出发，论证了绩效评估中引入战略思维的价值导向，并构建了基于战略的公共部门绩效评估模式[⑧]。孙裴认为，中国地方政府绩效评价应该引入新的价值冲突管理策略解决存在的

---

① 蒋小杰、马玉超：《试析政府公共治理效能价值定位的必要性及历史进程》，《经济研究导刊》2009 年第 6 期。

② 马宝成：《试论政府绩效评估的价值取向》，《中国行政管理》2001 年第 5 期。

③ 蔡立辉：《论公共行政发展的民主价值取向与政府行政模式转换》，"21 世纪的公共管理：机遇与挑战"国际学术研讨会论文集，中山大学行政管理研究中心、澳门特别行政区行政暨公职局、澳门大学、澳门基金会，2004 年，第 17 页。

④ 倪星、李晓庆：《试论政府绩效评估的价值标准与指标体系》，《科技进步与对策》2004 年第 9 期。

⑤ 臧乃康：《政府绩效评估价值与和谐社会的契合》，《探索》2005 年第 4 期。

⑥ 臧乃康：《和谐社会构建中的政府绩效评估价值重置》，《甘肃社会科学》2006 年第 1 期。

⑦ 包国宪、周云飞：《政府绩效评价的价值载体模型构建研究》，《公共管理学报》2013 年第 2 期。

⑧ 卓越、杨道田：《基于战略的公共部门绩效评估模式构建》，《天津行政学院学报》2007 年第 4 期。

价值冲突，构建互动机制促使利益相关者就地方政府绩效评价所要实现的价值达成共识①，在其随后的研究中，以平衡计分卡为基础构建了价值平衡分析框架②。

2. 政府效能评价主体研究

国内政府效能评价主体研究中，基本上一致倡导多元化评价主体、增加公民参与。因此，这方面的研究也是围绕多元主体和公民参与来开展。如刘笑霞基于公众受托理论，确认了公众、立法机关、上级政府等多元化的评价主体体系③。吴绍琪、冉景亮比较详尽地阐述了各类绩效评估主体参与绩效评估的渠道及绩效结果应用的权重配比④。公民参与是政府绩效评价研究的一个热点：吴建南、高小平对我国绩效评价中公民参与的典型类型——风行评议的实施效果和结果客观性进行分析，在此基础上提出了风行评议的几个待解决的关键议题⑤。付景涛运用文本分析和深入访谈方法对珠海市万人评议政府这一个案进行了历史分析，不仅发现了政治主导技术与技术约束政治的互动规律，还提出应坚持评估目的与评估模式相匹配等实践策略⑥。秦晓蕾以南京市"万人评议机关"的演化轨迹为例，对公民参与绩效管理进行剖析，认为政府绩效管理公民参与的制度化实质是通过公民参与行使民主权利，监督政府对公民负责以获取公民信任的交换正义的过程⑦。

3. 政府效能评价内容/指标体系的研究

评价内容/指标体系是政府效能评价的核心，无论是价值、主体还是组织模式，都需要依托指标体系来实现。当前国内关于政府效能评价

---

① 孙斐：《中国地方政府绩效评价的价值冲突管理——基于四川省资中县政府的质性研究》，《公共管理学报》2015 年第 3 期。

② 包国宪、孙斐：《政府绩效管理价值的平衡研究》，《兰州大学学报》（社会科学版）2012 年第 5 期。

③ 刘笑霞：《论我国政府绩效评价主体体系的构建：基于政府公共受托责任视角的分析》，《审计与经济研究》2011 年第 3 期。

④ 吴绍琪、冉景亮：《政府绩效评估主体的研究》，《软科学》2006 年第 6 期。

⑤ 吴建南、高小平：《行风评议：公众参与的政府绩效评价研究进展与未来框架》，《中国行政管理》2006 年第 4 期。

⑥ 付景涛：《政治和技术的二分与互动——引证于"万人评议政府"绩效评估模式分析》，《甘肃行政学院学报》2011 年第 1 期。

⑦ 秦晓蕾：《地方政府绩效评估中的有效公民参与：责任与信任的交换正义——以南京市"万人评议机关"15 年演化历程为例》，《中国行政管理》2017 年第 2 期。

指标体系的研究主要聚焦于运用技术手段设计指标权重，进而设计指标体系。如范柏乃等通过广泛的实证调研，从行政管理、经济发展、社会稳定、教育科技、生活质量和生态环境 6 个领域遴选了 66 个指标，然后采用隶属度分析、相关分析和鉴别力分析等多种方法对理论指标进行实证筛选，最后得出具有代表性的 37 项指标①。彭国甫则采用层次分析法确定评价指标的权重，通过构建模糊综合评价模型对湖南省 11 个地级州市政府 1995—2002 年的公共事业管理绩效进行评价②。唐任伍等采用标准离差法、加权计算等方法计算我国省级地方政府效率的标准化值，并以此进行政府效率的指标、子因素、因素以及政府效率综合排名③。施雪华和方盛举认为，中国省级政府公共治理效能评价是一个综合性系统，从政策、体制、行为三个维度设计了评价中国省级政府公共治理效能的指标体系④。倪星从政府合法性与价值标准重构的角度出发，以"投入—管理—产出（结果）"框架为依据，尝试设计一套全新的地方政府绩效评估指标体系⑤。

（五）对我国政府效能评价理论与实践反思的研究

国内学术研究从最初对国外政府绩效评价经验的介绍与借鉴，到发展初期对政府绩效评价基本原理的阐释，当前更多地热衷于对政府绩效评价某个要素的分析。在当前研究的热潮中，也出现了一些对政府绩效评价理论与实践的冷思考。如周志忍通过对政府角色与绩效评估、外部责任与内部控制、公民导向与结果导向以及绩效评价结果的应用四个方面的论述，阐释我国政府绩效评价存在的问题及未来的发展方向⑥。陈

---

① 范柏乃、朱华：《我国地方政府绩效评价体系的构建和实际测度》，《政治学研究》2005 年第 1 期。

② 彭国甫：《基于 DEA 模型的地方政府公共事业管理有效性评价——对湖南省 11 个地级州市政府的实证分析》，《中国软科学》2005 年第 8 期。

③ 唐任伍、唐天伟：《2002 年中国省级地方政府效率测度》，《中国行政管理》2004 年第 6 期。

④ 施雪华、方盛举：《中国省级政府公共治理效能评价指标体系设计》，《政治学研究》2010 年第 2 期。

⑤ 倪星：《地方政府绩效评估指标的设计与筛选》，《武汉大学学报》（哲学社会科学版）2007 年第 2 期。

⑥ 周志忍：《政府绩效管理研究：问题、责任与方向》，《中国行政管理》2006 年第 12 期。

天祥是另一个对政府绩效评价反思的代表学者，认为当前我国政府绩效研究陷于技术理性主导下无法自拔，导致研究方向存在偏差，也给实践带来不良后果，有效的政府绩效管理应该回归技术理性与政治理性的统一，同时与治理变革相适应①，并在此基础上，提出应当立足于政府治理过程的改进，合理设计政府绩效评估体系②。

三　国内外研究现状评述

国外研究中讨论政府效能评价的应用价值等基础性研究已经比较成熟，与国内研究还在寻求一个通用的、概括的模型及方法不同，国外关于政府效能评价的一个共识是：试图寻找一个"灵丹妙药"式通用型的政府效能评价模型是枉费时间的，莫不如厘清政府效能评价的一些具体的议题。因此，他们的研究沿着两个方向发展：一个是具体的方面，一个是提炼提升的方面。具体的方面是剖丝剥茧式研究，研究政府效能与政府组织特征、行政人员特征、管理实践、行政文化等关系的问题。提炼提升的方面是从抽象视角来宏观审视政府效能评价的问题，如政府效能评价的目的、政府效能评价的方法等。尽管相比国内研究，国外的研究路径更加成熟与具体，但由于中外价值基础、政治制度和社会基础的差异，国外研究中构建的研究模式并不能照搬应用到中国地方政府效能评价中，但可以借鉴其脚踏实地而非大而全的研究思路，以及其科学的实证研究方法来进行国内政府效能评价的研究。

国内对政府效能评价的研究处于探索阶段，一方面表现在研究仍然集中于探讨政府效能评价体系构建的问题，并且这种构建是试图强调最大限度地接近西方发达国家成功经验的政府绩效评价。很多借鉴国外政府绩效评价指标体系的研究较少考虑到国内外不同的国情与相应的制度、社会、文化环境的差异，也因此导致与政府绩效评价实践相去甚远，缺乏指导意义。另一方面表现在对政府绩效评价要素的研

---

① 陈天祥：《政府绩效管理研究：回归政治与技术双重理性本义》，《浙江大学学报》（人文社会科学版）2011 年第 4 期。

② 陈天祥：《政府绩效评估指标体系的构建方法——基于治理过程的考察》，《武汉大学学报》（哲学社会科学版）2008 年第 1 期。

究仍处于技术理性主导的阶段，沿袭绩效评价在企业初期实践的线性流程，或沿袭西方国家绩效评价发展初期的实践，或依据基本价值原则或目标进行分解，或是通过调研与统计等技术手段进行设计①。对政府效能评价指标体系的理论思考与反思较少，缺乏基于中国政府当前所处的治理转型时期这一情境的研究，没有与中国当前治理变革需求相结合，而基于西方发达国家情境所构建的理论体系又难以解释中国的现象与问题，致使既有理论研究无法有效地回应地方政府治理的现实需求。

基于当前国内外研究现状，笔者认为亟须探寻与治理转型情境相契合的地方政府效能评价体系，弥补当前理论研究的缺陷与不足，使理论研究更有效地服务于地方政府效能评价的实践。

第四节　研究内容与研究意义

一　研究内容

本书的核心内容包含两个方面：一是对与治理转型相契合的政府效能评价分析框架的需求和恰适性的解释，即为什么需要构建这样一个分析框架，二是对这一分析框架的阐释、指标体系构建及相应的制度安排分析，即这样的一个分析框架具体是什么。

（一）治理转型视域下地方政府效能评价分析框架恰适性的解释

本书的第二章到第四章的论述是对构建治理转型视域下地方政府效能评价分析框架所作的恰适性解释。第二章主要陈述政府效能评价的基本概念与理论基础，揭示地方政府效能评价的重要性。第三章主要是从应然层面论述了当前我国政府所处的治理转型时期的主要内涵、基本特征，以及由此带来的对政府效能评价的客观要求及现实局限性。第四章是从实然状态层面，通过对我国地方政府效能评价的政策文本进行计量分析和内容分析，从宏观上把握我国地方政府效能评价的运行状态以及

---

① 倪星、余琴：《地方政府绩效指标体系构建研究——基于 BSC、KPI 与绩效棱柱模型的综合运用》，《武汉大学学报》（哲学社会科学版）2009 年第 5 期。

存在的问题，进而提出构建与治理转型相契合的地方政府效能评价的必要性。

（二）与治理转型相契合的地方政府效能评价分析框架的阐释

本书的第五章、第六章主要是对与治理转型相契合的地方政府效能评价分析框架的内容阐释。第五章基于前文章节的论述铺垫，进一步从与治理转型相契合的地方政府效能评价分析框架构建的学理依据和基本前提假设出发，提出了分析框架构建的基本思路和主要内容。其中，分析框架的主要内容中，包含了与治理转型相契合的地方政府效能评价的基本定位与价值取向、评价内容、评价主体与评价方法基本要素。同时，根据分析框架，又着重论述了地方政府效能评价指标体系的构建过程，指标体系最终确立经历了理论构建、实证筛选和权重赋值三个环节。第六章从理念更新、制度完善和技术优化三位一体探讨与治理转型相契合的地方政府效能评价分析框架有效实施的保障体系。

二 研究意义

（一）理论意义

从理论意义上而言，本书意在探寻的与治理转型相契合的地方政府效能评价分析框架是一种地方政府效能评价本土化的新思路，也是一种"解锁"地方政府效能评价路径依赖的新视角。

一是这一分析框架是突破当前我国地方政府评价囿于西方国家政府绩效评价框架与我国治理环境水土不服的一个重要思路。本书立足于治理转型这一现实认定，在细致分析治理转型背景下我国地方政府治理特征基础上探寻其对地方政府效能评价的新需求，改变了以往许多研究直接将政府绩效评价所蕴含的西方国家治理价值取向作为论述前提的做法，为基于本土化关照，构建恰当的地方政府效能评价分析框架奠定了坚实基础。

二是本书所构建的与治理转型相契合的地方政府效能评价分析框架是介于政府效能评价的初始条件和理想目标之间，基于当前我国治理转型的实际情境与现实"约束条件"，既考虑了治理转型过程中因路径依赖而残存的传统治理要素的限制，又充分考量了治理变革的战略目标要求，尝试渐进型、次优型的分析框架构建思路，改变了以往很多理论研究脱离中国治理实际状况而提出的过于虚空的政府效能评价框架，导致理论研究与实践应用"两张皮"的严重脱节现象。

三是依据与治理转型相契合的地方政府效能评价分析框架思路，本书所构建的评价指标体系和与治理转型相契合的地方政府效能评价内容框架一脉相承，既包含静态结果型指标，也包含动态过渡型指标，在各项指标维度下都包含政府治理体系与政府治理能力两条主线，契合了当前我国治理变革的主要维度。

（二）现实意义

当前我国治理变革进入攻坚期，改革的系统性、协同性和整体性逐渐深入。有效的政府效能评价能够助益治理变革，促进我国治理模式顺利转型，实现政府治理体系与治理能力现代化，进而实现国家治理体系与治理能力现代化。

一是本书对当前我国治理转型的现实认定有利于我国地方政府在效能评价实践中更加切合治理转型的现实约束条件，避免地方政府将效能评价看作是一项"政绩"行为，为追求浮夸表象而盲目、不切实际地实施政府效能评价。

二是本书所构建的与治理转型相契合的地方政府效能评价分析框架，可以为我国当下进行的治理变革提供一种亟须、有效和切合实际的评价思路，有效指导我国地方政府效能评价的实践探索与创新，发挥理论指导实践的作用。同时，这一分析框架也为地方政府开展与治理转型相适应的效能评价提供了有益借鉴，进而促进政府职能转变、提升政府治理能力、完善政府治理体系、增强政府治理变革的合法性。

三是本书基于与治理转型相契合的理论分析框架而构建的地方政府效能评价指标体系，可以为政府设定效能评价指标的实践提供理论参考，动态过渡指标与静态完成指标的有效结合可以为当前政府效能评价指标体系设计实践提供些许借鉴。

第五节　研究方法

研究方法服务于研究问题，因此，研究方法是围绕研究问题、有利于研究问题展开研究而选定的。根据研究问题，本书主要选取和应用了如下研究方法。

一　文献分析法

文献分析法是"人文社会科学研究的重要方法和必要过程，主要指利用文献资料间接考察历史事件和社会现象的研究方式，又称间接研究"①，是学术研究最基本、最常用的研究方法。在本书的研究问题确定后，笔者广泛搜集国内外有关政府效能评价的相关书籍、论文等学术文献，分类、解读、分析和归纳已有文献的核心学术观点，把握政府效能评价相关研究的总体情况，并在此基础上更有效、更深入地钻研本书的研究问题，寻求研究内容新的学术增长点。同时，也对统计年鉴、地方政府效能评价实施文件资料等政府部门实践文献进行搜集和整理，通过对这些实践文献资料的梳理和分析，较为客观、系统地呈现当前我国地方政府效能评价的实施现状。

二　比较研究法

比较研究是"寻求研究对象之间相同点和不同点的一种方法，是运用科学的思维过程对研究对象的详细信息进行逻辑加工和分析整理的初步方法，其目的之一是通过对研究对象进行比较，揭示反映事物内部联系和本质特征"②。比较研究方法贯穿于本书的始终，分为横向比较和纵向比较，其中，横向比较是对时空上同时存在的事物的既定状态进行比较。主要体现在对我国地方政府效能评价实施现状研究部分国内各省份的横向比较，以及贯穿本书始终的中国与西方国家的横向比较。纵向比较是对同一研究对象在不同时期的状态比较。本书从治理转型视域入手本身就是基于对我国政府治理模式变迁而进行的问题阐述，包含着对传统治理模式下我国政府效能评价与当下治理模式下我国政府效能评价的纵向比较，也蕴含着当下我国政府效能评价模式与未来"现代化"治理模式下我国政府效能评价模式的纵向比较。

---

① 林聚任、刘玉安：《社会科学研究方法》，山东人民出版社 2008 年版，第 145 页。
② 傅利平、何兰萍：《公共管理研究方法》，天津大学出版社 2015 年版，第 47 页。

三 调查研究法

调查研究法是社会科学研究中普遍采用的方法，是指通过对有代表性的样本进行调查，搜集有效的信息和数据，并进行分析，来进行描述性、解释性或探索性的研究的方法①。调查研究法包括访谈、问卷调查等多种具体的研究方法，适用范围广泛、效率相对较高。本书采用问卷调查方法对相关学者、政府实务工作者开展调研，征求意见，共发放问卷 120 份，回收 110 份，其中有效问卷 106 份，为筛选和优化地方政府效能评价指标，形成科学、有效的评价指标体系奠定基础。

四 统计分析法

统计分析法应用于本书的第五章中评价指标体系的筛选与优化环节，主要包括隶属度分析和相关分析两个组成部分。

（一）隶属度分析

隶属度是来源于模糊数学的一个专业术语，模糊数学认为，在人类社会和经济生活中存在着大量的模糊现象，顾名思义，这种模糊现象的一个重要特质是其概念的外延不是很清楚，在这种情况下，经典集合论无法很好地对其进行描述。某项元素对于某个集合（概念）而言，不能说是否完全属于，而仅能够称得上多大程度上属于，因此，将某个元素属于某个集合的程度称为隶属度。在社会科学研究中，隶属度常常被用来分析某一具体指标对拟测评目标测评能力的一个概念。一般而言，对指标隶属度的测量通常是采用问卷调查的方式，通过对高校科研人员、政府机关工作人员等专家学者的调查，让这些专家学者依据其所掌握的知识及工作经验，对各项指标是否应该被纳入指标体系做出判断，汇集多数专家学者的意见，得出某项指标对整个指标体系的隶属度②。本书在确定地方政府效能评价指标体系初稿后，为保障评价指标体系的科学性、有效性和可操作性，基于专家问卷调查，对评价指标体系中的

①　林新奇：《管理学原理与实践》，东北财经大学出版社 2017 年版，第 54 页。
②　范柏乃：《政府绩效评估》，中国人民大学出版社 2012 年版，第 209 页。

各个指标进行了隶属度分析，剔除不能很好代表地方政府效能的指标，保留被广泛认可能够代表地方政府效能的指标，从而提升指标的代表性。

（二）相关分析

相关分析（correlation analysis）是研究变量（现象）之间密切程度的一种统计方法[①]。通过对两个有依存关系的变量的相关系数进行分析，探讨其相关的方向（正相关或负相关）以及相关程度。由于评价实施具有成本，理想的指标体系中各个指标，尤其是相同维度内的指标之间应该尽量保持独立性，减少指标的重复性，从而降低操作成本。因此，指标筛选的第二步是对每个维度下的指标进行相关性分析，本书采用 2015 年的统计数据来分析评价指标体系中客观指标的相关性，并剔除相关性较高的重复指标。

第六节 研究思路与技术路线

一 研究思路

本书以问题为逻辑起点，基于当前我国地方政府效能评价与治理转型不协调的问题，试图探寻基于治理转型现实需求的地方政府效能评价分析框架。通过分析治理转型对地方政府效能评价的应然需求和当前我国地方政府效能评价的实然状态，明确与治理转型相契合的地方政府效能评价分析框架的现实需求，进而具体分析与治理转型相契合的地方政府效能评价分析框架的具体内容要素和指标体系，最后探讨这一分析框架得以应用的保障系统。

二 技术路线

本书技术路线如图 1-1 所示。

---

① 罗花容：《SPSS 24 统计分析基础与案例应用教程》，北京希望电子出版社 2018 年版，第 269 页。

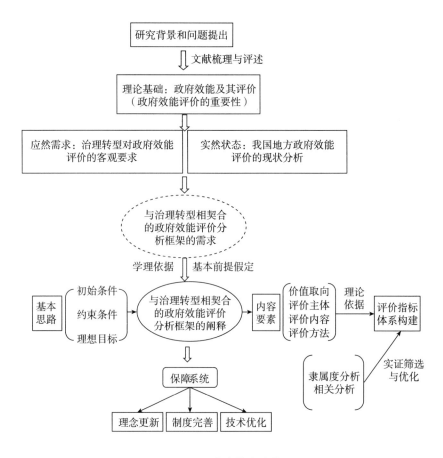

图 1-1　本书技术路线

第七节　创新与不足之处

一　创新之处

本书的创新之处有以下三点：

第一，选题的创新。以往学者的研究大多囿于政府绩效评价所固有的价值基础、制度基础和社会基础，希望从西方国家政府绩效评价的系列理论主张中寻找和构建中国地方政府绩效评价分析思路。本书尝试突破这一分析思路，认为首先应该对中国治理转型的现实有清晰的认定，在这个现实认定的基础上探寻适合于当前中国国情的地方政府效能评价分析框架，促使其能够契合本土实际、能够切实推动治理变革。

第二，分析框架的创新。与研究目的一致，本书所致力于构建的是一种介于政府效能评价"初始状态"与"理想状态"之间，基于治理转型背景的实际"约束条件"，坚持实事求是与渐进前行核心思想的分析框架。分析框架既承认了当前治理转型所蕴含的新时代新要求，也不否认传统治理因素对政府效能评价有效实施的"路径锁闭"。

第三，指标体系的创新。本书所致力构建的地方政府效能评价指标体系尝试与治理变革的最新动态有机结合，切实回应治理转型的核心主题是治理变革，有效发挥指标体系"以评促改"的作用，也彰显了指标体系所坚持的静态完成与动态过渡两个维度有机结合。

二 不足之处

由于笔者学术水平的局限，本书尚存在一些不足之处，其中最主要的不足是：

第一，本书的选题具有一定创新性的同时难度也较大，治理转型本身即为一个宏大的议题，且系统的地方政府效能评价过程涉及较多的知识点，是一个客观上要求具备政治、管理、法律、经济等多学科知识能力才能很好驾驭的课题，而笔者目前的学术知识与学术思想积累仍然有很大的不足，尽管在写作过程中，笔者秉承刻苦钻研的精神尽量完善自身的知识储备，但在论述中仍存在一些方面把握得不够透彻，个别地方在阐述过程中自觉有种捉襟见肘的局促感，因此，论述中不免存在一些偏颇与不足之处。

第二，应用范围的局限。本书所构建的地方政府效能评价分析框架仅仅是基于当前我国治理转型的基本特征与需求而设计，其应用并非"放诸四海而皆准"。

第二章 理论阐释：政府效能及其评价

效能是政府治理的一个核心议题，人们无时无刻不在谈论和评价着政府效能。例如，赞扬政府某个项目的重大意义，欣赏某个政府部门的为民办事，更多的，批评政府办事效率低下，批判政府政策的偏颇以及政府工作人员工作态度恶劣等。这些其实都是在谈论政府的效能。尽管大部分人承认高效能是政府组织的一个理想属性，但是具体说出政府效能是什么，政府效能评价是什么，又很难一言以概之，更多的时候会认为要视情况而定。但是作为理论研究者，并不能满足于一个视情况而定的说法，而是需要探索与深挖政府效能及政府效能评价。

第一节 政府效能：一个"构念"[①] 分析

"一千个人眼中有一千个哈姆雷特"，对于政府效能，如文献综述所示，也是不同的视角有不同的界定：在政治家眼中，政府效能是能够维护执政党的合法性；在政府管理者眼中，政府效能是有充足的可以维持组织生存与发展的资源；在立法者眼中，政府效能是能够恪守法定程序、维护法律尊严；在普通公务员眼中，政府效能是能够实现自我价值与组织价值的结合；在公民眼中，政府效能是以最少的税收获得最优的公共服务……以上每个视角都可以被看作是政府效能的一个侧面的表现

---

① "构念"一词源于美国心理学家乔治·凯利，最初将个人在其生活中经由对环境中人、事、物的认识、期望、评价、思维所形成的观念称为个人构念，后来被一些学者用来形容组织效能，认为组织效能作为一个"构念"是无法由现实世界的具体事件直接接触而来，必须经过层次的抽象化的推演。

形态，这些表现形态可以呈现一些关于政府效能的浅表信息，这对于探究政府效能评价而言，还远远不够，必须通过这些侧面形态探寻政府效能的"真身"，呈现其基本形态、基本属性与基本范畴，才能为进一步的评价以及评价指标体系构建奠定坚实的基础。

一　政府效能的基本形态：政府组织本质的体现

无论政府效能的形态如何千变万化，其基本依托还是政府组织本身。从组织理论学家的观点中可知，组织效能的概念化需要一个谨慎的组织概念的轮廓。任何关于组织效能的讨论都离不开对组织的清晰界定①。因此，可以说政府效能的形态是政府组织本质的外在表现。

（一）政府的本源

政府组织作为一种特殊的组织类型，其本质的界定要比其他组织复杂很多。从其本源来看，从古至今代表不同阶级利益的中外学者对其进行了不同的论述。社会契约论，作为资产阶级启蒙学者的政府起源学说影响较为深远，找到了国家或政府存在的理由。其中，霍布斯（Thomas Hobbes）认为，政府的组建是为了结束"充满斗争、掠夺"的自然状态，促进有序的生活，因此，人们必须服从"利维坦"②，其学说为专制政府找到了辩护的理由。而卢梭（Rousseau）认为人们为了维护一个自由而平等的社会而组成了国家，组建了政府，政府运用法治对国家进行治理，保障个人的自由③。与坚持社会契约论学者所秉持的政府起源不同，托马斯·潘恩（Thomas Paine）认为，政府起源于"一伙不逞之徒作恶多端的魁首罢了，通过残忍的行径或阴险的手段而赢得了盗匪首领的称号，随着势力增大和掠夺范围的扩大，吓到了手无寸铁的善良的人民，逼迫他们贡献财物来换取人身安全"④。因此，他认为社会契约论是空谈，因为所有社会成员是不可能放弃自己的权利而听从于政府组织，是不可能达成一个契约的。此外，他对于如何能保证建立起来的

---

① Goodman, P. S. and Pennings, J. M., *Critical Issues in Assessing Organizational Effectiveness*, New York: Wiley – Interscience, 1979, p. 2.

② 霍布斯：《利维坦》，黎思复、黎廷弼译，商务印书馆1985年版，第102页。

③ 洛克：《政府论》，瞿菊农、叶启芳译，商务印书馆1982年版，第67—70页。

④ 潘恩：《潘恩选集》，马清槐译，商务印书馆1982年版，第14页。

政府仅仅是保障个人的自由与平等，而不侵犯个人自由平等的权利也持怀疑态度。马克思主义关于国家/政府起源学说是站在无产阶级立场上的论述，将国家和政府看作是一种高于社会之上的特殊暴力组织，其存在的前提和目的是维护统治阶级的统治，镇压被统治阶级的反抗，解决不可调和的阶级矛盾①。不同的政府本源理论对政府角色的界定是不同的，不同的角色界定必然带来不同的行为模式，政府效能的表现形态也是不同的。

（二）"好"的政府的界定

无论不同理论与学者对政府起源的认识分歧有多大，国家与政府是当今世界不可或缺的组成部分。也因此，从政府起源的初始理论到今天，经历三个世纪的发展，政治学、经济学、管理学和社会学等学科在承认国家与政府已经是事实的基础上，探讨什么是"好"或者"善"的政府。对"好"或"善"的政府的探讨，可以看作是政府效能探讨的另一种表述。卢梭在其著作《社会契约论》一书中指出"假如有人要绝对地提问：哪一种才是最好的政府，那他就是提出一个无法解答且又无从确定的问题……但是如果人们要问，根据什么标志才能识别某一个政府治理好与坏，那就是另一回事了，这个事实问题是可以解决的"②。不同视角所提供的"好"的政府的标志也是不尽相同的。

经济学领域探讨"好"或"善"的政府，主要是从政府在经济发展中应该充当什么角色中探析。亚当·斯密（Adam Smith）著名的"看不见的手"理论认为市场本身就具有其运行的规律可以保障经济的有效运行，政府不需要对市场进行直接的干预，政府这只"看得见的手"只需要用于维护市场的自由与公正。"好"的政府应该是"守夜人"的角色。著名经济学家巴斯夏（Frederic Bastiat）认为，政府同时兼具"仁慈的手"和"掠夺的手"，仁慈的那只手主要充当给予的角色，例如"提供免费的教育给所有的公民""为公民提供合适的教育使公民能够阅读和欣赏艺术，继承思想遗产""对公民承受的火灾、意外、洪涝等灾难进行救助""为商业和劳资关系提供制度和规范"等，

---

① 王振海：《国家起源、本质与特性的再思考》，《文史哲》1999 年第 3 期。
② 卢梭：《社会契约论》，商务印书馆 1980 年版，第 110 页。

但是这些都是以"政府偷偷地从你的口袋中搜寻与抢夺为前提的"，并且这些"税收会多于所需要的支出"[①]。

政治学领域探讨"好"或"善"的政府主要集中在对政府合法性与维护公共价值领域的探讨。合法性是"某个政府机构或社会组织所具有的一种心理属性，这种心理属性使与该组织相关的人相信这个权威或组织是适当的、合适的而又是合乎正义的"[②]。将政府合法性作为"好"的政府的重要维度的原因不难理解，因为只有政府治理辖区内的公民能够从内心认可其统治的正当性，才会认可其权威，进而服从其管理与统治。反之，如果政府没有得到公众认可，仅仅依靠强制力来维持管理与统治，那么需要付出的统治与管理成本将大大增加，且成本的增加并不能带来社会的长治久安[③]。政治领域对"好"的政府的界定，还依赖于对政府是否维护公共价值与公共利益的判断。民主、自由、公平等是政府在组织、决策和管理过程中都需要遵循的价值取向，这些价值也是政治领域给政府管理与执行过程带上的"紧箍咒"，用这些基本的公共价值来约束政府决策与管理。

公共行政学/行政管理学作为政治学与管理学的交叉学科，其对"好"或"善"的政府的衡量标准经历着政治与管理此消彼长的变化。公共行政学的古典理论和行为理论时期，整个公共行政理论和实践都将"好"的政府研究和探讨焦点放于政府内部组织管理上，即政府内部各要素发挥最大功能、实现效率最大化是保证政府效能的关键。威尔逊（Woodrow Wilson）提出的政治与行政二分理论强调行政管理领域是一种事务性的领域，应专注于事务性工作的效率提升。以泰勒（Frederick Winslow Taylor）为代表的科学管理理论学派认为政府管理与企业管理有共通之处，要实现政府内部管理效率，关键是科学设定政府管理过程中的方法和技术，进而达到节约人力、物力和财力，减少浪费，增加产

---

① Bastiat, F., "*The Law*" "*The State*" *and Other Political Writings*, *1843 – 1850*, Indianapolis, Indiana: Liberty Fund Inc., 2012, pp. 100 – 104.

② Tyler, Tom R., "Psychological Perspectiveon Legitimacy and Legitimation", *Annual Review of Psychology*, Vol. 57, 2006.

③ 马得勇、王正绪：《民主、公正还是绩效？——中国地方政府合法性及其来源分析》，《经济社会体制比较》2012 年第 3 期。

出的目标。管理过程学派的奠基人法约尔（Henri Fayol）提出的管理的五项职能（或要素）和管理的 14 条原则也是将焦点放在组织内部要素的安排与设计①。而以韦伯（Max Weber）为代表的官僚制理论学派认为理想的行政组织形式是以理性和非人格化为前提，以层级制、分工制、专业化、常任制、制度主义、规范化为核心特点。古典行政理论侧重于对组织中非人要素的效率提升，忽视了行政活动中人员要素对行政效率的影响。行为主义理论对此进行了纠正：认为行政人员的工作动力是影响行政效率的重要因素之一，应该通过激励和刺激来提高行政人员的工作积极性。整体而言，在公共行政的古典理论和行为理论时期，对政府非人要素的设计与优化以及对政府工作人员的激励都限定在政府内部组织和管理效率领域。因此，管理是对处于相对完整、自治和闭合的行政系统中的对象和资源进行的配置调度，对系统之外的人员和事务不发生效力。随着传统公共行政价值与事实分离的主张导致政府行政管理与社会脱节的矛盾愈演愈烈，西方国家连续出现了一系列社会、经济与政治危机，民众对政府不满情绪和呼吁改革的声音不断高涨。在批判传统公共行政基础上，新公共行政和新公共服务理论相继出现，这些新的行政范式的共同之处是更加注重行政系统的外部影响，不再仅仅局限于对政府组织内部的管理，还要求政府倾听和回应民意。新公共行政理论建立在对传统行政学说政治与行政二分的批判上，认为传统公共行政理论倡导的价值与事实分离，只专注于事务性工作效率的提升的观点是抱残守缺的，公共行政应该有更广泛的使命，应该更主动回应社会与公众需求和现实问题的挑战，应该立足于变动的社会现实。因此，政府在注重内部管理效率、管理技术提升的基础上应该更加关注社会需求，注重政府行为和活动所带来的社会效果。这些社会效果取决于政府的外部行政活动，其价值和目标体现在多层次多方面的政策、法律、观念和意识。政府管理的出发点和归宿始终是公平、正义等价值理念，这也是这一时期评判政府效能的根本标准。新公共管理运动兴起以来，政府管理

① 五项职能分别是计划、组织、指挥、协调和控制；14 项原则分别指劳动分工、权力和责任、纪律、统一指挥、统一领导、个人利益服从整体利益、人员的报酬、集中、等级系列、秩序、公平、人员的稳定、首创精神、人员的团结。

理论和实践进一步发展，无论是公共事务，还是治理公共服务供给都不仅仅局限于政府系统，社会和市场也逐步参与到其中。社会与市场作为国家系统的另外两个重要的构成要素，与政府系统共同影响着政府效能的发挥。政府系统影响社会系统的发展、干涉市场系统的运行，社会系统和市场系统反过来又对政府系统形成强大的影响和推动力，促使政府为了改善社会服务和经济管理而进行变革与创新。同时，三个系统之间是否界限分明，能否有效合作直接影响着政府效能的发挥：一方面，政府、社会和市场的职能应该合理划分，如果职能不清，政府过度包揽本应由市场或社会承担的事务，会导致政府"出力不落好"的结果。另一方面，政府职能要与社会发展、市场经济体制要求相适应。政府职能是一个不断变化的范畴，其转变过程要与社会和市场的实际发展动态相适应，否则政府职能不仅不能促进市场和社会的健康发展，反而成为二者前进的绊脚石，制约社会和市场的健康发展。

二　政府效能的基本属性：操作化的引导

　　政府组织的形态越丰富，政府效能的概念越难以一言以概之。有学者尝试对政府效能的概念进行简化陈述，如文献综述中提及的，目标理论视角将政府效能视为政府组织达成目标的程度①。系统理论学派将组织效能定义为组织成功获取和应用稀缺与有价值资源的程度②，多元利益者理论学派认为组织效能即为满足多元利益相关者需求的程度③。上述单一维度的政府效能界定，尽管从政府效能的某个侧面抓住了其基本属性，但无法囊括政府效能的所有构件。此外，这种界定途径过于概括与抽象，对于进一步操作化测度的指引作用微乎其微。也有学者尝试整合政府效能所有可能想到的侧面，如奎因（Quinn）提出的效能的"竞值架构"理论，将人际关系模型、开放系统模型、理性目标模型与内

---

　　① Etzioni, *Modern Organizations*, Englewood Cliffs, NJ: Prentice Hall, 1964, p. 26.

　　② Ephraim Yuchtman, Stanley E. Seashore, "A System Resource Approach to Organizational Effectiveness", *American Sociological Review*, Vol. 32, No. 6, December 1967.

　　③ Connolly, T., Conlon, E. J. and Deutsch, S. J., "Organizational Effectiveness: A Multiple-constituency Approach", *Academy of Management Review*, Vol. 5, No. 2, April, 1980.

部过程整合起来①，尽管整合模型比单一维度的界定更全面，但是不能保证整合模型就毫无遗漏地包含了政府效能的所有维度。此外，整合模型的另一个缺点是未考虑到约束条件的问题，无论是对政府组织效能的探究还是对其他组织效能的探究，认识不到影响组织运作的，无论是内部还是外部的约束条件，是很难较好地理解组织效能的②。还有研究认为，政府效能作为一个"构念"是无法由现实世界的具体事件直接接触而来，必须经过层次的抽象化的推演③。本书比较认同这一界定，认为政府效能是一个"构念"，想要对这一构念进行测度，与其苦苦探寻无法达成共识与囊括所有的概念陈述，不如对政府效能的基本属性进行勾勒，这些基本属性是任何一种理论界定视角都无法绕开的。

（一）结果属性

结果是政府效能界定中最显著的一个属性，结果是与过程相对应的任何事务都追求的一种最终的状态。任何一种界定视角的政府效能都包含着特定程度的结果属性，这些结果属性的表现形式如利润、满意度等。在某种程度上，结果属性体现在效能的作用对象上，例如，企业追求组织效能的结果可能是利润率、市场占有率或者资本充足率，政府组织追求的效能可能是职能充分履行、上级充分肯定或者公民的充分满意。结果是权变的，因组织属性不同、组织所处环境与境遇不同而有不同的侧重，而这个结果属性又是共通的，无论是目标理论视角，还是系统理论视角，抑或是多元利益者视角对政府效能的界定中，都可以看到结果属性的存在。

（二）约束条件被满足

约束条件与结果属性总是相伴而生，没有约束条件的结果属性是不完整的。企业如果为了追求利润最大化，而罔顾法律规范，无底线降低生产成本或产品质量（如使用有害的生产材料、劣质的产品质量或服

---

① Quinn, R. E., Rohrbaugh, J., "A Spatial Model of Effectiveness Criteria: Towards a Competing Values Approach to Organizational Analysis", *Management Science*, Vol. 29, No. 3, March 1983.

② Goodman, P. S. and Pennings, J. M., *Critical Issues in Assessing Organizational Effectiveness*, New York: Wiley – Interscience, 1979, pp. 1 – 46.

③ 孙少博：《战略性人力资源管理对组织效能的影响研究》，博士学位论文，山东大学，2012 年，第 40 页。

务），不能说其是有效能的。政府如果为了达成职能目标，不顾法定履职程序、不计成本的投入或不择手段的巧取豪夺，也不可称其为有效能。从某种程度上而言，结果属性强调的是"做了什么"，而约束条件强调的是"应该做什么"和"应该怎么做"。约束条件属性可以体现为法律规章，也可以体现为伦理道德。这些约束条件的存在是为了让"做了什么事情"转化为"做了哪些对的事情"。

（三）标准或者参照物的嵌入

在政府效能的任何理论视角界定中，都明示或暗示了特定的标准或参照物，例如，目标理论视角中，设定的目标是效能评判的参照物，系统理论视角中，组织生存所需的资源是参照标准，而多元利益理论视角中，多元利益者的评判标准与价值判断是标准等。这些标准和参照物可能是动态的，也可能是静态的，可能是内部的，也可能是外部的①，它们为组织提供了效能评判的基准。

综上所述，结果、约束条件被满足、标准或参照物的嵌入三个基本属性共同构成了政府效能这一"构念"的基本结构。无论哪种理论界定视角以及无论对哪种类型组织的效能界定，都离不开上述三个方面的基本结构属性。

三　政府效能的基本范畴：内部和外部适应性

对政府效能这一"构念"的深入剖析，除了上文对其基本形态和基本属性的分析，还需要对其基本范畴进行勾勒，了解政府效能包含的内容维度有哪些。

组织的本质与价值偏好是影响组织效能范畴界定的两个重要因素②，也影响着政府组织效能范畴的界定。对于第一个因素，如前文所述，不同的理论侧重有不同的组织效能界定范畴：目标理论侧重于关注目标设定、目标分配及目标达成领域，系统理论则侧重于关注政府组织与环境之间的能量交换，多元利益相关理论侧重于关注不同利益相关者

---

① Goodman, P. S. and Pennings, J. M., *New Perspectives on Organizational Effectiveness*, San Francisco：Jossey - Bass, 1977, p. 19.

② Goodman, P. S. and Pennings, J. M., *Critical Issues in Assessing Organizational Effectiveness*, New York：Wiley - Interscience, 1979, pp. 1 - 46.

的利益诉求等。这意味着各个理论视角无法达成政府效能的统一范畴。决定政府效能范畴的另一个因素是价值或偏好，价值或偏好决定了政府效能的哪些指标会被选择，尽管确定了政府效能的基本属性包含结果/产出、约束条件与评价标准，但这些概念并非是必然的中立的概念。例如，公民对政府效能有特定的偏好，而政府管理者也有其特定的偏好，研究政府的专家学者则拥有第三种特定偏好与价值判断，且这些特定的偏好之间可能存在冲突与矛盾。那么，决定哪些结果、约束条件或参考体系被包含在政府效能的过程就是一个偏好与价值选择的过程。而难题是不同的主体对于政府效能的偏好与价值是不尽相同的，很难找到完全契合的价值与偏好集合。这两个因素造成的困境是，不会有统一被接受的政府效能的构件，因为没有一个占优势的组织理论。同时，宽泛的偏好变量和价值也导致很难找到一些共同的核心效能指标。这是否就意味着无法确定政府效能的范畴呢？本书认为并不尽然，一方面，理论的侧重源于现实的需求，在研究政府效能范畴前，需要做的是对于特定情境下特定政府组织的分析，明晰政府所处的生态环境，通过情境分析来判断政府效能的范畴侧重。另一方面，对于价值与偏好而言，需要做的是明确利益相关者以及他们之间存在的价值偏好集合。这两方面其实是一种整合的路径选择，即并不界定哪种理论或者哪种价值是最优的，而是通过情境分析，来整合所有可能的选集。按照这个思路，笔者认为政府效能的范畴至少可以整合为两个相互联系的方面：政府的内部适应性和外部适应性。

内部适应是以协调政府内部行政人员的活动和维持政府机构内部系统运转为主要内容，指向的是政府内部管理与过程要素，而管理与过程要素通过行政人员这一极其重要的要素反射到政府组织效能状态上[1]。概括而言有两个层面：一是促使组织内部成员能够适应组织的目标，二是组织满足其成员的个人需求和发展目标。外部适应是政府组织适应外部环境，即处理政府组织与周围环境进行的交流与交换，主要表现在处理产出、投入或调整策略去适应环境要求（例如，接受一个新的约束

---

[1] Mohr, L. B., "The Concept of Organizational Goal", *American Political Science Review*, Vol. 67, No. 2, June 1973.

条件）等。值得注意的是，政府组织的内外适应实质上是相互联系和相互依存的，政府组织感知到外部环境的变化，会作出政府组织目标和任务的调整，这些调整会影响到组织内部要素的结构、行为方式。组织内部结构要素变化、行为方式的表现也会透过组织边界渗入并反作用到外部环境中。

第二节　政府效能评价的概念及基本特征

为了更好地设计政府效能评价，理解其背后的原理与实证的基础，研究不可绕过的就是政府效能评价的概念与理论基础。

一　政府效能评价的概念及构成要素

第一章对政府效能的概念界定与相关概念辨析，上文又对政府效能的基本形态、基本属性和基本范畴进行了剖析。概括而言，政府效能评价就是依据特定的指标体系对政府运行状态的结果、约束条件是否满足既定标准进行客观评价的过程。一般而言，政府效能评价包括价值取向、评价主体、评价内容与指标、评价方法等基本构成要素。

（一）价值取向

政府效能评价本质上是公共行政的一种管理工具。尽管早期的行政学研究中，倡导"价值中立"，并且认为公共行政现代化是一个绝对工具理性化的过程，但是随着新公共管理运动的兴起与发展，公共行政目标不仅仅是提升效率，还需要兼顾公平、民主等价值取向[1]。作为公共行政测量工具的政府效能评价也需要恰当的价值引导，什么是好的政府行为与活动？什么是好的结果？缺乏对这些价值前提的确认，无法进行有效的政府效能评价。

有学者提出，价值取向是政府效能评价体系与评价行为的深层次结构，可以称为效能评价的灵魂，对于引导和调整政府效能评价具有十分

---

① 卓越、赵蕾：《公共部门绩效管理：工具理性与价值理性的双导效应》，《兰州大学学报》2006 年第 5 期。

重要的作用①。政府效能根本价值取向是公共行为目标的有效性，尽管对政府效能的研究不可避免地要借鉴政府绩效，但是不能一味地跟随政府绩效的经验性指标。工具理性导向的政府绩效评价所强调的经济、效率和效益，在缺乏价值规范的情况下对于政府效能的提升步履维艰，甚至会造成严重的负面效果。政府效能评价研究需要对政府效能所蕴含的价值和责任的重视②，所以，政府效能评价与政府绩效评价的一个重要区别就是价值取向。也因此，政府效能评价所预设的价值规范是进行政府效能评价的重要前提。值得注意的是，政府效能评价的价值规范是随着政府不同发展阶段和治理情景而变化的。例如，新中国成立初期的主要任务是解决人民的温饱问题，在这种情境下，评价政府效能的主要价值取向是经济发展效率，随着人民温饱问题的解决，政府效能评价的价值前提转变为"效率优先，兼顾公平"。而当前，随着经济的飞速发展与人民生活水平的显著提升，我国的社会主要矛盾发生变化，政府效能评价也需与此相适应寻求新的价值依托，服务型政府、科学发展观等公共理念逐渐成为评价政府效能的价值取向。此外，政府效能评价的价值取向也与行政生态环境相适应，社会主义国家与资本主义国家政治意识形态不同，政府效能评价的价值取向也会有所不同。

（二）评价内容与指标

评价内容与指标是政府效能评价体系的核心要素。评价指标是评价内容的载体与具体表现。一方面，政府效能评价指标体系的构建并非仅仅是一个技术问题，尽管它可以被看作如此，因为其本身提出了一些治理的基础性问题③，例如，什么是好的效能？如何界定不同维度的效能？谁决定了什么是好的效能？效能指标是科层组织中的控制工具，还是自我评价管理工具？它们是为上级领导、下级部门、公民还是为谁设计的？上述这些问题都展示了指标体系所承载的内容。也因此，可以认

---

① 彭国甫：《价值取向是地方政府绩效评估的深层结构》，《中国行政管理》2004 年第 7 期。

② 蒋小杰、马玉超：《试析政府公共治理效能价值定位的必要性及历史进程》，《经济研究导刊》2009 年第 6 期。

③ Carter, N., Day, P. and Klein, R., *How Organisations Measure Success: The Use of Performance Indicators in Government*, London: Routledge, 1995, p. 2.

为政府效能的评价指标体系是政府治理过程的重要体现。简言之，创建科学合理的效能评价指标体系是对政府效能进行有效评价的核心议题。另一方面，政府效能评价指标体系贯穿了政府效能评价的价值取向、评价主体与评价方法：一是效能评价的价值取向需要最终的指标体系为依托。例如，在强调"效率至上"价值取向时，对政府效能的评判主要通过能体现效率取向的指标，如速度、单位投入—产出等；在强调公平公正价值取向时，政府效能评价必然要包含基尼系数、城乡收入差距、行业收入差距等能体现公平公正价值取向的指标等；二是政府效能评价指标体系是评价主体之间博弈取舍的结果体现。政府组织的利益相关者（如立法机构、上级部门、行政人员、公民）作为政府效能的评价主体具有自身的利益诉求：立法机构希望政府部门能够严格按照法律程序执行人民意志，上级部门希望部署的战略与政策能够有效执行，行政人员希望获得最大的个人实现，人民则希望以最少税收获得最优的公共服务等。不同的利益群体所代表的利益指向不同，其对政府效能关注的焦点也不同，作为评价主体，他们对于选取哪些政府效能评价指标必然也会有所不同，最终呈现的指标体系是这些利益群体进行博弈取舍的结果；三是政府效能评价方法需要根据不同的指标类型进行设定。如果评价指标体系与评价方法具有因果关系，那必然是评价指标决定选取哪种评价方法，而非依据评价方法来选取指标。政府效能定量层面的指标，需要用定量的方法进行测算，而定性层面的指标则需要匹配相应的定性方法。

　　与评价方法相对应，政府效能评价指标也可以分为定量指标与定性指标。此外，研究和实践中还提出了一种"普适性"和"专项性"指标划分，"普适性"指标是不区分具体的层级和部门，笼统地从几个维度来设计一种整合的指标体系，如2004年人事部课题组设计的地方政府绩效评估指标体系。"专项性"指标则是针对某一专门的政策或政府推进的项目计划进行特定的评价指标设计，如中央与地方共建高校实验室专项资金评价指标。

　　（三）评价主体

　　任何管理工具的使用都离不开具体的应用与实施者，政府效能评价主体这一要素解决的是"谁来评价"的问题，是政府效能评价的关键要素，是否选取合适的评价主体影响着效能评价的最终效果。

一般而言，按照评价主体相对于评价对象的位置，可以将政府效能评价主体划分为政府内部评价主体和政府外部评价主体。政府内部评价主体主要包括政府内部的决策者、管理者和工作人员，这些评价主体又可以根据评价主体与评价对象的层级关系分为上级领导评价和下属员工评价两个主体类型。内部评价主体能够迅速并且以最小的成本消耗完成评价任务，并且作为政府组织的决策者、管理者或者工作人员，他们对于政府组织及其工作内容都比较熟悉，在效能评估中能够更深刻地认识评价内容，且能够更好地将评价结果运用到日后工作的改进中。但是内部评估也存在显著缺点，大多数内部评价者的评价方法能力欠缺，缺乏独立性，会因既是"运动员"又是"裁判员"而导致评价结果不够客观。

政府效能评价的外部评价主体主要是指位于政府组织外部的评价主体，不仅包括普通公众，也包括政协委员、民主党派代表，还包括企业、中立的评价咨询机构、科研机构等，这类组织主要由专业型人才构成。相对于政府内部评价主体，政府外部评价主体的独立性、评价的客观真实性较强。这也是近年来"第三方评估""万民评议"等注重外部评价主体的政府效能评价形式广泛发展的原因。但是外部评价主体也存在一些问题。一是外部评价主体容易给被评估组织和人员带来恐惧心理而导致消极抵抗效应，若评价不能被相关人员认同，会导致评价结果运用存在阻滞。二是外部评价主体需要具备客观评价的资质与能力，否则会对评价产生较大的主观性偏差。且外部评价主体在获取评价信息方面与内部主体相比会比较逊色，这也会对其参与效能评价的结果真实性产生不利影响。

由于政府效能的外部评价主体和内部评价主体都具有优势与弊端，近年来的理论研究和实践发展中"多元评价主体"成为一种推崇。多元评价主体主张政府效能评价中应该融入多个评价主体，既有内部评价，又有外部评价，不仅包括政府工作人员，也包括社会中立机构、企业与公民，还包括社会媒体。多元评价主体的推崇带来的另一个问题是如何设计各个评价主体的参与权重。有学者认为主要趋向是逐步降低政府内部评价所占比重，增强政府外部评价的权重①。也有学者提出了比较极端的看法，认为对政府效能评价，民意的比重应该占百分之百②。本书认为重要的并非是主体的参与比重是多少，而是哪些主体可以让政府效能评价作用发挥最大化。

（四）评价方法

政府效能评价方法是指在评价活动中信息搜集和分析方法、工具、程序和标准③，是政府效能评价体系中又一要素。评价方法直接影响评价计划的成效和评价结果的效力，因此，评价方法的选择是评价结果客观、公正的技术保障。政府效能评价理论与实践发展至今，已经形成了一系列的政府效能评价方法，但很少有一种评价方法能够独当一面，满足各种评价目的，因此，在具体实践中，多是综合运用两种或两种以上评价方法。这些方法的分类维度也具有多元性，有相对评价法和绝对评价法之分，也有结果导向评价方法和行为导向评价方法之分，还有客观评价方法和主观评价方法之分。其中，最后一种分类较为常见。

客观评价方法，一般也是定量评价方法，是通过对客观、明确数据的测算与可供参考的标准值对组织、部门或个人工作质量、数量等客观评价资料进行比较的评价方法，是将被评价者与既定标准作比较，如业绩评定表法。客观（定量）评价方法备受公共管理研究的推崇，因为定量评价通常被认为是"公共部门绩效"的最佳指示，它们能反映最"真"的世界和最小的"自由裁量权"④。客观（定量）评价方法有诸多的优点，因此在私人组织中广泛应用，但是政府组织很多方面的效能评价并不能用客观数据来表示。"当政府某些效能无法用具体数据表示，只能对政府组织和个人绩效的好坏采用基本概念、属性特征、通行

---

①　邱法宗、张霁星：《关于地方政府绩效评估主体系统构建的几个问题》，《中国行政管理》2007 年第 3 期。

②　李习彬：《构建科学的政府绩效评估体系》，http//www. people. com. cn，2005 - 6 - 30。

③　王莉华：《我国研究型大学组织绩效评价理论和方法研究》，浙江大学出版社 2018 年版，第 79 页。

④　Meier, K. J. and O'Toole, L. J., "Public Management and Educational Performance: The Impact of Managerial Networking", *Public Administration Review*, Vol. 63, No. 6, November 2003.

惯例等进行语言描述和分析判断"①，即主观（定性）评价方法。定性评价的优势是可以把那些无法用客观数据表示的潜在因素纳入评价范围中，通过判断、验证进而得出评价的结论，然而，其优势也让其弊端很明显地被识别，即定性评价在具体操作中存在随意性和主观性，会影响评价的客观性和公正性。

不同的评价方法各有其特点，不同的评价方法也影响着评价实践中花费的时间与精力，因此，理想的政府效能评价方法不仅要保证评价过程和评价结果的公正、客观、精确，还要便于操作。政府效能评价方法的选取要结合政府组织的特征、工作性质、评价对象及目的等要素综合考虑。当前的理论主张与实践发展都彰显了政府效能评价的主观评价方法与客观评价方法相结合的模式。

二　政府效能评价的基本特征

基于对政府效能概念解析以及政府效能评价体系要素结构的阐释，本书认为政府效能评价有以下基本特征：

（一）政府效能评价具有价值偏好

从评价自身而言，评价是一种把握世界意义或价值为目的的认识活动②，因此，任何评价都是一种价值判断或建立在一定的价值偏好基础上。"价值第一性，评价活动第二性，价值决定评价活动，有什么样的价值现象，就会有什么样的评价活动方式。"③ 可以说，价值是评价活动的逻辑起点。由此，政府效能评价过程本质是按照评价主导者价值取向对政府效能进行一系列的判断和分析，这种判断和分析包含着评价主导者的价值取向。从评价作为政府的治理工具而言，国家治理现代化蕴含着一个基本的内在价值或终极价值，即"什么性质的国家治理"及

---

① 陈新：《职能转变视角下的政府绩效评估研究》，博士学位论文，南开大学，2014 年，第 141—142 页。

② 欧阳丽：《城市总体规划环境评价模式——从"分离"走向"互动"》，同济大学出版社 2014 年版，第 28 页。

③ 陈新汉：《评价论导论——认识论的一个新领域》，上海社会科学院出版社 1995 年版，第 95 页。

"追求什么样的现代化治理和发展目标"①。政府治理作为国家治理的重要组成部分，也承载与细化其内在价值与终极目标。而政府效能评价作为政府治理工具，则需与政府治理的内在价值与终极目标相一致，即政府效能评价要体现政府治理的内在价值与终极目标，方能有效发挥其工具价值。由此，具有价值偏好是政府效能评价的一个重要特征。

（二）政府效能评价具有动态性

从政府效能本质而言，政府效能是潜在功能到外显效果的动态过程，表现在政府潜在功能及其外显效果的联结上。作为外显的存在，效能还体现在可见的现实效果上。由于功能实际上就是事物的静态特征，效果是事物静态特性在一定条件下产生的结果，所以，政府效能不仅是一种静态特性，而且是一种从静态特性到结果的动态过程。因此，对政府效能的评价也需要与其本身的动态过程相结合；从系统论视角出发，政府效能评价会随外在环境变化而发生变化，政府效能评价作为政府的治理工具，需要与政府发展阶段和战略目标相适应，不同的政府形态、不同时期的政府特征与职能侧重，都会导致政府效能评价价值取向、评价主体、评价内容与评价指标、评价标准和评价方法的侧重有所不同。可以认为，政府效能评价是一个动态的构建过程，随着政府治理内涵的扩容和治理目标的嬗变，也不断完善与改进。从评价主体、评价客体互动视角而言，政府效能评价过程实际上也是政府评价者与被评价者之间展开对话的动态互动过程，二者的动态互动一方面体现为评价者对被评价者完成任务作出恰当的评价，并为被评价者留下行为补救与改进空间；另一方面是被评价者根据评价者设定的评价指标自觉调整自身行为以适应评价标准，并最终达到改善自身行为的目的。概言之，政府效能评价具有动态性。

（三）政府效能评价具有多维性

从政府效能本身而言，政府效能是对政府治理实践的全面和系统审视，其内涵是由多个"构件"组成，既有"结果""行为"等显性结果，也有约束条件的隐性构成，表现在政府效率与社会效益的结合上。

---

① 厉以宁、吴敬琏、周其仁等：《读懂中国改革3：新常态下的变革与决策》，中信出版社2015年版，第231—232页。

政府管理运行过程中，总会受到管理学基本规律和原则的支配，因此，政府效能必定有经济定量的概念，要进行投入与产出、代价与结果、数量与质量的比较。同时，行政管理是对国家事务和社会事务的管理活动，其与生俱来的公共性又必定包含着维护社会公正，保证公共利益的责任。这决定了政府效能本身即为多维本体，对其评价必然也要照顾到其多维性，否则就会导致评价结果出现纰漏。学术界最常提到的政府效能包含经济性（Economy）、效率性（Efficiency）和效果性（Effectiveness）三个维度。从政府效能评价活动而言，不同的评价主体因其视角不同也会产生不同的结果判断，这使政府效能评价活动过程本身具有多维性，因此，在对政府效能评价过程中，需要从多角度去分析和评价政府效能，这也是很多政府部门采取360度评价以确保政府效能评价结果客观、公正的一个重要原因。同时，政府效能评价的多维性也体现在需要根据评价目的的不同，选择不同维度的评价指标。

第三节　政府效能评价的理论基础

对国内现有研究文献的回顾表明，一方面，现有研究中关于政府效能评价的理论基础研究较少，很多研究都是将政府效能评价视为理所当然的前提，直接切入对政府效能评价要素或体系的研究，但是对于为什么要进行政府效能评价的理论前提和逻辑基础缺乏深入的探究。另一方面，现有关于政府效能评价的理论基础研究中，列举了大量的如新公共管理理论、治理理论、责任政府理论等理论，但这些理论分析仅仅是理论列举，对于为什么要进行政府效能评价的本源问题很少触及。行政管理本身就是政治学与管理学的交叉学科，政府运作过程中的很多管理行为与策略的理论基础原本就分布广泛，而政府效能评价又是作为一种综合性的管理工具，其理论背景更加丰富，如果不考虑政府效能评价的直接逻辑前提，可以说任何一种与政府相关的理论都可以列为政府效能评价的理论前提，这也是诸多政府效能研究的硕士论文列出各式各样理论基础的原因。本书无意于罗列所有相关理论，仅探讨与政府效能评价有直接逻辑关系的理论基础。

一 公共受托责任理论

公共受托责任并没有一个统一的概念界定，一种是持报告观的界定，认为受托责任是受托人向委托人的报告义务。如格雷（Gray, A.）和詹金斯（Jenkins, W. I.）认为受托责任是向那些委托人汇报并说明责任的义务①。另一种是行为观的界定，这种观点认为，受托责任的含义侧重于受托人应当对其行为负责，如日本学者番场嘉一郎将受托责任定义为：一定的经济主体赋予其财产管理者保管和运用所有财产的权限，并要求他们负起保管好、使用好这些财产的责任②。还有一种界定视角是包含上述两个界定视角的综合观，认为受托责任实际上包含汇报与行为两个方面，将受托责任理解为受托人对行为负责，并提交相应的报告以说明其行为③。

受托责任广泛存在于各种组织中，公共受托责任主要发生在以政府为核心的公共权力与公共资源应用的公共部门④，集中于委托—代理关系中，受托责任是委托—代理关系的产物，代理人需要向委托人解释与说明自己的行为，"当人们打算去执行他人的利益或意愿时，他们对那些掌握是否奖赏或责罚他们行为的主体进行汇报、解释与沟通"⑤，这个过程包含了行动与汇报两个持续的过程：一方面，代理人需要根据委托人的期望或利益需求来行动，最大化委托人的委托利益；另一方面，代理人需要定期向委托人汇报自己的行为，解释行为及行为理由。公共受托责任理论是政府效能评价的基石，主要表现在两个方面：

一方面，公共受托责任理论是政府效能评价的动因。代议制民主政府认为政治家或立法机构是代表公民来执行公民意志，这一层面的受托责任是政治家或立法者对选民或者其代表的公民——能够决定是否让他

---

① Gray, A. and Jenkins, W. I., "Accountable Management in British Central Government: Some Rreflections on the Financial Management Initiative" *Financial Accountability & Management*, Vol. 2, No. 3, September 1986.

② 肖英达、张继勋、刘志远：《国际比较审计》，立信会计出版社 2000 年版，第 88 页。

③ 刘笑霞：《我国政府绩效评价理论框架之构建——基于公众受托责任理论的分析》，厦门大学出版社 2011 年版，第 55 页。

④ 同上书，第 39 页。

⑤ Bevir, M., *Key Concepts in Governance*, London: SAGE Publications Stoker, 2008, p. 37.

们继续享有职权——负责。按照政治与行政分离的思想，立法机关将公共意志与公共资源委托给行政机关去执行，行政机关又需要对立法机关——能够决定是否废除其权威——负责，这是另一个层面的受托责任①。此外，也有学者提出了在行政部门内部，还存在中央政府将公共资源或决策权委托给地方及基层政府，地方及基层政府需要对中央政府负责②。一般而言，政府具有清晰的职能规定，作为公民，希望政府能够实现这些职责，关注公共机构和公共人员的责任、义务及其如何实现，并且希望在实现公共利益时，这些机构和人员能够维持、赚取和建立公共信任③，这样的过程就可以称为政府有效地执行了被委托的责任。然而，公共受托责任的完美履行需要一个理想的官僚组织机构为基础，即层级结构下每个个体或者职位的职责能够完全清晰地划分，在这种情况下，责任才可以真实地追踪到具体的职位或个体。而现实情况远比理想状态要复杂得多，一是政府组织很多决策与执行并非单一的职位或个体，而是多部门联合，即有可能一个委托人，却有多个代理人，这提供了滋生责任推诿的土壤。二是因信息不对称带来的道德风险使代理人极有可能并不会完全为委托人的利益着想，甚至有可能运用委托人的资源来满足自身的利益（例如，政府官员的腐败、徇私舞弊等）。也因此，政府效能评价成为一种必然需要，政府所承担的公共受托责任主要包含合理地运用公共资源、认真有效地履行管理职责。而政府效能评价就是对政府部门所承担的核心的公共受托责任的履行程度（包括履行责任发生的相关行为、过程及结果）进行衡量、评价的过程。

另一方面，公共受托责任为政府效能评价内容提供了指示。从某种程度上而言，受托责任的内容即为政府效能评价的内容。关于公共受托责任的内容，不同的学者有不同的划分。例如，卡恩斯（Kearns）界定了三种类型的公共受托责任——资源的、结果的和过程的④。与此类

---

① Bevir, M., *Key Concepts in Governance*, London: SAGE Publications Stoker, 2008, p. 39.

② 刘笑霞:《我国政府绩效评价理论框架之构建——基于公众受托责任理论的分析》，厦门大学出版社 2011 年版，第 63—65 页。

③ Kearns, K. P., *Managing for Accountability: Preserving the Public Trust in Public and Nonprofit Organizations*, San Francisco: Jossey – Bass, 1996, p. 40.

④ Ibid., pp. 50 – 57.

似，罗伯特·贝恩（Behn，Robert D.）界定了财务的、绩效的和公平的责任[1]。詹姆斯·费斯勒（James，W. Fessler）和凯特尔（F. Kettl）也界定了三种公众受托责任：财务的责任、过程的责任（这两者不仅强调了程序的公平，也强调了经济与效率）和项目的责任（主要聚焦于结果)[2]。凯登（Caiden）认为，公共受托责任包括传统或服从责任、过程责任，主要反映的是政府运行过程中的经济与公平问题。同时，他也区分了项目责任与社会责任，认为项目责任主要关注的是政府运作的结果或产出，而社会责任主要是尝试决定政府项目的社会影响[3]。莱特（Light）界定的三种责任是：以制度为基础的服从、绩效激励和基本政府能力提升，其中，服从责任用"消极制裁"来保证人们遵从制度和规范，绩效责任用"积极制裁"来对期望的结果提供激励和回报。而能力为基础的责任主要聚焦于构建有效的员工、培训、结构和设备的组织[4]。上述这些界定尽管角度不同，但内涵基本一致，这些责任也是政府效能评价的主要内容，即政府效能评价是对政府受托责任履行状况的客观检验与测评。

二　管理控制理论

管理控制理论经历了萌芽、发展和持续更新后形成了多元和异质化的理论流派，主要包括安东尼（Anthony，R. D.）的会计控制式管理控制学派，该学派认为管理控制是管理者用来保证有效获得资源和使用资源的过程并用于实现组织目标，或者是管理者用来影响组织战略目标的过程[5]。麦勤特（Merchant，K. A.）的行为控制式管理控制学派的逻辑起点是对人的行为的控制，将管理控制看作是一个保证人的正确行为的

① Behn, R. D., *Rethinking Democratic Accountability*, Washington, DC: Brookings Institution Press, 2001, pp. 6–10.

② Fessler, J. W. and Kettl, D. F., *The Politics of the Administrative Process*, New Jersey: Chatham House, 1991, p. 327.

③ Jabbra, Joseph G. and Dwivedi, O. P., *Public Service Accountability: A Comparative Perspective*, West Hartford, CT: Kumarian Press, 1988, pp. 17–38.

④ Light, P. C., *Monitoring Government: Inspectors General and the Search for Accountability*, Washington: Brookings Institution Press, 2011, pp. 3–4, 11.

⑤ Anthony, R. D. and Bedford, J. N., *Management Control Systems*, Irwin: Homewood, 1988.

系统①。西蒙斯（Simons，R.）的交互控制式管理控制学派认为管理控制是管理者采取的用来管理组织内部活动信息的程序和步骤②，欧特力（Otley，D.）的绩效管理式管理控制学派则认为组织应该借助系统工具形成一个综合的管理控制③。

任何组织（商业组织、非营利组织和政府组织等）都关注和引导人的努力朝向组织的目标。不管组织的正式目标是什么，组织都是由具有不同自身利益、不同任务和不同视角的个体组成。即使这些个体有意愿去实现组织目标，作为组织的一部分，他们也必须将其努力与具体的目标相协调，因此，组织想要实现计划与目标，必须影响或控制组织成员的行为。在正式组织中，想要控制组织成员的行为，必须充分运用包括"员工监督、制度、操作规范、工作描述、预算及绩效评价等方式"④。一般而言，组织规模越大、异质性越强，管理控制机制的需求就越强；而组织规模越小，异质性越弱，管理控制机制的需求就越弱。早期管理控制思想是直接的控制，因为早期组织分工与分化尚属于初级阶段，例如泰勒通过设计最优的实践方式来控制工人的操作流程，使工人按照最优流程操作，达到效率最大化。随着工业化发展，组织分化与异质性增强，仅仅是工作流程的设计与规划远远不能满足组织控制的需求。管理控制机制的有效运作，需要考虑更多，弗莱霍兹（Flamholtz，E.）认为，当前的管理控制至少需要考虑三个方面：一是与激励相结合，考虑员工的感受，不再赤裸裸地表现为控制，将管理控制与激励因素相结合，让员工从被动控制到主动执行；二是管理控制必须考虑到组织不同单元之间的协调性；三是必须提供运行结果的信息，通过此类信息能够评估执行状况，进而调整与改进运作过程⑤。

效能评价是组织管理控制系统的必要组成部分，效能评价在管理控

① Merchant, K. A., *Control in Business Organizations*, Boston: Pitman, 1985.

② Simons, R., *Levers of Control: How Managers Use Innovative Control Systems to Drive Strategic Renewal*, Boston: Harvard Business Press, 1995.

③ Otley, D., "Performance Management: A Framework for Management Control Systems Research", *Management Accounting Research*, Vol. 10, No. 4, December 1999.

④ Flamholtz, E., *Effective Management Control: Theory and Practice*, Norwell, Massachusetts: Kluwer Academic Publishers, 1996, p. 1.

⑤ Ibid., pp. 5 – 6.

制中起到双重作用。一方面，通过效能评价，可以得知组织多大程度上完成了既定的目标和标准，为员工提供改进措施与方法。另一方面，效能评价本身就是一种管理控制手段，不同于传统管理思想中的直接控制，政府效能评价通过提供主客观的评价指标为政府行政提供指示，这种指示，与老师按照教学大纲进行教学，法官按照量刑要求进行判决的性质一样，实质上也是一种控制①。实施效能评价本身就可以影响到员工的行为。从某种程度上而言，有效的管理控制离不开有效的效能评价。

三　激励理论

行为科学理论产生于20世纪50年代，不同于科学管理理论注重强调组织管理的科学性、合理性与纪律性以达到最大效率，行为科学主要关注组织成员对组织效率的影响。在行为科学理论中，影响最为深远的当属激励理论。管理学、心理学和社会学学者从各自学科视角开展了关于如何激励人的问题研究，并提出了相应的激励理论，这些理论意在克服以泰勒为代表的科学管理理论在激励员工方面存在的不足。很多著名的以研究激励诱因与激励因素的理论在这一时期诞生：亚伯拉罕·马斯洛（Abraham H. Maslow）的需要层次理论认为，人的需要有生存、安全、社交、尊重以及自我实现五个层次。他认为，这五个层次是一个递进的连续体，一个层次的满足意味着更高层次的需求。马斯洛的需要层次理论给有效管理带来的启发是激励要针对人的需要实施。克雷顿·奥尔德弗（Clayton Alderfer）进一步发展了马斯洛的需要层次理论，将其归纳为生存（Existence）、关系（Relatedness）和成长（Growth）理论（简称为ERG理论），他对马斯洛需要层次理论的进一步拓展之处是，认为人在努力满足较高层次需要时受挫后会重新追求较低层次需要。弗雷德里克·赫茨伯格（Fredrick Herzberg）提出了"激励—保健"双因素理论，他通过实证调研发现，满足需要仅仅是一种"保健"因素，这如同卫生保健一样，不能直接提高健康状况，除了满足需要之外，还

---

① Behn, R. D., "Why Measure Performance? Different Purposes Require Different Measures", *Public Administration Review*, Vol. 63, No. 5, September 2003.

应该注重工作本身的内容以及工作的丰富化等"激励因素"才能满足人的各层次需要和人的进取心，从而提高工作的效率。

政府效能的实现尽管受到一系列环境、组织和体制的影响，但不可否认的是，这些环境、组织和体制等影响最终都是要通过政府组织中的人来发挥作用。所以政府效能评价也必然要以人的行为作为基本前提假设。西蒙斯（Simons）认为，不考虑人的行为，效能评价是不可能有效实现的[1]。霍洛韦（Holloway）认为效能评价的成功取决于对人的要素的理解和契合[2]。一些实证研究结果表明，那些热衷追求管理职位提升的人与那些不追求的人之间存在特质区别，这个特质也是管理进步与提升最有用的预测因素[3][4]。安德烈·瓦尔（Andre A. de Waal）就个体18种行为因素对效能测量系统的作用进行了实证分析，认为管理者要成功运用管制与信息影响下属就必须对组织中的人性和行为有清楚的认识[5]，也暗示了组织行为对效能评价的重要性。西蒙斯给出了关于人在组织中活动本质的几个假设，认为人是倾向于实现目标的——尽管外部激励因素（金钱、提升、褒奖）缺位，人们通常也会设定个人目标，同时也愿意去做能够胜任的工作，优异地完成工作会促进他们锻炼技能并从胜任中获得满意。结合其他几个假设，西蒙斯总结为"人喜欢拥有和呈现好的绩效"[6]。因此，本书认为，政府效能评价实施背后的理论是广为接受的人类动机与精英奖励理论。人们因为评价会产生高低优劣的排序而敬畏评价，为了追求更高的自我实现而愿意为评价指标努力奋斗。

[1] Simons, R. , *Performance Measurement and Control Systems for Implementing Strategy*, New Jersey: Prentice Hall, 2000.

[2] Holloway, J. , Lewis, J. and Mallory, G. , *Performance Measurement and Evaluation*, California: Sage Publications, 1995.

[3] Howard, A. and Bray, D. W. , *Managerial Lives in Transition: Advancing Age and Changing Times*, New York: Guilford Press, 1988.

[4] Tharenou, P. , "Going up? Do Traits and Informal Social Processes Predict Advancing in Management?" *Academy of Management Journal*, Vol. 44, No. 5, October 2001.

[5] De Waal, A. A. . "Behavioral Factors Important for the Successful Implementation and Use of Performance Management Systems, *Management Decision*, Vol. 41, No. 8, October 2003.

[6] Simons, R. , *Performance Measurement and Control Systems for Implementing Strategy*, New Jersey: Prentice Hall, 2000.

　　综上所述，公共受托责任理论是政府效能评价的基石，奠定了政府效能评价的动因，管理控制理论诠释了政府效能评价的必要性，而行为科学理论则呈现出政府效能评价的可行性。

第四节　本章小结

　　政府效能是一个复杂的"构念"，而非一个简单的概念。对政府效能及政府效能评价的透彻理解，有必要从"构念"的结构入手，通过对其基本形态、基本属性与基本范畴分析，可以对这一复杂"构念"有全面的、可操作性的把握。政府效能评价的基本要素包括政府效能评价价值取向、评价主体、评价内容/指标体系和评价方法，具有价值偏好、动态性和多维性三个主要特征。政府效能评价的理论基础有公众受托责任理论、管理控制理论和激励理论，其中，公众受托理论是政府效能评价的基石，是政府效能评价的根本原因，管理控制理论阐释了政府效能评价的必要性，而激励理论则呈现出政府效能评价可行性。

第三章 应然需求：治理转型对地方政府效能评价的客观要求

从第二章对政府效能及其评价的概念阐释与理论基础来看，政府效能评价并不能单独和孤立地看待，因为政府效能本身的多维度以致无法概括一个"大而全"的政府效能概念，只能从评价客体所具有的维度以及评价需求来设定评价侧重。另外，政府效能评价的动态性又要求必须结合一定时期的治理特征来设计评价的侧重。从政府效能评价是一种管理工具的视角而言，透彻地分析当下中国地方政府治理转型背景及其对政府效能评价的客观需求成为评价模型设计的前提。

第一节 我国治理转型的意蕴分析

正如在引言中对"治理转型"的概念界定所述，治理转型是在社会转型大背景下政府治理做出相应调整的过程，是社会转型的伴生物，是国家治理现代化过程的集中体现。在本书中，治理转型特指在时代转型大背景下，政府为了实现国家治理体系与治理能力现代化而进行的治理变革过程。

一 时代背景：社会转型的新阶段

习近平总书记在党的十九次全国代表大会上的报告（以下简称"党的十九大报告"）中提到"经过长期的努力，中国特色社会主义进入了新时代，这是我国发展新的历史方位"。进入新时代，"我国社会的主要矛盾已经转化为人民日益增长的美好生活需求和不平衡不充分的发展之间的矛盾"①。正如在前文概念界定部分所述，社会转型是一个漫长的过程，我国社会转型的开端可以追溯至 170 多年前，持续至今，中间经历了不同阶段所面临的不同的社会主要矛盾。党的十九大报告中对"新时代"的定位实质上是对我国处于从传统农业社会向现代工业社会漫长转型时期的一个阶段式定位，可以说目前这一转型已经到了中后期，即有学者提到的"三千年未有之变局"，正处在最后的"破茧"时期②。"新时代"的历史阶段定位是承前启后的：一方面体现在与中国共产党过去探索中国特色社会主义道路的进程相联系相统一；另一方面体现在对当下及未来中国特色社会主义道路的战略布局。

新时代的历史定位与发展阶段是与过去的历史发展相联系相统一的。任何一个国家和社会的发展，都会因其所处的环境条件、面临的基本矛盾而确定不同的目标任务。在我国处于半殖民地半封建社会的历史阶段，中国共产党是反封建、反帝国主义、反官僚资本主义的中流砥柱，经历艰苦的革命与斗争，最终推翻了压在中国人民头上的帝国主义、封建主义、官僚资本主义三座大山，实现了民族独立、人民解放、国家统一和社会稳定。新中国成立后，中国的国情是经历长期战乱后一穷二白的状态，主要的矛盾是解决落后的生产力问题，所以，无论新中国成立初期"四化"（农业现代化、工业现代化、国防现代化、科技现代化）的提出，还是改革开放后确定的"以经济建设为中心"，都是紧紧围绕着解放和发展生产力这一主题开展的特色社会主义建设。这些战略布局和发展策略都是基于旧的历史阶段的基本国情和社会面临的主要矛盾而设定，事实证明也是符合当时的实际。这些历史阶段及相应的努力奋斗为今天进入新时代奠定了基础。

新时代之所以为"新"，也意味着与过去历史阶段相比，存在着全局性和系统性的变化，这个变化的根源是社会主要矛盾发生了转化。党的十九大报告中提出我国社会的主要矛盾已经发生转化，这个矛盾转化主要是指我国已经解决了 14 亿人口的整体温饱问题，总体上实现了小

---

① 习近平：《决胜全面建成小康社会 夺取新时代中国特色社会主义伟大胜利——在中国共产党第十九次全国代表大会上的报告》，人民出版社 2017 年版，第 11 页。
② 江必新、菊成伟：《国家治理现代化比较研究》，中国法制出版社 2016 年版，第 182 页。

康,不久将建成全面小康社会。在当下社会,人民的需求不再仅仅满足于解决温饱问题,需求日益广泛,物质生活的高要求仅仅是一方面,另一方面是对民主、法治、公平、正义、安全、环境等方面的要求日益增长。同时,"当下我国社会生产力水平总体上有了显著提升,生产力提升的问题已经不是最突出的问题,更加突出的矛盾是发展的不平衡不充分,这已经成为当下满足人民日益增长美好生活需要的主要制约因素"①。

社会转型是漫长的过程,不同的阶段转型的特征及任务也不尽相同。在过去的一百多年里,我国的社会转型从未停歇。新时期我国社会主要矛盾的变化促使社会全面的、根本的、彻底的转型,即政治转型、经济转型和文化转型同时进行。纵观我国历史,很少有这样的系统转型局面出现;从世界范围来看,也几乎没有一个国家有这样的集中于一个时期的三重转型。因此,中国的转型问题与西方国家的转型是不同的,面对的问题和面临的挑战也是独一无二的,这对政府治理转型与变革提出了新的要求。

二 战略目标:发展与完善中国特色社会主义制度,推动国家治理体系与治理能力现代化

从历史与实践来看,国家治理与现代化之间总是存在着密切的联系。一方面,国家治理是以现代化过程为背景与载体的;另一方面,现代化又是国家治理的终极追求②。党的十八届三中全会通过的《中共中央关于全面深化改革若干重大问题的决定》提出"完善和发展中国特色社会主义制度,推进国家治理体系和治理能力的现代化",这是新时期全面深化改革的战略目标与任务,也是一个全新的时代与理论命题,更是中国共产党对现代化认识的一个新成果③。

系统理解国家治理体系与治理能力现代化,必须将其放置到中国近代以来的现代化历程中予以理解。整体而言,国家治理现代化是中国现

① 习近平:《决胜全面建成小康社会 夺取新时代中国特色社会主义伟大胜利——在中国共产党第十九次全国代表大会上的报告》,人民出版社 2017 年版,第 11 页。
② 许耀桐:《中国国家治理体系现代化总论》,国家行政学院出版社 2016 年版,第 35 页。
③ 同上。

代化的有机组成部分，有学者提出是继工业现代化、农业现代化、国防现代化和技术现代化之后的"第五个现代化"①。从理论层面来说，提出这一时代命题，是中国共产党对社会主义现代化的创新性认识与全面的归纳总结，这也与马克思主义理论解构的社会形态相契合：改革开放新时期，邓小平继续坚持"四化"的现代化目标，但更侧重从生产关系角度（经济体制）改革进而解放生产力。当前在新的历史阶段，习近平强调国家治理体系和治理能力的问题，主要是侧重从上层建筑和思想文化意识形态层面探索现代化②。同时，也必须认识到作为"第五个现代化"，"国家治理体系与治理能力现代化"具有更大容量，是中国共产党在执政多年后，尝试全面、系统地回答"怎样治理社会主义社会这样一个全新的社会形态"，这在以往的世界社会主义中并没有真正解决。

全面理解国家治理体系与治理能力现代化，必须对其所包含的基本内涵进行梳理。从官方界定来看，国家治理体系是"在党领导下管理国家的制度体系，包括经济、政治、文化、社会、生态文明和党的建设等各领域体制机制、法律法规安排，也就是一整套密切相连、相互协调的国家制度"③。国家治理能力则是"运用国家制度管理社会各方面事务的能力，包括改革发展稳定、内政外交国防、治党治国治军等各方面。国家治理体系和治理能力是一个有机整体，相辅相成，有了好的国家治理体系才能提高治理能力，提高国家治理能力才能充分发挥国家治理体系的效能"④。从理论层面来理解，国家治理体系更多的是指客观存在的制度规范体系，国家治理能力更多的是指治理主体对国家治理体系的执行力。然而，不可否认的是国家治理体系与治理能力现代化应该是治理体系现代化和治理能力现代化二者的结合，二者是互为依存

---

① 施芝鸿：《努力实现"第五个现代化"——访全国政协社会和法制委员会副主任》，http：//www. rmzxb. com. cn/c/2014 – 08 – 15/363913_ 1. shtml。
② 许耀桐：《中国国家治理体系现代化总论》，国家行政学院出版社 2016 年版，第 46 页。
③ 习近平：《切实把思想统一到党的十八届三中全会精神上来》，《人民日报》2014 年 1 月 1 日第 2 版。
④ 同上。

的①。自党的十一届三中全会以来，通过推进改革，我国的基本制度体制和框架开始现代化的过程，逐步把人民民主专政和人民代表大会制度进行整体区分和科学定位，并通过修订宪法等改革，完善人民代表大会这一政体，提升党的执政能力和政府的行政能力等。尽管在治理体系与治理能力方面有了很大的进展，但与新时代的治理转型战略目标和复杂的治理任务相比，我国当前的治理体系与治理能力还远没有达到现代化国家的要求，主要表现在：一方面，现代国家的制度框架体系还不完善。国家基本的制度框架体系本身是"在历史传承、文化传统和经济社会发展的基础上长期发展、渐进改进和内生性演化的结果"②。在新时代社会主要矛盾发生变化，人民需求日益多元化和丰富化的背景下，一些基本的制度框架具有很强的"前时代"特征，不符合"新时代"治理现代化的需求，还需要进一步改革与修订，一些尚未建立的制度框架则需要根据需求着手建立。另一方面，治理能力与治理体系的不协调。在治理体系不断改革与完善的同时，国家治理能力也需要与之同步，但实际情况是，治理主体的理念与行为很多时候并未跟上制度改革的节奏，这就导致一些法律、制度虽初步建成，但其实施与执行情况却不尽如人意。因此，新时代面临复杂的治理任务，我国国家治理体系与治理能力需要进一步改革与完善。

深刻理解国家治理体系与治理能力现代化，必须把握政府治理现代化的核心作用。与西方国家只谈治理，在治理中排斥国家或政府的作用不同，在我国的政治实践中，想要实现国家的有效治理，国家与政府起着主导作用，这是由我国的历史发展背景与现实国情决定的。一般而言，治理的主体主要包含政府、社会组织和公民个人，而当下我国的社会自组织能力不足，无法承担起艰巨的治理任务，所以在我国的治理主体中，各级政府必须负起重大责任，有学者称之为"导理"过程，即政府主导型的治理过程，并且认为在推进国家治理体系和治理能力现代化的过程中，不是简单地表现为"管理—治理"的过程，而是包含

---

① 柏维春：《制度自信与推进国家治理体系和治理能力现代化》，《政治学研究》2014年第2期。

② 习近平：《完善和发展中国特色社会主义制度，推进国家治理体系和治理能力现代化》，《人民日报》2014年2月18日。

"管理—导理—治理"，即带有从"导理"演进至"治理"的明显特征①。党的十八届三中全会通过的《中共中央关于全面深化改革若干重大问题的决定》指出"政府的职责和作用主要是保持宏观经济稳定，加强和优化公共服务，保障公平竞争，加强市场监管，维护市场秩序，推动可持续发展，促进共同富裕，弥补市场失灵"。"政府要加强发展战略、规划、政策、标准等制定和实施、加强市场活动监管，加强各类公共服务的供给。"从上述内容也可以看出，我国各级政府在新时代仍会在经济建设、政治建设、文化建设、社会建设、生态文明建设中发挥龙头牵引的作用。此外，强调政府在治理中的作用，也是因为治理与市场失灵、社会失灵一样，存在失灵的可能性②。如前所述，当前我国的各项制度体系尚不完善，社会组织还不成熟，想要最大限度地消减治理失灵的消极影响，为政府、市场、社会的发展提供制度保障、社会动力和监督体制，需要政府这一强有力的治理主体作支撑。政府强有力的支撑不仅体现在市场经济发展中发挥"看得见的手"的作用，也体现在政府培育、发展和完善各类社会组织，引导、规范和约束各类组织及公民有序参与公共治理的过程中。

综上所述，国家治理体系与治理能力现代化是新时代全面深化改革的战略目标，是国家治理体系和治理能力渐趋完善的现代化转型过程，而政府作为现阶段国家治理的重要主体，在这一转型过程中承担着主导作用，为了呼应国家治理体系与治理能力现代化这一战略目标的任务需求，政府治理本身需作出相应的变革与转型，实现地方政府治理体系和治理能力现代化。

第二节　治理转型视域下地方政府治理的基本特征

一　治理转型的总体特征

任何一个国家和社会的发展，都会因其所处的环境条件、面临的主

---

① 许耀桐：《中国国家治理体系现代化总论》，国家行政学院出版社 2016 年版，第 63 页。

② 同上书，第 65 页。

要矛盾而确定不同的目标任务，所以，在不同的历史阶段形成不同的阶段特征是一种社会发展规律。党的十八大以来，中国特色社会主义建设进入了新的时代，"新的发展阶段必然有新的阶段特征，新的阶段特征表征新的发展阶段"①。关于治理转型时期我国社会整体特征有很多研究都作了深刻的论述，总体而言是机遇与挑战并存。进入新时期，社会的总体特征仍是机遇与挑战并存。发展机遇在国内主要表现在经济建设、政治建设、民生建设等方面，经历几十年的改革开放已经取得突破性进展：在经济建设方面，自改革开放以来，我国经济始终保持中高速增长，国内生产总值稳步增长，成为世界第二大经济体；政治建设方面，民主法治建设不断进步，积极发展社会主义民主，推进全面依法治国，中国特色社会主义法治体系日益完善，全社会法治观念不断增强；民生建设方面，随着大批惠民政策的实施，人民的生活水平不断提高，中等收入群体持续扩大，覆盖城乡居民的社会保障体系基本建立等。在国际方面的表现是，我国逐渐走向世界舞台中心，例如实施"一带一路"倡议、发展创办亚投行等举措提高了我国的国际影响力、感召力，为我国发展营造了良好的外部条件。尽管过去的几十年，我国的发展取得了重大进展，但挑战仍然是巨大的。"发展不平衡不充分的一些突出问题尚未解决，发展质量和效益还不高，创新能力不够强，实体经济水平有待提高，生态环境保护任重道远，民生领域还有不少短板，脱贫攻坚任务艰巨，城乡区域发展和收入分配差距面临不少难题，社会文明水平尚需提高；社会矛盾和问题交织叠加……"总体而言，"重大成就与重大问题并存，光明前景与风险隐患并存，发展动力与发展阻力并存"②。具体而言，当前我国治理转型的总体特征有：

（一）复杂性

复杂性是当下中国治理转型的重要特征之一。中国治理转型的复杂性首先体现为转型的多重性。当前我国的治理转型不是某一方面的转型，而是政治、经济、文化等多方面的同时转型。政治领域已经完成了从传统封建专制集权政治向"前现代"政治制度的过渡，当前的目标

① 颜晓峰：《认识和把握我国社会发展的阶段性特征》，《红旗文稿》2017 年第 18 期。
② 同上。

是要建设法治化、民主化、制度化的现代政治。这个目标不仅要求政治体制的转型，更要求政治文化和公民观念的转型；经济领域，过去的 40 多年，我国经济生活发生了巨大的变化，经济转型是最迅速也是问题最大的：一方面掠夺式、粗放型经济增长严重破坏了生态与资源环境，另一方面是"无形的手"与"有形的手"孰是孰非的问题，市场支配放开，则由于制度体系不健全出现了诸多严峻的问题，如食品安全问题；加强政府控制，则在很多领域出现了违背市场规律，产业畸形发展等问题。文化领域转型主要涉及个体的思想行为方式随着生活方式的改变而发生的缓慢变化。改革开放以来，中国人的核心价值体系出现了翻天覆地的变化，目前文化转型最主要的问题是，旧的思想行为因与时代脱节而逐步被抛弃，而新的、稳定的思想行为价值体系还没有真正内化于心。

其次，治理转型的复杂性还体现在转型的外部刺激性和剧烈性。在不同的发展阶段，治理转型所要完成的任务、面对的问题以及所处的环境有所不同，不同因素之间的关系也就表现出不同的性质。按照起始时间及最初启动因素，治理转型可以分为早发内生型和后发外生型现代化转型过程[1]。与西方国家缓慢地从古到今相对平和的内生型转型不同，我国的治理转型是在外力刺激下的"防卫性现代化"，这也导致中国的治理转型是剧烈的，不仅历史上如此，现在亦如此[2]。譬如，西方社会对中国人权问题的抨击、拒绝认可中国的市场经济地位、对中国的贸易制裁以及政治上的围堵等都不同程度地冲击和影响着中国的治理转型。治理转型的剧烈性还体现在新旧社会形态的碰撞交织。从新中国成立至今，70 多年的建设、改革与发展，目前又面临着一个转折风口期，当下全面系统的改革能否满足新时代社会多元化的需求成为一个主要关注。

（二）异质性

异质性是我国治理转型的第二个特征。从理论上而言，现代化与转

---

① 孙立平：《现代化与社会转型》，北京大学出版社 2005 年版，第 14 页。
② 刘燕：《后发型国家的现代化发展与中国的战略选择》，《中山大学学报》（社会科学版）2005 年第 2 期。

型是整体性的过程，这一过程会波及社会各个部门以及社会生活的所有领域。而且在不同部门、不同领域的转型之间，存在着相互依存、相互作用的关系，但这并不意味着在实际转型进程中是同步推进的。相反，实际的转型过程很可能会表现出明显的"异质性"（也有学者称为"异步性"）。这些异质性既可以表现在地区之间、制度之间，也可以表现在不同的社会群体之间，主要体现在社会内部的异质性与发展的巨大不平衡性①。有学者用"一个中国四个世界""一个中国四种社会"来描述中国的这种异质性与巨大的发展不平衡现象。前者意味着中国城乡之间、区域之间发展不平衡远远超过了国际社会中不同发展阶段国与国之间的差距，后者则表示历史进程中依次递进的四大文明形态——农业社会、工业社会、服务业社会和知识型社会同时并存于当下中国。西部内陆地区正刚刚启动工业化的步伐，面临着的是摆脱贫困的治理问题，而东部沿海地区则已经凸显了各种后现代社会问题。这导致统一的治理模式很难应对各地不同的治理问题。然而，为了照顾到各地的特殊性，中央政府赋予地方更大的社会治理权时，却又遇到"一放就乱"的治理困境。异质性还体现在新的治理任务提出与正在形成的治理能力的错位问题。例如，我国社会主要矛盾已经发展转换，但是相应的制度体系、能力体系与工具体系仍停留在应对旧的主要矛盾情境中，这导致制度体系、能力体系与工具体系无法有效应对当前社会的主要矛盾等。以上这种异质性所衍生的问题是多方面的，在世界上也是独一无二的，对我国政府治理现代化提出了严峻的挑战。

（三）矛盾性

矛盾性是我国转型时期的又一重要特征。我国当下社会的主要矛盾是人民日益增长的美好生活的需要和不平衡不充分的发展之间的矛盾。这一主要矛盾的表述是新时代转型阶段矛盾的总论。在这一总论下，又有多种不同的表现形式，比较突出的如效率与公平的矛盾、人治与法治的矛盾等。

1. 效率与公平的矛盾

现阶段中国的经济发展水平与西方国家还存在不小差距。整体的物

---

① 何显明、吴兴智：《大转型：开放社会秩序的生成逻辑》，学林出版社 2012 年版，第 29 页。

质水平，特别是公共服务的质量和水平与西方国家差距较大，这就决定了现阶段我国治理转型仍需要以经济增长为依托。但随着我国经济社会发展的不断推进，社会公平问题日渐凸显出来。2017年年初，国家发展改革委副主任兼国家统计局局长宁吉喆指出，"近年来，中国的基尼系数总体上呈下降趋势，2012年到2015年，中国居民收入的基尼系数依次为：0.474、0.473、0.469、0.462。2016年是0.465，比2015年提高了0.003，但是并没有改变总体下降趋势"①。尽管整体呈下降趋势，但基尼系数的绝对值仍然超过了国际社会公认的警戒线0.4。"中国处于社会快速转型与经济新变革时期，利益结构调整步伐不断加快，社会公平问题更加凸显，不仅受损者有强烈的不公平感与受剥夺感，受益者也开始产生程度不同的不公平感。"② 效率对应的经济增长与公平对应的整体发展之间在一定程度上是对立与冲突的，"让一部分人先富起来"实现了，如何让"没有富起来的人也逐步富起来，达到共同富裕"成为现阶段社会面临的一个重要课题。

2. *法治与人治的矛盾*

法治与人治是我国治理转型中面临的一个重要矛盾。习近平同志在党的十八届四中全会第二次全体会议上指出："法治和人治问题是人类政治文明史上的一个基本问题，也是各国在实现现代化过程中必须面对和解决的一个重大问题。纵观世界近现代史，凡是顺利实现现代化的国家，没有一个不是较好解决了法治与人治问题。相反，一些国家虽然一度实现快速发展，但并没有顺利迈进现代化的门槛，而是陷入这样或那样的'陷阱'，出现经济社会发展停滞甚至后退的局面。后一种情况很大程度上与法治不彰有关。"③ 可见，法治与人治的矛盾是世界各国在发展过程中必然要经历的过程。新时代全面建成小康社会对依法治国提出了更高的要求，可以说，依法治国是中国特色社会主义的本质要求和

---

① 统计局：《2016年基尼系数为0.465 较2015年有所上升》，http：//www. chinanews. com/cj/2017/01－20/8130559. shtml。

② 郑功成：《中国社会公平状况分析——价值判断、权益失衡与制度保障》，《中国人民大学学报》2009年第2期。

③ 中共中央文献研究室：《习近平关于全面依法治国论述摘编》，中央文献出版社2015年版，第12页。

重要保障，是实现国家治理体系与治理能力现代化的必然要求。但受传统"人治"思想及法律制度不健全等因素的影响，在政府治理过程中，依然存在着不少"人治"思维与行为，如"拍脑袋""拍桌子"等决策行为，为了个人或部门利益罔顾法律程序的"走捷径"等执行行为。新时代，我国治理转型面临着更加繁重的发展稳定任务和前所未有的矛盾、风险和挑战，必须有效解决人治与法治的矛盾，坚定不移走依法治国的道路。

除了上述矛盾，在社会主要矛盾这一总矛盾下，还存在诸多隐性矛盾，如改革、发展与稳定的矛盾等。这些矛盾决定了政府治理不仅需要考量追求什么样的总目标，还涉及目标制定的价值取向调整、多元目标冲突与平衡以及有效化解突发矛盾，维护社会稳定等方面。

二 地方政府治理转型的特征

在中国，治理转型是置于整体社会转型的背景下，且其核心主体是政府，因此，从某种程度上而言，中国治理转型的核心是政府治理转型。地方政府与其所处环境之间持续互动的结果塑造了地方政府治理转型的基本特征，这些基本特征主要表现为治理理念的多重性、治理主体地位的非独立性、治理行为的矛盾性、治理方式的过渡性和治理能力的非均衡性。

（一）地方政府治理理念的多重性

治理理念是治理行为的先导，是地方政府治理实践开展的指导思想和行动指南。转型时期，地方政府治理理念具有多重性，这种多重性来源于转型期地方政府面临的不同制约因素。其中，最重要的一种制约因素是上级权威，上级权威通过人事权和财权控制两个方面保持，并通过利益激励和行政命令相结合的一套机制组合发挥作用。这种自上而下的权威压力与约束促使地方政府治理蕴含"唯上"价值取向。这种"唯上"价值取向一方面有利于中央政府的战略规划和部署在地方层面得到支持并贯彻实施，另一方面则会引发地方政府的盲目迎合，忽略底层人民需求。另一个重要制约因素是地方经济发展竞争，改革开放以来确立的"以经济建设为中心"的发展战略，已经成为地方政府间竞争的"重头戏"，这种注重经济绩效的政治锦标赛已经形成强大惯性，深深影响着地方政府，赋予了地方政府深刻的市场取向和自利取向。市场取向引导地方政府面对地方经济发展的需求，迎合市场主体投资取向，改善与优化市场主体投资、发展所需的公共设施、人才、土地等要素，很多时候地方政府甚至作为市场主体参与到经济发展中。同时，迫于经济绩效的竞争，地方政府在发展地区经济过程中，也会带有强烈的自利性，地区间政府的各种政策优惠竞争、地区保护主义等都展现出为了赢得"政治锦标赛"，获得上级政府的青睐而做出的努力。由此可见，地方政府的治理理念存在多重属性，这些多重属性之间可能存在协调一致，也会发生冲突和矛盾。

（二）地方政府治理主体地位的非独立性

治理主体的非独立性是相对于独立性而言的。治理主体地位的独立性是指"主体的行为是建立在内在的主观意愿而不是外部强加意志基础之上的"①。尽管对于世界上任何国家而言，地方政府都不可能完全独立于中央政府而存在，但其非独立性程度是不同的。就我国而言，单一制的国家结构形式和特色社会主义政治体制特征决定了地方政府对中央政府的依附性和隶属性。相较于计划经济时期，中央政府对地方政府的严格控制，改革开放以来，中央政府通过简政放权，给予了地方政府较大的治理自主性，但这种自主性是有限度且受到中央政府人事权和财政权的双重制约，这也决定了地方政府的治理实践需要较大程度依附中央政府。一方面，地方政府严格执行中央政府的战略部署和任务规划，积极发展中央政府倡导和主张的治理领域；另一方面，对中央政府没有倡导和主张的治理领域，地方政府会有所顾忌，谨慎开展。地方政府治理主体地位的非独立性使地方政府在行使治理权时并不能完全以自我意志为中心，而是需要结合中央政府的意志来进行。

（三）地方政府治理行为的冲突性

如上文所述，随着改革开放以来中央政府的简政放权，地方政府拥有了较大的自主治理空间，这为地方政府治理行为带来较大灵活性的同时，也使地方政府治理行为充满了冲突性。一种冲突是地方政府追逐中

---

① 鲁敏：《转型期地方政府的角色定位与行为调适研究》，天津人民出版社 2013 年版，第 73 页。

央意志与违背中央意志的冲突。一方面，囿于中央政府的人事权和财权的激励与控制，地方政府需要服从中央政府的命令与指挥，按照中央政策意图开展地方治理；但另一方面，为了追求地方利益或自身利益，又罔顾中央政策与政策意图，选择"钻制度空子"或"铤而走险"。例如，一些地方政府为了增加地方经济增长和财政收入，实现在政治锦标赛中脱颖而出而选择违背中央政府在买卖土地、环境保护方面的政策法规。另一种冲突形式是地方政府在应然公共性与实然自利性之间的"摇摆"。政府行为应以社会公正为宗旨，坚持公共性取向的治理理念，这是自政府出现以来的一种根深蒂固的政治价值理念。按照这种价值理念，政府应以公共效用最大化为己任。然而，在现实政治生活中，地方政府是由人组成，而政府行政人员，尤其是政府官员的自利性必然会导致政府治理行为公共性的偏差甚至是背离。尤其是在治理转型期，由于各项法律制度的不健全不完善，地方政府中的个人或部门很多时候对公共利益置之不理，却极力谋求个人或部门利益。

（四）地方政府治理方式的过渡性

早在党的十五大就提出了"依法治国、建设社会主义法治国家"的目标。党的十八大以来，党的历次重大会议都将依法治国列为重要的议题，尤其是党的十八届四中全会通过的《中共中央关于全面推进依法治国若干重大问题的决定》更是依法治国浓重的一笔。依法行政是依法治国的重要与核心组成部分，尽管经过不懈努力，我国的依法行政理念经历了质的飞跃：从无到有，从消极观望到积极执行。但在地方政府治理层面，仍残留着比较浓重的"人治"思维与行为，这种"人治"色彩有传统行政文化的深刻影响，也带有计划经济时期政府治理方式的路径依赖。党的十八大提出，法治是治国理政的基本治理方式。但囿于法治理念不坚定、法律法规不健全等各种主客观因素，地方政府治理仍处于从"人治"到"法治"的过渡状态。进入新时代，尽管依法治国的基本方略和依法执政的基本方式被党中央高度重视和积极推行，但转变过程是漫长的，尤其是从思想根源树立法治思维，并将其作为一种行为自觉。

（五）地方政府治理能力的非均衡性

改革开放以来，以经济建设为中心的发展战略着重训练了地方政府在激烈的地方经济竞争中赢得"GDP"赛跑，忽略唯"GDP"粗放式发展带来的不良后果，姑且可认为地方政府积累了较为丰富的经济增长与发展经验。但随着经济社会发展和转型，尤其是在社会主要矛盾发生转变的背景下，公众基于对美好生活的向往，对政府产生了更多的期待与要求，这些期待与要求的实现需要政府具备相应的能力，尤为突出的如满足公共服务需求、公共秩序维护需求、利益表达需求、信息技术需求等能力，这些能力是政府在追求经济发展过程中积累较少的能力分支。此外，公众在意识与感受到粗放式经济增长带来的生态环境污染等弊端后，逐渐不再为地方政府的经济增长能力"埋单"，这更加凸显了地方政府能力短缺与不均衡的现状。政府治理能力的非均衡性也体现在政府"硬"能力强，"软"能力弱，即运用强制力量发挥效用的能力较强，如管制、控制等；而运用治理智慧、技巧等发挥效能的能力较弱，如服务能力、沟通能力等。整体而言，治理转型时期社会公众对地方政府的能力期待有了转变，而地方政府的能力仍然是不均衡状态。

治理转型视域下我国地方政府的上述治理特征表明，中国治理转型既要考虑最终治理目标，也要考虑治理过程规范性，还要考虑传统治理模式的路径依赖和制度衔接问题。

第三节　地方政府治理转型的主要维度

党的十九大报告指出，"党的十八大以来，国内外重大形势变化和我国各项事业发展都给我们提出了一个重大时代课题，这就是必须从理论和实践结合上系统回答新时代坚持和发展什么样的中国特色社会主义、怎样坚持和发展中国特色社会主义"。这个重大时代课题也是当下治理转型维度的根本依据。从整体的国家治理意义上，治理转型包含经济、政治、法治、科技、文化、教育、民生、民族、宗教、社会、生态文明、国家安全、国防和军队、"一国两制"和国家统一、统一战线、外交、党的建设等各方面内容。然而从上文的分析也获知，政府是这些领域治理变革的主导，所以，政府治理本身能否紧跟时代步伐，做出相应的治理转型，实现现代化是其他领域治理转型能否到达现代化的关键因素，即政府治理现代化是国家治理现代化的前提与基础。所以，此处的治理转型维度意指政府治理转型维度。从《中共中央关于全面深化改革若干重大问题的决定》中提到的"到 2020 年，重要领域和关键环节上取得决定性成功，形成系统完备、科学规范、运行有效的制度体系，使各方面制度更加成熟更加定型"①，到习近平总书记提出"推进国家治理体系和治理能力现代化，就是要适应时代变化，既改革不适应实践发展要求的体制机制、法律法规，又不断构建新的体制机制、法律法规，使各方面制度更加科学、更加完善，实现党、国家、社会各项事务治理制度化、规范化、程序化"②，无不集中体现了政府全面深化改革的治理转型过程，所以，政府治理转型的主要维度又主要体现为新时期政府的治理变革维度。结合《中共中央关于全面深化改革若干重大问题的决定》和党的十九大报告，本书认为新时期政府治理转型的主要维度有：

一 价值目标维度：以人民为中心

"治国有常，而利民为本。"从理念层面上对"治理为谁"的确定是治理行为转变的前提与基础。2016 年，习近平总书记在纪念红军长征胜利 80 周年大会上指出，"老百姓是天，老百姓是地，忘记了人民，脱离了人民，我们就会成为无源之水、无本之木，就会一事无成"。党的十九大报告提出了"建设人民满意的服务型政府"的价值理念，以人民为中心，是新时代坚持和发展中国特色社会主义的根本立场，也是中国共产党人的信仰之基。作为对新时代国家治理价值取向的回应，地方政府必须考量其治理结果对不同人群分配机制的合理性，最大化人民的满意度。

价值目标是指引地方政府治理行为的"指挥棒"，价值目标指向所在，便是政府行为所趋。③ 改革开放以来的一段时期内，我国整体改革

---

① 《中共中央关于全面深化改革若干重大问题的决定》，《人民日报》2013 年 11 月 16 日第 1 版。

② 习近平：《切实把思想统一到党的十八届三中全会精神上来》，《人民日报》2014 年月 1 日第 2 版。

③ 薄贵利：《政府绩效评估必须确立正确的价值导向》，《国家行政学院学报》2007 年第 3 期。

思路所明示或隐含的价值目标是效率①，这一价值目标对于当时的历史情境而言是十分必要与合理的，但发展至今，我们需要直视这一价值目标的问题。一方面，效率应该主要体现在经济领域，而经济领域仅是社会发展的领域之一，而非全部，因此，效率应该是整个社会发展的众多价值目标之一，而非唯一。另一方面，将效率作为核心价值目标，甚至是唯一价值目标，引导着地方政府改革仅仅聚焦于经济领域，忽视行政体制和社会发展领域，因为这些与效率这一"指挥棒"所指方向没有直接关系。实践也证明，以片面的经济效率作为改革的价值目标，在促进经济高速发展的同时，也引发了经济发展与社会发展失衡、环境污染、资源浪费等问题。与"效率"这一单薄、片面的价值目标相比，"以人民为中心"是一个具有足够潜力的价值目标，这一价值目标与全面深化改革总目标"坚持和完善中国特色社会主义制度，推进国家治理体系与治理能力现代化"相呼应，也与社会主要矛盾"转换为人民日益增长的美好生活的需要与不平衡不充分的发展之间的矛盾"相适应。"以人民为中心"的价值目标要求地方政府治理回应人民的整体需求，关注民主、法治、公平等更为宽泛的生存与发展诉求，顺应人民对美好生活的向往。同时，也要求地方政府治理从注重对经济发展速度的追逐转换为对经济高质量发展的追求。

二 目标维度：法治政府与人民满意的服务型政府有机结合

新时期的政府治理转型的目标和方向是在法治国家、法治政府和法治社会上建设服务型政府。服务型政府已经提出多年，党的十九大报告再次提出"建设人民满意的服务型政府"，表明在新时代中国社会主要矛盾发生转变的情况下，对服务型政府的建设提出了更高的要求，必须把人民是否满意作为服务型政府建议成效的根本标准。从本质上而言，"法治政府与服务型政府建设并举，深刻地体现了政府治理转型过程中社会主义民主和人民当家做主的主体地位"②。

---

① 厉以宁、林毅夫、周其仁等：《读懂中国改革：新一轮改革的战略和路线图》，中信出版集团 2017 年版，第 119 页。

② 王浦劬：《国家治理现代化理论与策论》，人民出版社 2016 年版，第 132 页。

实现有效的地方政府治理，必须建设法治政府和服务型政府，这也是党的十八大以来党中央、国务院一再强调的两个全面深化改革目标。法治是治国理政的基本方式，是国家和政府治理现代化的应有之义，也是现代政治文明的重要标志。新时代全面深化改革、促进政府治理现代化的目标是促进政府治理行为在法律框架下进行：一是政府职能法定，政府为与不为的基本依据是法律，所有政府治理行为都要有法可依、程序正当。二是政府治理行为不能超越法律，政府行政意志的执行要在宪法与法律框架下依法进行，不能"拍脑袋"决策，违规执法。在法治框架的约束下，政府治理行为应以服务公众为宗旨，为实现这一宗旨，政府应该是有限政府、透明政府、高效政府、责任政府。新时代，地方政府治理转型应该坚持法治政府与服务型政府相结合，二者不可偏废。法治政府强调的是治理过程中权力的规范行使，服务型政府侧重的是政府治理的方向与宗旨，尽管两者侧重不同，其内在本质却是一致的：法治政府的根本目的是保证政府行使权力要依据人民授权的法定规则和人民的意志，服务型政府的本质是以服务对象——人民为中心开展治理。

三 任务目标维度：政府治理体系与治理能力现代化

改革是新时代的主旋律。党的十八届三中全会确定全面深化改革的总目标是"完善和发展中国特色社会主义制度，推进国家治理体系和治理能力的现代化"。这一总目标是在对新的历史发展时期所面临的复杂治理任务反思与回应的基础上形成的总体部署。地方政府作为全面深化改革总的战略目标的重要执行主体，也意味着地方政府治理变革要围绕国家全面深化改革总的战略目标而定，即实现地方政府治理体系与治理能力现代化。

"治理实践不是一个说干就干和不管是谁随便怎么干的问题，而是应有适应时代要求的治理体系和治理能力作保证的。"[1] 事实也证明，没有相应的治理体系与治理能力，治理便很难达到预期效果。因此，地方政府治理现代化的首要问题是改善政府治理，即治理政府本身。若政府各项制度不完善、层级政府和同级政府之间协调脱节甚至相互冲突，

---

[1] 夏书章：《论实干兴邦》，中山大学出版社 2016 年版，第 57 页。

则很难称其为有效治理，治理现代化更加遥远。地方政府有效治理需要从两个方面着手：一是完善治理体系，即完善政府治理的各项制度、机制，理顺各项制度机制之间的关系。地方政府治理千头万绪，理顺经济、政治、文化、社会和生态文明、党的建设等制度、机制关系为其有效治理搭好"架构"，使地方治理以制度化、法治化的方式有效、规范开展。二是提升地方政府治理能力，即提升地方政府应对经济社会问题有效开展治理的能力，也可视为是制度的执行能力。制度效能的实现程度在很大程度上依赖制度执行能力。新时代进入全面深化改革阶段，错综复杂的改革推进、多元棘手的社会经济发展问题，都亟须地方政府用不断提升和均衡的治理能力予以回应。在地方政府治理能力提升实践中，一方面，要注重基本能力提升，即地方政府为履行公共职能必须具备的能力，如决策能力、提供能力、监管能力、协调能力等；另一方面，要注重扩展能力的提升，即地方政府为应对新形势、新问题而必须增进的能力，如合作能力、创新能力、分析能力等。

四　路径目标维度：系统全面捋顺政府职能关系

自 1978 年以来，我国进行了多次行政体制改革，"转变政府职能"始终是历次改革的一个核心目标。整体观之，历次行政体制改革的"转变政府职能"措施在一定程度上对当时的现代化建设起到了一定的积极作用，但距离其预期目标还有一定距离。党的十八大以来的政府机构改革方案再次将"转变政府职能"作为核心目标，是对近年来我国经济社会发展新状况和社会主义现代化建设新实践的有效回应。中国社会经历 40 余年的改革开放，经济繁荣、社会现代化程度提升，人的权利意识增强等一系列现象证实了中国社会正处于一个关键转型期，即"百年未有之变局"。在倡导多元治理的背景下，政府仍然扮演着主导和核心的角色，能否真正履行好自身职责，切实转变政府职能，实现与社会对政府治理期待的有效对接，成为政府治理现代化的关键。

在某种程度上，党的十八大以来我国"政府职能转变"的探索，可视为是一种系统化、全方位的捋顺政府职能关系的过程，包括捋顺政府与市场、社会的内外职能关系，也包括捋顺政府内部纵向和横向职能关系。政府与市场、政府与社会的职能关系界定历来是我国行政体制改革的一个重要组成部分，国家治理现代化呼吁的是一种政府、市场与社会各司其职的职能关系状态，而达到这一关系状态的关键又在于政府的"放权"和职能"归位"。近年来的"放管服"改革正是政府"放权"和职能"归位"的典型做法。政府内部横向与纵向的职能关系可以视为是一种职能协调问题。职能协调是公共行政长期关注的问题，也是政府改革议程中反复出现的议题。改革开放以来的历次机构改革除了应对社会治理需求，更是调整政府内部的职能结构和职能关系的重要举措。进入新时代，治理转型进入关键阶段，经济社会问题多呈现复杂和多元属性，单一职能部门往往无法有效接应，需要多个职能部门或层级政府协调合作共同应对，捋顺其职能关系，促进其有效"对接"成为关键。

第四节 治理转型视域下地方政府效能评价的应然转变

从第二章对政府效能评价相关理论论述可知，政府效能评价作为一种治理工具具有动态性，会随着环境变化而不断变化，目的是为政府治理提供有效的评价信息，进而促使政府调整治理方式，达到有效治理。新时代具有新的特征，对政府治理提出了新的要求。政府治理需要随着社会主要矛盾变化、治理战略目标的变化而做出相应的转型，这一阶段的政府效能评价也需要紧跟政府治理转型步伐做出相应的调整，才能成为有效的治理工具。

一 政府效能评价价值取向应体现政府治理转型的价值取向

政府效能评价的价值取向如同指挥棒，指向何处，政府就会朝什么方向运行，直接影响着政府的运行方向，影响政府工作的范围、内容和重点①。治理转型背景下，地方政府效能评价的价值取向应体现政府治理转型的价值取向，才能引导政府行为朝着政府治理现代化的方向

---

① 薄贵利：《政府绩效评估必须确立正确的价值导向》，《国家行政学院学报》2007 年第 3 期。

前进。

改革开放以来一段时期内，政府效能评价的价值取向与政府整体治理价值取向相适应，是坚持经济增长效率为主，这种片面的价值取向导致很多地方政府将发展简单等同于经济增长，为了追求 GDP 增长，不惜造成严重的环境污染、资源浪费，甚至牺牲社会公平正义，其后果是造成经济发展与社会发展严重失衡。进入新世纪，随着科学发展观的提出，政府治理价值取向不断调整，政府效能评价的价值取向也随之调整。党的十八大以来，党中央对我国社会主义现代化建设作出了新的部署，明确了"五位一体"的总体布局，提出了从经济、政治、文化、社会、生态文明五个方面全面推进现代化建设，这是一种全局性、全面性和彻底性的治理转型要求，对政府治理价值取向提出了更为系统的要求，要求政府治理要以人民为中心，从经济、政治、文化、社会、生态文明五个领域提升治理体系与治理能力，达到人民满意。地方政府效能评价也需要与之相对应，从经济发展效率和社会公平正义两个广义维度涵盖政府治理的战略需求。一方面，基于我国"仍旧是并将长期处于社会主义初级阶段的国情，是世界上最大发展中国家的国际地位没有变"的现状，经济建设仍然是政府治理中需要关注的重点，经济发展效率的价值取向仍有其存在的必要，但经济发展不等同于经济增长，其内涵容量更丰富，也更科学，包含更加科学的发展方式、更加尊重市场主体地位以及更加健康的政商关系等。另一方面，地方政府效能评价必须包含社会公平公正的价值取向，社会公平公正是一种更高层级的治理理念，可以涵盖经济、政治、文化、社会和生态文明五个领域，这一治理理念是期待政府效能评价能够从技术层面、目标层面上升到公共性层面，在达到目标的同时考虑到"程序合理性""影响公平公正性"，最终达到人民满意。

二 政府效能评价内容应体现治理变革的具体维度

政府效能评价什么的目的是控制、激励进而提高什么。处于转型时期的治理变革取得的效果如何，直接决定了治理战略目标能否实现，所以这一阶段的政府效能评价还需要体现治理变革的过程，抓住治理变革的主要维度，将治理变革的主要维度纳入政府效能评价的内容中。

与在已经实现政府治理体系与治理能力基本现代化的前提下注重结果导向的政府绩效评价不同，在治理转型期，很多政府职能转变尚未完成，政府与市场、政府与社会的边界尚不清晰，政府角色定位尚不明确。在这种情况下，评价内容如果只关注政府治理的结果，会忽视很多亟须关注的政府治理变革绩效问题，如革新性、适应性、法治性、规范性等，尽管这些内容并非直接与绩效结果相关，但是却与治理变革的过渡性进展紧密联系。因此，治理转型时期的政府效能评价内容除了关注结果性维度，还需要加入适用于过渡转型期的、促进政府治理变革的过程性维度。

三　政府效能评价主体应适应治理转型期治理主体的能力现状

政府效能评价主体满足三个条件才称得上有效的评价主体，一是有机会参与，二是有能力参与，三是参与作用得到有效发挥。治理转型期的一个重要特征是新的治理任务已经形成，而与之相匹配的治理能力却正在形成过程中。尽管我国的治理转型目标是实现治理体系与治理能力现代化，但是治理转型过程仍是治理体系与治理能力现代化程度不高的现状。政府效能评价作为一种管理工具，其完美、有效应用并不是一蹴而就的，而是需要依据现实情况循序渐进推进。尽管从理论层面而言，政府效能评价的理想状态是多元主体的有效参与，但是在实践中，很多情况下，多元参与是不现实，或难以有效实施的。在这种情况下，如果盲目地追求理想而忽略现实，会导致效能评价设计不正常超前而无法应用，或导致应用中空有精致外表而缺失精神实质。

新时代的治理变革过程中，不同治理主体承担任务所占的比重，在某种程度上揭示了不同治理主体在治理变革中参与机会、参与能力以及参与作用的比重。可以说在治理转型期，政府作为主要的治理主体，同时也是政府效能评价的重要主体，但是这并不意味着应该放弃追求政府效能评价的多元化主体参与，只是当下有效的政府效能评价主导仍是政府。所以，转型变革时期的政府效能评价，应该聚焦的不是不切实际的拉入公众、非政府组织进行所谓的"公众评议"或者"第三方评估"，而应该聚焦的是如何在政府主导政府效能评价的既定局面下最大限度地增强效能评价的客观性与科学性，然后在此基础上探讨如何适度地、切实地、有效地加入政府外因素。

四　评价方法应恰适的主客观相结合

政府效能评价方法是由评价目的决定，并受到评价内容与评价主体的深刻影响，政府效能评价方法的选择是政府效能评价有效、客观的技术保障。客观定量评价方法较少涉及个人主观经验、知识，评价结果较为客观，也因此受到很多学者的推崇。但由于政府效能评价内容的公共性、过程性、结果性等多元特征，导致很多维度和指标无法用客观数据表示，只能进行主观定性判断。尤其是制度的规范性、政策执行的公正性以及公众参与的充分性等治理变革评价维度，都更加适用于主观的和定性的评价。对于政府效能结果性内容，如公共服务供给、经济发展水平等领域则可以选用客观定量方法。整体而言，在治理转型视域下，应该结合评价主体与评价内容的实际状况来选择合适的主客观评价方法，最大限度地提高评价的可行性与科学性。

第五节　治理转型视域下地方政府效能评价的现实基础

对当前治理转型时期地方政府效能评价的现实基础进行分析，了解其动力机制与阻力因素，为促进政府效能评价转型提供现实信息。

一　地方政府效能评价动力机制分析

政府效能评价的动力机制是指推行政府效能评价的各种正向力的集合体。治理转型时期，我国地方政府效能评价的动力机制主要包括公众的推动、中央政府的权威导向和相关法律制度的保障三个方面。

（一）公众对政府效能评价的推动

公众是公共物品与公共服务的终端消费者，能切身感受到政府工作效能。不同时空条件下，公众对政府的效能要求是动态变化的。在民主发展的不同阶段，公民对政府的期望和要求不一样："在民主启蒙时期，人民只要求取之于民的限度，过此限度，人民有权利拒绝，至于取之于民的如何花费，人民很少过问。随着社会的发展以及人民的民主意识增长，他们逐渐要求一切取之于民的，必须用之于民，否则，人民就要求他负政治责任；随着社会和民主权利的进一步发展，人民的要求更进一步，要求政府将一切取之于民的，必须经济有效地用之于民，用于民而不经济，用于民而没有达到人民预期的效果，政府仍要负责。"①治理转型期，我国公众对政府工作的关注日益增强，比起最初完全信任政府的"愚民"状态，当前民众正通过各种方式参与到公共治理中，通过各种渠道向政府提出意见与建议。而政府逐渐开放的官民交流渠道，如网上留言、在线交流等，也使公众的意见与建议能传达到政府的政策议程中，大大拓展了公众发声的渠道。随着经济社会的发展，社会节奏的加快，各行各业的工作效率都在提升，但政府行政管理的诸多领域，由于改革的滞后以及监督的匮乏，不断出现一系列行政低效的现象，如文山会海、推诿扯皮、相互掣肘等。这些问题逐渐引发社会与公众的不满。公众呼吁负责任、讲效率、回应性强的政府。政府效能评价是理论界公认的可以用来监督、控制和激励政府效率提升的一种重要管理工具，公众出于对政府效能提升的期待，大力支持政府效能评价相关制度、措施出台，有利地推动了政府效能评价的实践发展。

（二）中央政府推进人民满意的服务型政府的权威导向

党的十八届三中全会提出了建设"法治政府和服务型政府"，党的十九大报告提出了"建设人民满意的服务型政府"，人民是否满意成为服务型政府建设成效的一个重要标准，这一改革价值取向也充分表明中央政府对于汇集民意、顺应民心的决心。我国现行体制下，中央政府对各级地方政府保持着较强的控制性权威，地方政府也会积极响应中央政府的导向，采取有力措施，建设服务型政府。政府效能评价能有效促进公众参与公共事务管理，推动政府信息公开，促进政府效能提升，进而更好地服务民众，使民众满意政府的治理效能。从这层意义上，中央政府的强大权威压力，能够促进政府效能评价这一管理工具被地方政府广泛采纳与实施。

（三）政府效能评价相关法律制度的保障

随着我国政府治理改革的推进，治理工具的引进与创新，近年来推

---

① 文硕：《世界审计史》，中国审计出版社1990年版，第414页。

动政府效能评价的相关法律、规章制度正逐步完善，有力地保障了政府效能评价的实施。如 2006 年颁布实施的《中华人民共和国公务员法》对公务员的录用、考核、职务任免、职务升降、奖励与惩罚等方面做了规定，促使各级政府贯彻实施针对公务员的各项绩效考核措施。2008年 5 月 1 日开始实施的《中华人民共和国政府信息公开条例》从行政法规的高度明确要求"行政机关应当及时、准确地公开政府信息"①，并且对政府信息公开的具体范围、方式、程序及监督与实施等方面做出了详细的规定，这是第一部关于保护公众知情权的法规。政府信息公开为政府效能评价提供了前提与基础，可以形成"以评估推动公开，以公开促进评估的良性循环"②，这些法律制度的制定出台客观上保障了地方政府效能评价的有效实施。

二　地方政府效能评价的阻滞因素分析

尽管治理转型时期一些因素为政府效能评价发展提供了动力，但仍存在诸多由于路径依赖而残存的因素对地方政府效能评价的有效实施形成阻碍。

（一）传统文化的影响

传统文化是中华民族和中国文化发生、演变历史的"记录者"，同时也是将世代相传的思维方式、价值观念、行为准则、风俗习惯等印刻在国人血脉中的"渗透者"。从这个意义上而言，传统文化不可避免地会影响到政府效能评价在中国的实践，这种影响不仅有积极层面的，也有消极层面的。消极因素的影响主要有两个层面。

一是传统观念加强了政府效能评价中的政府本位。传统观念中的一些要素，如以民为本、依法治国、注重德行等观念对当前的政府治理有着积极的影响，也在政府治理中被采纳。但也有一些愚民思想对当前政府治理存在消极的影响，如《论语·泰伯》中的"民可使由之，不可使知之"③。这段话的意思是让民众知道这样做就可以了，但是不用让

---

① 参见中国中央政府网站，http：//www.gov.cn/xxgk/pub/govpublic/tiaoli.html。
② 王明杰、闫丽：《政府绩效评估的动力机制》，《求索》2009 年第 4 期。
③ 孔子：《论语·泰伯》，中国纺织出版社 2015 年版，第 110 页。

他们知道为什么这样做。《老子》第十九章中说："绝圣弃智，民利百倍；绝仁弃义，民复孝慈；绝巧弃利，盗贼无有。"[1] 从另一个层面阐述愚民主张，意指放弃智慧和科学，对于社会而言是有利的。《道德经》中更加直白地提出其愚民主张："古之善为治者，非以明民，将以愚之。"[2] 这种长期以来的愚民文化根源，加之中国文化自古以来所具有的封闭型和内敛性，导致历代政府都通过信息控制来保持政府的合法性，而这种信息控制与信息不对称，在很长时期内被公众视作理所当然，这对于公众参与国家治理具有极大的消极影响。很多公众仍持有一种"肉食者谋之，又何间焉"的心态，除非涉及其自身利益，否则会"事不关己，高高挂起"。这对于推进一种信息公开、公众参与的客观的、科学的政府效能评价而言，不得不说是一种文化根源上的阻力。一方面，处于优势地位的政府部门在推进政府效能评价过程中，不会将社会公众利益放在首位，而处于信息劣势和并不热衷参与的公众客观上又助长了这种"官本位"行为，导致政府效能评价的出发点和归宿发生偏差。另一方面，政府与公众主体势力的巨大落差也不利于政府效能评价实践的制度化，政府"一家独大"的现象极有可能会导致"一言堂"等主观能动性发挥过多，不利于政府效能评价朝着规范化和制度化发展。

二是"官本位"思想对多元治理工具的排斥。"官本位"思想在我国的行政文化中源远流长。等级森严、尊卑有别等封建官僚体制特征所昭示的是一种官权越大，地位越显赫，说话越有分量，越不容置疑的上下隶属关系。对下级官员而言，上级官员是其官运和命运的决定者，所以听命于上级官员是必然选择。这就造成了一种长官意志超越规则和秩序的行政文化。尽管经历几十年的治理变革，很多传统治理弊端逐渐减弱，但并未根除。在很多方面还是存在着"官本位""人治"思想，尤其是在对政府的监督管理中，很多地方政府仍持保守态度，对于公众监督政府这样的逻辑不适应或不愿接受。所以对于公开信息、接受公众监督等体制机制的建设从内心是抵制的，或者是言不由衷，走形式的，这

---

① 老子：《老子》第十九章，上海古籍出版社 2013 年版，第 40 页。

② 老子：《道德经》第五十五章，中国文联出版社 2016 年版，第 198 页。

种"唯权""唯上"的"官本位"特征注定与政府效能评价这样的多元治理工具相冲突。

（二）错误政绩观念的路径依赖

从新中国成立初期的"赶超式发展"到改革开放后确立的"以经济建设为中心"，多年来形成了地方政府实际工作中的"唯GDP"政绩观，这种政绩观导致了地方政府在发展经济过程中忽略资源、环境和民生等社会建设。

一方面是错误的政绩观念。长久以来的"唯GDP"的粗放型发展模式所形成的工作和思想观念，导致政府很难适应政府效能评价的要求。直接的表现是很多地方政府在开展政府效能评价实践中，仍然将传统的目标责任制简单嫁接，存在重数量轻质量、重速度轻效益等现象，大搞"政绩工程""形象工程"等。当经济增长、社会稳定等压力与政府效能评价的管理理念发生冲突时，政府很轻易地就选择了前者而非后者，很多时候政府效能评价沦为了单纯追求经济增长的"指挥棒"，政府效能评价的理念和机制不能有效地发挥作用，陷入左右为难的尴尬境地。另一方面是地方政府竞争压力下的政绩冲动。竞争压力有来自地方政府间的经济增长竞争压力，也有来自政府官员之间追求个人政绩的竞争压力。另外，任期不确定性也加剧了地方政府官员强烈地追求短期政绩的冲动，以寻求更大的政治资本。这就不可避免地造成地方政府官员急功近利和短视行为，为了在任期内获得显著的绩效，不顾长远利益，不惜牺牲环境、资源和公众利益而寻求任期内的显著政绩。在上述错误政绩观的促动下，政府效能评价工具的运用会出现与工具初衷大相径庭的实践，甚至被扭曲成为追求错误政绩观的"帮凶"。

（三）制度保障的不足

政府效能评价是一项系统的工程，如果想要深入地推进，必须有强有力的制度保障。从西方发达国家政府绩效评价的实践中也可以看到，政府绩效评价的有效应用除了领导的推动外，更重要的是政府绩效评价的制度化保障。例如，美国的政府绩效评价有《联邦政府生产率测定方案》和《1993年政府绩效与结果法案》。与政府效能评价先发国家相比，我国地方政府效能评价的实践多处于自发和随机状态，缺乏法律支撑，多是以党委、政府的"红头文件"形式推进，没有形成制度化安排。尽管很多地方政府结合本地实际进行了政府效能评价的探索，但没有制度化的持续性安排，随意性较强，往往对领导者的依赖性较强，这也容易导致"人走政息"的现象，导致政府效能评价缺乏长效机制，可持续性差。此外，从全国范围来看，缺乏系统的和全国性的政府效能评价体系或全面的、系统的指导性文件纲要。制度保障不足一方面无法保证政府效能评价的连续性与连贯性，另一方面又导致政府效能评价中标准、程序、方法和内容随意性和不规范的现象，影响政府效能评价的最终效用。

第六节　本章小结

治理转型是漫长的过程，从我国纵向发展历史来看，现阶段我国治理转型处于新时期社会转型的新阶段，其战略目标是实现国家治理体系与治理能力的现代化，是治理转型的关键点；从国际横向对比而言，当前我国的治理转型是经济、政治、文化的三重转型，所具有的复杂性、异质性和矛盾性是世界上任何国家都不曾经历的。在这样的治理转型背景下，我国地方政府治理呈现出治理理念多重性、治理主体地位的非独立性、治理行为的冲突性以及治理方式的过渡性、治理能力的非均衡性等特征，决定了当前政府治理转型的主要维度有：以人民为中心的价值维度、法治政府与人民满意的服务型政府有机结合的目标维度、政府治理体系与治理能力现代化的任务维度以及系统全面捋顺政府职能关系的路径维度。政府治理转型特征也召唤着政府效能评价应该紧跟时代步伐，为治理变革所用，成为有力推动治理转型的治理工具。治理转型对政府效能评价的应然需要包括：政府效能评价价值取向应体现政府治理转型的价值取向，政府效能评价内容应体现治理变革的具体维度，政府效能评价主体应适应治理转型期治理主体的能力现状，评价方法应该恰适的主、客观相结合。同时，尽管治理转型为政府效能评价实践提供了一些现实有利条件，如公众的推动、中央政府的推动和相关制度的保障，但是还存在着传统消极文化影响、错误政绩观念的路径依赖以及制度保障不足等阻滞因素。

第四章　实然状态：我国地方政府
效能评价的实施现状

"现在是过去之幼儿，又是未来之父母。"① 治理转型对地方政府效能评价提出了新的要求，地方政府效能评价应该努力地去适应时代的需求进行调整。在提出新的分析框架之前，有必要首先来审视一下当前我国地方政府效能评价的实施状况，只有充分认识和分析当前状态，才能有的放矢地将调整策略融入新的分析框架构建中。

第一节　我国地方政府效能评价的实践历程回顾

"历史是至关重要的。它的重要性不仅仅在于可以向过去取经，而且还因为现在和未来是通过一个社会制度的连续性与过去连接起来的。今天和明天的选择是由过去决定的，过去只有在被视为一个制度演进的历程时才可以理解。"② 因此，探寻当前我国地方政府效能评价实践与未来发展之前，有必要回顾历史的实践历程。20 世纪 90 年代以来，我国开始关注西方政府绩效评价的理论与实践发展，并逐步以推进政府机关效能建设为突破口，创新和发展政府绩效评价和管理，取得了一系列的有益探索。学界比较公认的我国政府效能评价/绩效评价发展阶段的划分是 20 世纪 80 年代初至 90 年代初的起步阶段，20 世纪 90 年代初至

---

① 金耀基：《从传统到现代》，中国人民大学出版社 1999 年版，第 83 页。
② 道格拉斯·C. 诺斯：《制度、制度变迁与经济绩效》，刘守英译，上海三联书店 1994 年版，前言。

90 年代末的探索阶段，以及 21 世纪以来的深化发展阶段①。

一 起步阶段：20 世纪 80 年代初至 90 年代初

从严格意义上讲，这一时期真正的绩效评估并没有在中国的行政机构开展。但作为其前身，主要有两种形式："目标责任制"和"效能监察"。

目标责任制的开端是 1982 年劳动人事部下发《关于建立国家行政机关工作人员岗位责任制的通知》和 1984 年中共中央组织部、劳动人事部联合下发《关于逐步推行机关工作岗位责任制的通知》，要求各级行政机关都要制定岗位责任制，将岗位责任制同考核制度、奖惩制度以及工资制度结合，这两个文件的贯彻主要是为了规范党政干部的工作行为以及加强党的干部管理。随后在岗位责任制的基础上，逐步发展为目标责任制，目标责任制的主要依据是目标管理理论，是目标管理理论与技术在中国的本土化实践。目标管理理论基本内容是包括组织目标的制定、组织目标的分解、岗位目标的设定、目标进程的检查与控制、最后目标的完成情况以及新一轮的目标设定的循环过程。在党政部门的大力推行下，许多省（直辖市、自治区）出台了相关的制度规范，如 1991 年北京市发布《党政机关目标管理岗位责任制试行方案》，同年，山西省也制定了《机关目标管理岗位责任制试行办法》，1992 年四川省发布了《四川省人民政府目标管理细则》等。据不完全统计，截至 1998 年，全国有 23 个省（直辖市、自治区）实行了目标管理，90% 以上地市级机关推行了目标责任制，100 多个城市实行了城市目标管理。总体而言，这一时期目标管理责任制的两个主要特点是自上而下推进和聚焦于经济增长。中央和上级机关制定各项经济增长的目标，然后以指标和任务的形式分派给下级单位，下级单位再分派给其下级单位，层次分解形成一个"目标金字塔"，这些指标与任务的完成是考核政绩的主要依据，下级官员的升迁、奖惩都与下达的指标完成情况挂钩。这一时期聚焦于经济增长的目标责任制，极大地激发了地方政府发展经济的动力，

---

① 周志忍：《公共组织绩效评估：中国实践的回顾与反思》，《兰州大学学报》（社会科学版）2007 年第 1 期。

推动了中国经济的快速发展。然而，一些负面影响，如环境破坏、地方债务等问题也给之后的发展埋下了隐患。

这一时期另一个政府绩效评价的前身是效能监察制，监察的主体主要是纪检监察部门，对象是党政机关和国有企事业单位，监察的内容主要集中于管理和经营中的效率、效果、效益、质量等。后来，效能监察的基本职能被界定为"既包括效能监察，又包括廉政监察"①。效能监察的主要目的是将"事后考核"前移到"事前监督"，做到"防患于未然"，使被监察对象的工作能够紧紧围绕中央和上级部署的工作任务，更好地为经济建设服务。从实践来看，效能监察是一种问题导向的特殊评价形式，这种问题导向一方面体现在效能监察的重点集中于行政过程中的不规范行为、滥用权力、作风问题等；另一方面体现在通过立案调查、受理投诉等方式开展效能监察工作。

二　探索阶段：20 世纪 90 年代初至 90 年代末

这一时期政府评价考核的主要形式依然是目标责任制，同时受政府改革和国际经验的影响，地方政府也探索了其他形式的政府绩效评价形式，其中比较突出是社会服务承诺制和效能建设。

社会服务承诺制的源头是英国的"公民宪章"运动。社会服务承诺制一般是指将服务的内容、标准、程序、时限等向社会公开做出承诺，在社会的监督下组织实施，违背承诺要承担法律和经济责任的一种机制②。政府社会服务承诺制主要有三个核心组成部分：确认公众真实需求、设立和公开服务的标准、评价。如果最后的评价环节，组织未达到应诺的标准，则需要接受处罚，并采取进一步的改进措施。社会服务承诺制的主要目的是提高公共服务水平和公众满意度，其主要手段是加入公众监督。我国率先推行社会服务承诺制的是烟台市，其做法得到中宣部和国务院纠正不正之风办公室的认可，并在 1996 年将其经验推广到全国。社会服务承诺制在本质上属于"底线评价"，即只有服务供给

---

① 参见 1989 年 12 月第二次全国监察工作会议内容。
② 中国行政管理学会联合课题组：《关于政府机关工作效率标准的研究报告》，《中国行政管理》2003 年第 3 期。

低于原来设定的最低标准时，才会启动纠正及改进措施。

效能建设工作是 20 世纪 90 年代由福建省漳州市开创，后来在省委、省政府的指导和推动下，在福建全省乡镇以上各级机关和具有行政管理职能的单位全面开展。主要包括四方面的内容①：一是通过岗位责任制、服务承诺制、公示制等一系列制度建设来明确工作职责、规范服务和管理要求，促进政务公开等；二是通过规范内部管理、依法行政等程序性优化措施提高工作效率；三是通过首长问责制、否定报备制、一次性告知制、限时办结制等措施提高服务水平；四是应用考核结果，将考核结果与干部任用等相结合，增强部门和工作人员的责任感和紧迫感。在具体的实践中，作为政府效能建设的发源地，福建省的政府效能建设制度化水平也比较高，省效能建设办公室与人事厅等联合制定了《机关效能建设工作考评试行办法》，并且随着社会发展，效能建设的制度建设也不断调整。2013 年 11 月 29 日福建省第十二届人民代表大会常务委员会第六次会议通过了《福建省机关效能建设工作条例》。不同于效能监察的以问题为导向的评价，效能建设中的评价属于一种比较全面的评价，评价的主体也逐渐宽泛，不再局限于纪检监察机关单一主体，而是融合了党政部门，并且也有群众的监督与参与。

三 深化发展阶段：21 世纪以来

进入 21 世纪，随着市场经济体制改革、行政体制改革的不断深入，政府的施政理念不断变化，推动政府效能评价的模式、实施体制机制、关注重点和覆盖范围的改变，这一时期的地方政府效能评价进入了深化发展阶段。

总体上，这一时期的地方政府效能评价呈现出百花齐放的特征，不再是上述两个发展阶段中仅存在一种或者两种主导模式，而是存在着各式各样的绩效评价的深化发展模式。中国行政管理学会将其概括为三种类型，一是普适性的政府机关绩效评估，二是行业性组织绩效评估，三

---

① 方慧：《我国政府绩效评估发展历程述评》，《财会通讯》2009 年第 15 期。

是专项绩效评估①。也有学者根据各地实践的情况将其分为十种评价形态：岗位责任制和目标管理责任制、社会服务承诺制、效能监察、效能建设、督察验收重点工作、公民满意度、经济社会协调发展导向、领导班子实绩考核、公共支出绩效考评等②。同时，也涌现出一些独具特色的地方政府效能评价实践，被学者以地名命名，例如"青岛模式""甘肃模式""福建模式""珠海模式""杭州模式""岳阳模式"等。类型扩展的同时，地方政府绩效评价实践也开始纵深发展：一是进入21世纪后，我国政府治理理念不断升级，政府绩效评价实践中，逐渐融入了科学发展观、服务型政府、法治政府等先进理念，在这些理念的引导下，政府绩效评价实践除了注重结果性，也开始关注效益性和效果性。二是逐渐意识到并尝试将政府绩效评价作为政府绩效管理的组成部分，从理念上确定了"评价的目的是提升和改善政府绩效"，否定了"为了绩效评价而评价"，除了注重政府绩效评价本身，也注重政府绩效评价结果的运用。基本上明确了从"绩效考核"到"绩效评价"再到"绩效管理"的发展路线。

第二节　我国地方政府效能评价的现状分析

进入21世纪以来，我国政府效能评价在地方政府层面有了纷繁复杂的实践探索。很多学者通过案例研究对某一地区的政府效能评价进行了细致的剖析，本部分的内容无意于对单一案例的简单描述，亦不想从全国各地选取几个案例进行描述，而是想对当前我国地方政府绩效评价体系的发展进行系统的、全面的和客观的描述：系统性体现在对政府效能评价的体系进行整体描述，而非对某个要素的单一描述；全面性体现在对全国31个省（自治区、直辖市，不包含港澳台地区，下文不再提示）的实践状态进行分析，而非对某个省份的描述；客观性表现在应用内容分析法进行定量的统计分析，而非简单的定性描述。

---

① 中国行政管理学会联合课题组：《关于政府机关工作效率标准的研究报告》，《中国行政管理》2003年第3期。

② 杜娟：《我国各地政府绩效评估的实践与发展》，http：//politics.people.com.cn/GB/8198/140124/140126/8445204.html。

一 分析方法与数据来源

（一）分析方法和数据来源

本部分选取的分析方法为政策文本分析法，包括政策文本的计量分析法和内容分析法两个部分。政策文本的计量分析是对政策文本的外部属性特征的研究，通过对政策文本的发文时间、发文主体、主题词等特征进行计量分析，揭示政策演化的逻辑和路径，为进一步进行文本内容分析提供较为显著的外部属性基础[1]。文本分析法享有"从公开中萃取秘密"的盛誉，是一种研究者通过对公开文献的显性内容特征的系统、定量分析的专门方法[2]，通过分析得到与研究主题相关的潜在内容的特征的推论，是一种基于定性分析基础上的定量分析方法，其基本做法是把文字、非定量的有价值的内容和信息转变为定量数据，以此来分析内容和信息的一些特征[3]；其基本分析单元是可公开看到的文本，可以是政策文本、文献文本等；其主要目的是要分析清楚或者测度出文本内容中有关研究主题的、本质性的事实以及与之关联的发展趋势[4]。内容分析法的独特优势可以协助我们从公开的政策文本和案例文本中获取当前我国地方政府效能评价实施的实然状态及发展趋势。

之所以要选用政策文本分析法，是因为政策文本代表了当前我国地方政府效能评价实施的制度安排。如果想从全局上把握当前地方政府效能评价的实践现状，必须对全国范围内地方政府效能评价的实践状态有一个普遍性的了解。单案例或多案例研究都无法呈现当前我国地方政府效能"普遍化"的实践状况，而对政府部门、公民个人或者其他主体的调研也仅能获取某一方面的个人感受，却非客观的和全局性的数据。相较于上述途径，政策文本分析可以较为客观地呈现当前各个省份政府效能评价的实践现状。一般而言，公共政策是一系列谋略、法令、措

---

① 黄萃、任弢、张剑：《政策文献量化研究：公共政策研究的新方向》，《公共管理学报》2015 年第 2 期。

② 卢泰宏：《信息分析法》，中山大学出版社 1988 年版，第 6 页。

③ Krippendorff, K., *Content Analysis: An Introduction to Its Methodology*, Thousand Oaks, CA: SAGE Publications, 2004, p. XIII.

④ 李钢、蓝石：《公共政策内容分析方法：理论与应用》，重庆大学出版社 2007 年版，第 4 页。

施、办法、方法、条例的总称，它是国家机关、政党及其他政治团体在特定的时期为实现或服务于一定社会政治、经济、文化目标而采取的政治行为或制定的行为准则①，而政策文献则是"政策思想的物化载体、是政府处理公共事务的真实反应和行为印迹，是对政策系统与政策过程客观的、可获取的可追溯的文字记录"②。政策文本分析正是基于对当前政府行为指导准则的一种分析，判定当前我国地方政府效能评价的整体实施状况。

（二）数据来源

政策文本的分析样本为 31 个省份，其中政策文本来源主要是通过官方网站和媒体获取：在省级政府官方网站、新闻媒体等网络平台通过"绩效评价""绩效管理""政府效能""效能督察""效能评价"等模糊检索，检索省级政府及相关省级部门颁发的与政府效能评价相关的法律、规章等政策文本，政策文本采集的标准有三个：一是相关性原则，即政策文本与政府效能评价紧密相关；二是规范性原则，即仅选用省级地方政府正式颁布的法律、行政法规、部门规章和地方法规四种政策类型；三是内容完整性原则，只有标题，搜索不到完整内容的政策文本会影响内容分析的完整性，予以剔除。通过搜集，一共获取省级政策文件 227 份（完整政策文件列表见附录）③，这些文本的时间跨度是 2004—2017 年，但大部分集中于 2011 年之后④。

二　分析结果：地方政府效能评价的现状分析

（一）31 个省份政策文本的计量分析

在进行内容文本分析之前，首先对搜集到的 227 份政策文本做计量

---

① 陈振明：《政策科学——公共政策分析导论》，中国人民大学出版社 2011 年版，第 59 页。

② 黄萃、任弢、张剑：《政策文献量化研究：公共政策研究的新方向》，《公共管理学报》2015 年第 2 期。

③ 筛选文本过程中去掉了"政府网站绩效评价""政府绩效评价结果通报"两个主题的内容。一方面由于政府网站绩效评估属于专业性电子政务的评价，与本部分研究目的无关，另一方面绩效结果通报不涉及具体的制度、机制设计与指导，一般是比较简单的某个单位为优，某个为良，没有太多有价值的文本，因此上述两个主体的政策文本剔除在外。

④ 2011 中央发布《关于开展政府绩效管理试点工作的意见》，政府效能评价地方政策文本逐步开始发展。

分析，整体把握政策文本的省份、年度、主体等特征，并借此进一步筛选政策文本，为更精确的政策内容分析奠定基础。

1. 地方政府效能评价政策文本时间序列分析

时间序列分析是"揭示事物演变规律，预测事物未来发展趋势的方法体系"①，如图4-1所示，随着政府改革的不断深化，以及各级政府对政府效能评价的日益重视，地方政府效能评价的政策出台也呈现出阶段性特征：

第一个阶段是2009年之前的地方自主出台政策的初级阶段。这一阶段仅有个别省份自主出台了政府效能评价的相关政策文本，中央层面尚未出现相关的推动政策文本。这些零星的省份主要集中于珠三角和长三角改革前沿地区。如广东省2004年出台了《广东省财政支出绩效评价试行方案》，浙江省出台了系列财政支出绩效评价的文本，如2005年的《关于认真做好财政支出绩效评价工作的通知》《浙江省财政支出绩效评价办法（试行）》以及2008年的《关于加强财政支出绩效评价结果应用的意见》。

第二个阶段是2009—2010年的地方政策扩散阶段。这一阶段除了广东省、浙江省，其他省份也逐步出台了政府绩效评价相关的政策，这些政策不仅仅聚焦于财政支出绩效评价，还包括政府机关绩效管理、效能建设等，如《北京市市级国家行政机关绩效管理暂行办法》、《四川省人民政府部门绩效管理办法（试行）》《四川省社会稳定风险评估暂行办法》、《中共安徽省委、安徽省人民政府关于深入推进省直机关效能建设的若干意见》等，这一时期也没有从中央到地方自上而下的推动文件，仍处于地方政府的自主探索阶段。

第三个阶段是2011—2014年的中央推动、地方响应阶段。随着政府改革持续深入，地方政府在政府绩效评价方面的实践也逐渐增加，更高层级政府对政府绩效评价的肯定与推动势在必行。2010年、2011年中央层面政府部门开始出台相应的文件，如民政部于2010年出台了《社会组织绩效评估管理办法》、纪检监察部于2011年出台了《关于开

① 范逢春：《建国以来基本公共服务均等化政策的回顾与反思：基于文本分析的视角》，《上海行政学院学报》2016年第1期。

展政府绩效管理试点工作的意见》、财政部于 2011 年出台了《关于推进预算绩效管理的指导意见》、国土资源部于 2011 年出台了《国土资源部关于开展绩效管理试点工作的通知》等。在中央层面出台相关政策后，省级政府及对应部门也相应地出台了具体的政策文本，所以，2011 年各个省份有关政府效能评价的政策文本急剧增加，在接下来的2012 年、2013 年、2014 年，尽管政策文本数量没有 2011 年多，但是也处于高数量发展阶段。

第四个阶段是 2015—2017 年的全面发展阶段。自党的十八大以来，我国政府治理变革进一步深入，中央政府大力推进政府绩效管理，省级政府也响应中央号召，积极推动和发展本地区的政府绩效评价，进一步出台了相关的政策文本。这一时期的政策文本就范围来看，各个省份均有涉及；就内容而言，尽管财政支出仍占据主导地位，但其他领域，如农业发展、教育发展等领域也逐渐开始出现。本书认为，地方政府效能评价是处于并将在未来一段时间都处于受到政府治理转型影响，发生从理念到内容的系统变革与转型阶段。

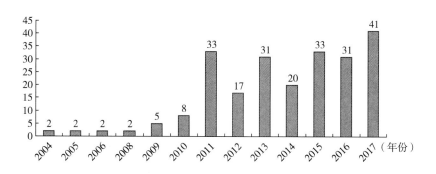

图 4 - 1　政策文本数量年度汇总

2. 地方政府效能评价政策文本省份数量汇总分析

对各省份政策文本数量进行描述性统计分析，结果如表 4 - 1 所示，31 个省份平均政策文本数量为 8（计算结果是 7.32），其中，最大值为15，最小值为 2。各省政策文本的具体分布如图 4 - 2 所示，其中，湖北省在 2004—2017 年出台的政策文本的数量最多，为 15，河南省和贵州省出台的文本政策的数量最少，为 2。大于（等于）平均文本数量的省份为 12 个, 约占总数的 39%。依次为湖北省 (15 个)、陕西省 (13 个)、四川省 (12 个)、江西省 (12 个)、湖南省 (10 个)、河北省 (10 个)、安徽省 (9 个)、辽宁省 (9 个)、青海省 (9 个)、吉林省 (8 个)、内蒙古自治区 (8 个)、福建省 (8 个)。政策文本数量在一定程度上反映了地方政府对政府效能评价的重视程度。

表 4-1　　　　　　　　各省份政策文本数量的描述性统计

平均	中位数	众数	区域	最小值	最大值	求和	观测数
7.32	7	7	13	2	15	227	31

3. 地方政府效能评价政策文本发文机构的分布分析

从发文机构来看, 主要集中于财政厅, 为 98 份, 此外人民政府 (人民政府办公厅) 也比较突出, 为 60 份。其他部门的政策文本数量比较少。原因是近年来从中央到地方推进的预算绩效评价和管理制度逐步形成, 31 个省份几乎全部出台了与预算绩效管理相关的政策文件, 其他部门如教育、农业等部门相关的经费投入与产出评价也主要是从专项资金、预算入手, 所以其相关的文件也都由财政厅出台。

(二) 政策文本的内容分析

内容分析的前提是要了解想要通过政策文本内容分析获取什么信息, 达到什么研究目的。本章需要考察当前我国地方政府效能评价对政府治理转型的回应情况。政府效能评价体系的主要组成部分包括政府效能评价的价值取向、评价内容 (指标体系)、评价主体及评价方法, 对政策文本的内容分析也从这几个方面着手进行分析。

通过上文对地方政府效能评价政策文本的计量分析, 对地方政府效能评价政策文本的外在属性有了整体的把握, 在统计分析这些外在属性时, 也为本部分的政策文本内容分析提供了筛选依据: 一是时效性, 即剔除陈旧过时的政策文本, 由于上一部分涉及时间序列分析, 需要保留每个年份发布的政策文本, 而这一部分是对政策文本内容进行分析, 必须保证内容的时效性, 因此, 需要选取政策文本的最新版本。二是整体性, 即针对政府部门的整体评价, 从计量分析的标题中可以判断一些政

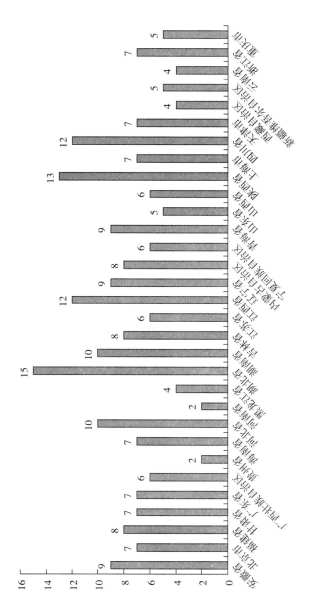

图 4 - 2　31 个省份发布的政策文本数量汇总分布

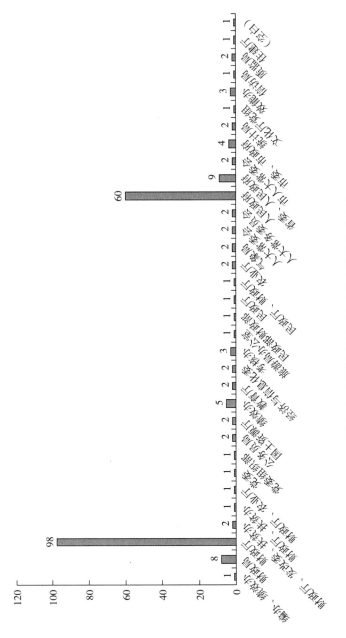

图 4－3　不同主体政策文本发布数量汇总统计

策文本是针对特定项目、特定部门的评价，由于本书研究的是政府部门整体的评价，所以剔除针对特定项目、特定部门的政策文本。三是完整性，即信息的完整性，研究目的是对政府效能评价体系进行剖析，而不是对某个要素的剖析，所以保留下来用于内容分析的政策文本尽量包含政府效能评价体系的全部要素。最后，共筛选出24个省份26份符合上述标准的政策文本进行政策文本内容分析，具体如表4-2所示。

表4-2　　　　　　　　　　政策文本分析样本列表①

省份	文本序号	年份	文本名称	发文部门	文号
安徽	1	2017	安徽省人民政府关于印发省政府部门目标管理绩效考核办法的通知	人民政府	皖政秘〔2017〕154号
	2	2017	安徽省人民政府关于2017年各市政府目标管理绩效考核工作的通知	人民政府	皖政秘〔2017〕155号
北京	3	2009	北京市市级国家行政机关绩效管理暂行办法	人民政府	京政发〔2009〕23号
福建	4	2017	福建省机关效能建设领导小组关于印发《2017年度绩效管理工作方案》的通知	绩效办	
广东	5	2012	关于开展政府绩效管理试点工作的通知	人民政府	粤办函〔2012〕7号
广西	6	2015	广西壮族自治区2015年度设区市和自治区直属机关绩效考评工作方案	绩效办	桂绩发〔2015〕1号
海南	7	2011	海南省人民政府关于印发2010年度省政府部门绩效考评工作方案的通知	人民政府	琼府〔2011〕5号
河北	8	2016	目标绩效管理考评办法（试行）	教育厅	冀教人〔2016〕70号

---

① 安徽、四川、天津的政策文本为两份是因为这三个省份单独的一份文件没有完全覆盖所有寻找的研究结果，而另一个文件正好起到补充作用，可以完整地编码，但是对于同一问题不会在两份文件中重复编码，所以后文分析中，大部分是用省份为分析单元，而非26份政策文本为分析单元。

省份	文本序号	年份	文本名称	发文部门	文号
黑龙江	9	2011	加强绩效管理开展绩效评估实施方案（试行）	人民政府	黑政发〔2011〕65号
湖北	10	2012	湖北省人民政府办公厅关于开展政府绩效管理试点工作的通知	人民政府	鄂政办函〔2012〕70号
湖南	11	2017	2017年湖南省绩效评估实施方案	省委、人民政府	湘办发〔2017〕22号
吉林	12	2011	中共吉林省委吉林省人民政府关于吉林省绩效管理工作的实施意见	省委、人民政府	吉发〔2011〕30号
江苏	13	2011	江苏省人民政府部门绩效管理办法（试行）	人民政府	苏政发〔2011〕94号
江西	14	2014	2014年度政府绩效管理工作方案	国土资源厅	赣府厅发〔2014〕33号
辽宁	15	2014	2014年度省政府对各市政府绩效管理工作实施方案	人民政府	辽政办发〔2014〕20号
内蒙古	16	2013	内蒙古自治区人民政府办公厅关于加强行政效能建设优化发展环境的意见	人民政府	内政办发〔2013〕42号
宁夏	17	2009	自治区政府直属机关单位效能目标管理考核暂行办法	人民政府	宁政发〔2009〕21号
青海	18	2014	中共青海省委 青海人民政府关于在省直机关开展效能建设的意见	省委、人民政府	青发〔2014〕11号
山西	19	2012	山西省年度目标责任考核试行办法	人民政府	
陕西	20	2013	陕西省年度目标责任考核工作规定	市考核办	陕办农〔2016〕19号
上海	21	2017	上海市政府效能建设管理试行办法	人民政府	沪府令52号
四川	22	2014	四川省人民政府部门绩效管理办法	人民政府	川府发〔2014〕25号
	23	2014	四川省人民政府关于印发四川省人民政府市〔州〕政府目标管理办法的通知	人民政府	川府发〔2014〕26号
天津	24	2013	天津市市级政府部门绩效考评工作实施方案	人民政府	
	25	2013	天津市区县绩效考评工作实施方案	人民政府	

续表

省份	文本序号	年份	文本名称	发文部门	文号
浙江	26	2004	省政府直属单位工作目标责任制量化考核办法	人民政府	浙政办函〔2004〕24号

　　通过 Nvivo11 软件对政策文本进行编码和分析，文本编码一般有两种方式，一种是根据研究主题设定编码节点，形成研究框架，通过对节点的深入挖掘形成更细致的子节点编码；另一种是根据扎根理论"一级编码—开放式登录""二级编码—关联式登录""三级编码—核心式登录"[①] 逐级选择编码的步骤，先直接对文本进行细致编码，形成若干子节点之后通过分组形成相关的类别。由于本书是基于对政策文本的内容分析，内容本身具有较清晰的结构，但需要在现有"表面"的内容结构中找出更"深层次"的逻辑结构，研究目的促使我们选择第二种编码方式。但有所不同的是，研究内容最基本的框架不需要通过扎根理论来形成，本身就具有比较鲜明的包含价值取向、评价主体、评价内容、评价方法四个主要维度，要做的是在各个内容维度下进行扎根理论的具体操作，来探究内容结构逻辑。因此，在编码前，首先将价值取向、评价内容、评价主体和评价方法作为四个树节点。然后按照第二种方式，对政策文本进行编码，编码过程共分为三个步骤：一是对选定的政策文本进行仔细地阅读，按照第二种方式进行逐级编码，在阅读过程中根据内容维度将其内容编码到对应的树节点下。最后形成"参考点—子节点—树节点"多层结构，由于每个子节点又可能归属于不同的层级，所以子节点会有多个层级；二是对编码内容进行复查，通过聚类分析等方式将各个节点之间的关系进行分析并整合，形成"最简洁"版的编码层级；三是编码信度检验，为保证编码的信度，特邀请另一位同事按照价值取向、评价内容（指标）、评价主体和评价方法进行同时编码，在编码后，对照编码节点及内容结果，编码信度为 92.80%[②]，

　　[①]　陈向明：《质的研究方法与社会科学研究》，教育科学出版社 2000 年版，第 332—334 页。

　　[②]　编码信度 $= \dfrac{\text{相互同一的数量}}{\text{相互同一的数量}+\text{相互不同一的数量}} * 100\%$

对于不同的编码节点及内容，选择对原文内容进行进一步的语义分析，并分别阐述自己的编码理由，选择最佳的方式，统一编码，最终完成编码。

编码完成后，利用 Nvivo 文本覆盖率功能对 26 份政策文本编码覆盖率[①]进行分析。编码覆盖率可以考察编码对分析问题的代表性，覆盖率越高，文本代表性越强，所编码的节点结构与内容越全面，得到的研究结果也越具有说服力[②]。结果如图 4-4 所示。26 份政策文本编码的覆盖率最高的超过了 70%，9 份政策文本的编码覆盖率超过了 50%，其他大部分政策文本的编码覆盖率接近或超过 40%，编码覆盖率整体水平较高。

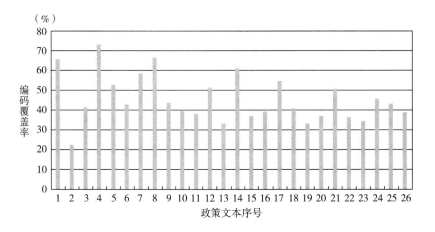

图 4-4　政策文本内容编码覆盖率

1. 政府效能评价价值取向现状分析

对 24 个省份的政府效能评价政策文本中关于评价价值取向的统计分析如表 4-3 所示，有"服务型政府""人民满意""效能提升""建成小康社会""又快又好发展""服务型政府和廉洁政府""机制活、产业优、百姓富、生态美""创新、协调、绿色、开放、共享""服务

---

① 所编码的文字占总文字的比例。

② 姜雅婷、柴国荣：《安全生产问责制度的发展脉络与演进逻辑——基于 169 份政策文本的内容分析（2001—2015）》，《中国行政管理》2017 年第 5 期。

政府、责任政府、法治政府和廉洁政府""科学发展观"以及无明确价值取向①几种情况，这些情况并非完全独立，而是相互之间存在交叉，如广东省的"服务型政府和廉洁政府"和黑龙江省、湖北省、北京市的"服务政府、责任政府、法治政府和廉洁政府"，之所以分开罗列是为了展示各个省份所有价值维度及其侧重和范围的差别。整体而言，政府效能评价价值取向的陈述与内容比较分散，大部分省份的价值取向都是独具特色的，频次较高的为"科学发展观"（陕西、山西、四川、海南、辽宁）、"服务政府、责任政府、法治政府和廉洁政府"（黑龙江、湖北、北京），以及"无明确价值取向"（湖南、宁夏、吉林）。

表4-3　　　　　　　　价值取向编码及其对应省份

价值取向	频次	省份
服务型政府	2	上海、江苏
人民满意	1	河北
效能提升	2	海南、天津
建成小康社会、建成西南中南地区开放发展新的战略支点	1	广西
经济社会又快又好发展	1	四川、内蒙古、青海
服务政府和廉洁政府	1	广东
机制活、产业优、百姓富、生态美	1	福建
创新、协调、绿色、开放、共享发展理念	1	安徽
服务政府、责任政府、法治政府和廉洁政府	3	黑龙江、湖北、北京
科学发展观	4	陕西、山西、四川、海南、辽宁
提高行政效能、经济持续健康较快发展	1	江西
工作作风的改进和工作效率的提高	1	浙江
无明确价值取向	4	湖南、宁夏、吉林

① 政策文本中没有明确提出政府效能评价的价值取向，一般仅仅提及为了"有效的开展绩效评价制定本规定/规范"等。

2. 政府效能评价内容/指标现状分析

在对政策文本内容进行编码的过程中，注意到有些省份的政策文本中规定的指标体系是省级、市（县、区）级政府共用，而大部分的省份的政策文本中存在两套政府效能评价指标体系，一套是针对省级政府（直属部门）的评价指标体系，另一套是针对市（县、区）级政府的评价指标体系。故在对指标内容进行编码时，采取了省级政府指标和市（县、区）政府指标两个组别划分。两个组别的政策文本内容编码如图4-5、图4-6所示。

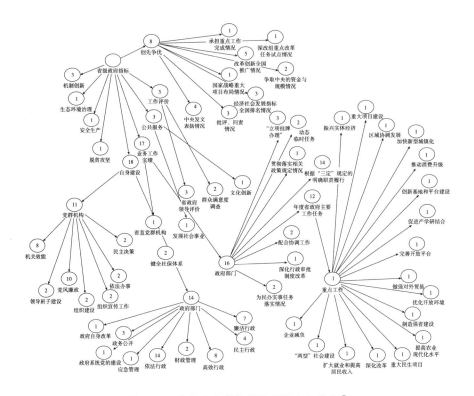

图 4-5　省级政府效能评价指标内容分布①

（1）省级政府效能评价指标。

省级政府效能评价指标体系一级节点为9个，分别为创先争优、工

---

① 圆圈内数字为频次，下文不再提示。

作评价、公共服务、业务工作实绩、自身建设、脱贫攻坚、安全生产、生态环境治理、机制创新，其频次分别为 8、3、3、17、18、1、1、1、3。其中脱贫攻坚、安全生产、生态环境治理只在湖南省的政策文本中出现，其他省份的省级政府效能评价的一级指标节点中并未出现，所以频次均为 1。而在 24 个省份的政策文本中出现频率较高的两个一级节点是自身建设和业务工作实绩，占比为 75% 和 70.83%。创先争优紧随其后，频次为 8，占比为 33.33%，工作评价、公共服务、机制创新出现的频次均为 3，占比为 8.33%。

图 4-6　市（县、区）级政府效能评价指标内容分布

业务工作实绩中，主要包括"立项挂牌办理"、动态临时任务、根据"三定"规定的明确职责履行、贯彻落实相关政策规定情况、年度省政府主要工作任务、配合协调工作、为民办实事任务落实情况、深化行政审批制度改革 8 个次级指标节点，其频次分别为 3、2、14、1、12、2、2、1。其中，贯彻落实相关政策规定情况和深化行政审批制度改革两个次级指标节点只出现在黑龙江省的政策文本中，其他省份中均未出现。而根据"三定"规定的明确职责履行和年度省政府主要工作任务出现的频次分别为 14 和 12，占总数的 58.3% 和 50%，"立项挂牌办理"频次为 3，占总数的 12.5%，动态临时任务、配合协调工作和为民办实事任务落实情况频次为 2，占总数的 8.33%。在"年度省政府主要工作任务"这个次级指标节点在其他省份都是概括的陈述"贯彻和落实年度省政府主要工作任务"等，只有湖南省将年度省份的主要工作任务进行了具体的指标划分，按照其本地特征将年度主要工作任务分为：振兴实体经济、重大项目建设、区域协调发展、加快新型城镇化、推动消费升级、创新平台和基地建设、促进产学研结合、完善开放平台、做强对外贸易、优化开放环境、制造强省建设、提高农业现代化水平、重大民生项目、深化改革、扩大就业和提高居民收入、"两型"社会建设、企业减负 17 个具体的指标。

政府自身建设主要包括高效行政、廉洁行政、民主行政、依法行政、应急管理、财政管理、政府系统党的建设、政府自身改革、政务公开 9 个次级指标节点。其中依法行政频次最高为 14，占总数的 58.33%，其次为高效行政和廉洁行政，频次分别为 8 和 7，占总数的 33.33% 和 29.16%，其他次级指标节点分别为民主行政、政务公开、财政管理、政府自身改革、政府系统党的建设、应急管理，频数依次为 4、3、2、1、1、1。其中，后三个频次为 1，均出自湖南省。在自身建设中，一些省份是将党群机构和政府部门分开设定指标的，党的自身建设包含的指标节点有党风廉政、机关效能、领导班子建设、组织建设、组织宣传工作、依法办事、民主决策 7 个次级指标节点，频次依次为 10、8、2、2、2、2、2。其中，党风廉政和机关效能频次高于其他次级指标。

创新争优是上述两个一级指标节点之外的另一个比较普遍的一级指标节点，约 1/3 的省份中提到了这一内容。创新争优主要包括承担重点工作完成情况，改革创新全国推广情况，国家战略重大项目布局情况，经济社会发展指标全国排名情况，批评、问责情况，深改组重点改革任务试点情况，争取中央的资金与规模情况、中央发文表扬情况 8 个次级指标节点，其频次分别为 1、5、1、3、3、1、2、4。其中，改革创新全国推广情况和中央发文表扬情况频次居前。其他频次较低的一级指标节点不再一一展开介绍。

（2）市（县、区）级政府效能评价指标。

与省级政府一级指标编码节点相比，市（县、区）级政府的一级指标编码节点相对较多，也有较大的不同。包括经济建设、文化建设、工作评价、平安建设、人民幸福、自身建设、生态文明建设、社会建设、机制创新、政务服务 10 个节点，它们出现的频次分别为 9、4、3、6、12、10、10、10、1、4。其中，人民幸福这一节点出现的频次最高，为 12，占总数的 50%，其次为自身建设、生态文明建设和社会建设，频次均为 10，占总数的 41.67%，经济建设紧随其后，频次为 9，占总数的 37.5%。与省级政府指标节点分布结构不同的是，市（县、区）级政府的一级指标节点除了"机制创新"没有分支节点，其他一级指标节点都具有子节点以及子节点的分支节点，指标层次较多，也比较繁杂分散，这也会在统计频次中表现出来，即整体的节点编码频次比较低。

人民幸福一级指标节点下包括民生改善、生活富庶、公共服务体系及全民健身公共服务体系完善、人才建设和全民科学素质、人民健康、城乡规划管理、教育发展、互联网普及率 8 个次级指标节点，在 24 个省份政策文本中出现的频次分别为 6、5、4、1、1、1、3、1。其中，民生改善、生活富庶、公共服务体系及全民健身服务体系以及教育发展四个指标节点出现的频次居前四位，分别为 6、5、4、3，剩下的指标节点出现的频次均为 1。人才建设和全民科学素质、城乡规划管理和互联网普及率均仅在安徽省政策文本中出现，而人民健康仅出现在辽宁省的政策文本中。此外，民生改善和生活富庶均有子节点，民生改善的三个子节点分别为财政民生支出与民生工程、美丽乡村建设和城镇棚户区住房改造，出现的频次分别为 6、1、1，后两者仅出现在安徽省政策文本中。生活富庶包括城镇常住居民人均可支配收入、农村常住居民人均可支配收入和扶贫攻坚三个子节点，频次分别为 4、4、1。扶贫攻坚也仅出现在安徽省的政策文本中。

自身建设这一指标节点下有队伍建设、行政成本、民主决策与监督、依法行政、政务公开、职能转变和作风建设七个子节点，频次分别为3、1、2、8、2、1、4。其中，依法行政出现的频次最高，为8，占总数的33.33%。随后是作风建设和队伍建设，频次分别为4和3，民主决策与监督、政务公开频次均为2，而行政成本频次为1。

经济建设这一指标节点下的子节点多达三个层级，第一个层级的子节点分为发展潜力、发展水平和结构优化，指标频次分别为5、6、6。发展潜力子节点所具有的次级子节点为科技创新和政府债务，其频次分别为4和1，其中，科技创新下包含人才发展指数、研究与试验发展经费投入强度和专利指数三个次级子节点，频次依次为1、2、1；发展水平子节点下具有9个次级子节点，其中，财政收入、地区生产总值、实际利用外资投资和省外资金在24个省份政策文本中出现的频次位居前三，分别是6、6和5，固定资产投资、社会消费品零售总额、省重点项目按时开竣工率、外贸进出口紧随其后，频次均为4，民营与县域经济和城镇化率位居最后两位，频次分别为3和2。结构优化子节点下包含产业升级与调整、服务业发展、高新技术产业、规模以上工业、农业产业化和现代农业、消化过剩产能六个次级子节点，频次依次为2、2、2、3、3、1。

生态文明建设指标节点下包括环境保护和资源消耗两个子节点，频次分别为5和7。其中环境保护中频次较高的次级节点有森林保护和林业发展与空气质量，频次为4。其余的子节点有突出环境问题整改、水环境质量、秸秆禁烧和综合利用、河长制落实、土壤污染防治，频次依次为3、2、1、1、1；资源消耗中三个次级节点为耕地保护、能源节约和水资源管理，频次分别为4、7、2。

社会建设是另一个频次较高的指标节点，在这一编码节点下有社会管理和社会事业两个子节点，频次分别为4和8。社会管理子节点下又有和谐劳工关系指数、社会管理综合治理指数和社会信用三个次级节点，频次分别为1、1、2；社会事业下有就业创业、人口计划生育和卫生事业发展、社会保险参保、社区建设管理和社会救助养老服务业五个次级节点，频次分别为3、4、4、3、3。以上是对市（县、区）级政府频次较高的指标节点进行详细介绍，其他频次不高的节点不一一介绍，具体请参考图 4-6。

3. 政府效能评价主体现状分析

对 24 个省份有关政府效能评价政策文本的编码显示，评价主体分为两个部分：一部分为评价管理主体，另一部分为评价参与主体。评价管理主体主要有政府绩效（效能）办公室、目标管理绩效考核领导小组、绩效考评委员会、机构编制委员会办公室、省委办公厅五大类。其中，政府绩效（效能）办公室和为实施评价而组建的目标管理绩效考核领导小组频次最高，分别为 8 和 6，此外，还有绩效考评委员会，频次为 3。省委和机构编制委员会办公室不常见，均有一个省份出现，分别为陕西省和上海市。政府绩效（效能）办公室一般设在监察部或机构编制委员会办公室合署办公，而其他的领导小组、委员会或联席会议都是从各个部门中抽取人员临时组建。整体而言，政府效能评价的管理组织机构制度化程度不够高，还缺乏一套独立的组织体系。

评价参与主体包括公众和服务对象、专业调查机构、人大代表、政协委员、上级领导、专家学者、企业法人代表、党员代表和政府部门，其中政府部门又涉及很多个不同的部门，政策文本中体现出来的主要有纪律检查部门、统计局、政府办公厅、党委组织部、人力社保局、各部门抽调人员、政府编制办公室、政府法制办公室、省委办公厅、政府研究室等。整体而言，当前省级政府政策文本中体现出了主体多元化的趋势，但也可看到评价主体频次差距较大，无论是管理主体还是参与主体，政府部门仍是主导。其他主体力量薄弱，第三方调查机构虽然频次为 6，但其职能主要是接受政府委托调查民意，而非独立的对政府效能进行第三方评议。另外，政府部门的评价和管理主体分工明确，但在政策文本中对于其他社会主体的参与则是一带而过，很少有具体的和明晰的安排，如湖南省的政策文本中提及"委托第三方部门组织公众评议"，但是"具体评估方式和评分细则另行制定"，而笔者并未找到相应的"具体评估方式和评分细则"，河北省的政策文本中完全没有提及社会参与主体，都是政府内部评估。

4. 政府效能评价方法现状分析

通过对 24 个省份政策文本中政府效能评价方法进行编码、整合，共存在部门互评、部门自评、领导评鉴、考核测评大会、民主评议、下

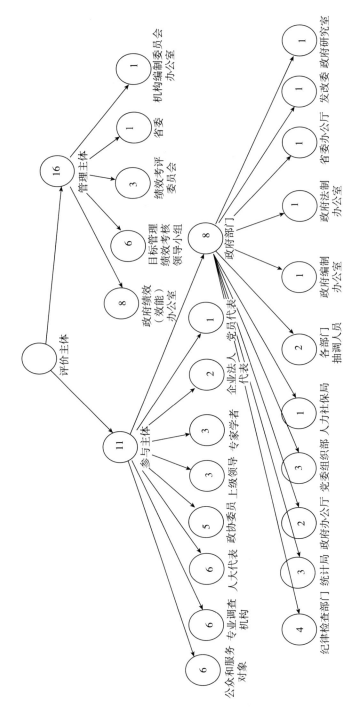

图 4 - 7　地方政府效能评价主体分布

级评价、效能督查、指标考核 8 种政府内部评价方法及专家评价、群众评议和第三方评议 3 种社会评价方法①。对每一种评价方法在 24 省政策文本中出现的频次进行统计分析，计算出现频次占总频次（24 次，即在每个省份政策文本中都出现）的比例，结果如表 4-4 和图 4-8 所示。从中可以看出，在政府内部评价方法中，效能督察、指标考核和考核测评大会频次占总频次比例居前三位，分别为 75%、58.33% 和 45.83%，而部门自评、民主评议、领导评鉴、部门互评和下级评价出现的频次占总频次的比例较低，依次为 29.17%、16.67%、8.33%、4.17%、4.17%；在社会评价方法中，群众评议出现频次最高，占总频次的 50%，第三方评议和专家评价分别占 33.33% 和 4.17%。从组别对比视角来看，政府内部评价方法出现的频次为 24 次，即政府内部评价方法出现在每个省份的政策文本中，社会评价方法出现的频次为 20 次，即社会评价方法出现在 20 个省份的政策文本中，占比为 83.33%，对比两组内部最高频次的评价方法，社会评价方法组内的群众评议的频次为 12 次，低于政府内部评价方法组内排名前两位的效能督察（18 次）和指标考评（14 次）。

表 4-4　　　　　　　地方政府效能评价方法及频次

评价方法组别	频次	评价方法	频次
政府内部评价方法	24	部门互评	1
		部门自评	7
		领导评鉴	2
		考核测评大会	11
		民主评议	4
		下级评价	1
		效能督查	18
		指标考核	14

---

① 分类之间并非截然割裂，很多方式是相互交融的，如部门自评有时候是用指标评价方式。

续表

评价方法组别	频次	评价方法	频次
社会评价方法	20	专家评价	1
		群众评议	12
		第三方评议	8

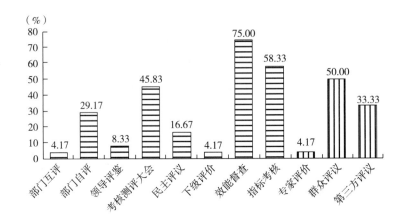

图4-8　地方政府效能评价方法频次比例

第三节　治理转型时期地方政府效能评价实践的发展与不足

通过第一部分对我国政府效能评价历史进程的梳理和第二部分对当下政府效能评价整体实践安排的政策文本分析，我国政府效能评价的基本状态已经有了初步的轮廓。

一　对历史实践的超越

总体而言，政府效能评价的现状与历史进程中的实践相比，有了较大的进步。首先，通过对政策文本的计量分析可以看出，政府效能评价制度化发展趋势大好，从中央到省级政府都逐渐认识到政府效能评价的重要意义，相应的政策文本也在迅猛增加，政府效能评价的制度化发展有了较大进步，为转型时期政府效能评价的法治化发展提供了前提和基础。其次，通过对地方政府效能评价的政策文本内容分析发现，无论是政府效能评价的价值取向、指标内容、评价主体还是评价方法，与以往的实践相比，都取得了较大的发展，具体表现在：价值取向上逐步转向多维性，除了传统意义上的效率取向外，还增加了法治、民主、公平等价值维度；从评价指标来看，除了经济建设，社会建设、生态文明建设、文化建设、政府自身建设等方面的指标比重也在不断加大；从评价主体来看，尽管当前我国政府效能评价无论是管理主体还是参与主体，政府仍是主导，但是实践中普遍加入了公众评议、第三方评价等形式，评价主体开始从政府自我评价转向多元化的发展趋势；从评价方法来看，社会评议的方法开始崭露头角，公众满意度调查、委托第三方机构调查等评价方法促进政府效能评价不再是政府"既是运动员又是裁判员"的局面，可以有效地促进政府效能评价更加科学化、民主化和法治化。

二　与治理转型的不协调、不适应分析

尽管与历史实践相比，我国政府效能评价实践取得了重要的进展，但是将政府效能评价放置在当下治理转型对政府效能评价的需求情境下，还存在很多与治理转型时代背景不甚适应的、亟待调整的问题，具体表现如下：

（一）政府效能评价的价值取向与政府治理发展观不协调

政府效能评价是对政府治理效能发挥状况的测量，应该与政府所持的发展观相适应。随着治理变革的深入，治理转型时期我国地方政府发展理念已经开始发生转变，提出了一系列与国家治理现代化相适应的价值追求，如"科学发展观""以人为本""均衡""全面""共享"等。政府效能评价所坚持的价值取向应该与治理转型时期政府治理转型发展观相协调，但在具体实施过程中，却存在差距。表现在：一是效能评价仍坚持政府本位。政府效能评价的动机是基于政府自身的需要出发，而非从社会公众需求出发，也因此，政府效能评价强调的是管理与控制功能，而非服务功能。二是评价实践中效率至上仍是主导。整体而言，评

价关注仍以效率和成本为主，对政府治理的合理性、合法性、效果和影响等关乎公众满意度层面关注较少。无论是政府效能评价整体设计，还是组织架构都是以管理主义为主要指导原则。三是评价实践中价值导向是片面而非均衡的。尽管提出了均衡、全面和共享等科学的发展理念，但在实际政府效能评价中，仍然是侧重经济增长，以量化的指标如 GDP 增长、招商引资的数量、固定投资等片面代表经济发展质量，而对社会、生态等方面的考量较为薄弱。综上所述，当前我国地方政府效能评价实践的价值取向与政府治理转型的发展观存在不协调。

（二）政府效能评价内容与政府治理转型的需求不适应

政府效能评价理应基于政府治理需求而设计。而当前我国地方政府效能评价很大程度上无法满足政府治理转型的评价需求。一是评价内容建立在不明晰的政府角色定位上。转型时期的中国政府并非像先发国家那样具有较明晰的政府与市场的关系、政府与社会的关系以及政府与公民的关系。在定位不清的政府角色基础上实施和组织政府效能评价，很可能是一种"助长错误"的导向。很多目标责任制、效能监察与效能建设中的一个显著特点是围绕工作重心和任务开展，但是不少地方政府和部门确定的工作重心和任务，不一定属于政府的分内职责，有可能是"越位"的、"错位"的职责。例如，有地方政府将农业产业化或者科技兴农作为振兴农业的一项重要举措和重心任务，而该重心任务分解出来的指标却是推广种植某种经济作物，这严重干涉了农民的自主经营权，是用行政手段剥夺农民选择权利的"越位"做法，还有地方政府对信访办职能部门的绩效评价中，用到了"分流劝返"这一指标，这也并非是服务型政府所倡导的解决公民诉求的方式。二是评价内容忽视治理变革的过渡性内容。治理转型背景下，政府治理变革是政府效能核心和关键的表现内容之一。在现有的政府效能评价实践中，大部分是对政府治理结果的评价，却很少有包含政府治理变革过渡性内容的评价，如部门的改革创新性、改革执行能力等。

（三）政府效能评价主体作用发挥与治理转型时期治理主体能力不协调

治理转型时期，尽管我国地方政府效能评价主体开始逐步打破政府一元评价的境况，但是仍然面临着三个方面的制约因素导致政府效能评价主体作用发挥受到限制。一是社会评价主体力量薄弱。从文本分析中可以看到，政府作为评价的组织者和参与者，仍然是政府效能评价的主导力量，而社会参与主体由于其参与独立性和权威性不足而导致其在评价中的作用有限。二是政府内部评价主体之间的不协同导致参与主体的纷繁复杂，有党委组织部、纪检委等，有政府的统计局、人力保障部门等，多头主体没有很好地协调容易造成多头考核，导致被考核部门忙于应付各种考核，浪费时间和精力，这与政府效能评价的初衷是相悖的。三是外部评价主体应用过于超前，形式意义大于实质意义。在实践中一些地方开展的"万民评议"等社会和公众参与形式中，公众意见和建议切实采纳的比重相当有限，由于公众无法对政府直接问责，公众在效能评价中很难对其治理行为和政策产生实质性影响。此外，一些由政府主导和组织的第三方评估，很多时候也沦为政府彰显绩效的"附庸"，并不能反映和呈现政府的真实绩效水平。

（四）政府效能评价方法与治理转型时期评价内容多元化需求不协同

治理转型时期地方政府效能评价的内容需求日趋多元化，不仅包含对效率和成本等量的评价，还逐渐包含效果、效益等质的评价，这意味着简单量化评价方法不能满足评价内容的需求，还需要融入更多的复杂化定量评价和适宜的定性评价。而当前我国地方政府效能评价方法，客观方法仍以简单的指标量化相加为主导，没有随着评价内容的复杂化而提高量化方法水平，主观评价方法集中于部门互评、领导评鉴等内部简单主观评价，考核方式单一，基本上是座谈、考核大会等传统的考核方式，是一种"闭门造车"式考核，缺乏其他佐证资料和支撑。

（五）政府效能评价的制度化程度低

整体而言，与西方国家立法先行不同，我国的政府效能评价更多的是实践探索先行，缺乏制度层面的引导和规范。从前文对当前31个省份政府效能评价的相关政策文本的计量分析和内容分析也可以看出，当前我国不仅缺乏中央层面的政府效能评价立法，也缺乏地方政府层面的政府效能评价立法。目前，指导政府效能评价实践的制度形式主要是党政机关的"红头文件"或者政府工作报告，而不是通过人大制定的法律法规。截至目前，我国第一部具有实践意义的政府效能评价的地方性法规只有杭州市 2015 年颁布的《杭州市绩效管理条例》。除了政策文本的制度化程度低，政府效能评价组织实施也体现出制度化不足：一方面，各个省份中主导政府效能评价的机构各自不同，有的是政府效能监察办公室，有的是机构编制办公室，还有的是省委抑或是临时组建的绩效考评领导小组，主体并没有统一，且上述这些办公室、领导小组均是挂靠于现有的监察部门或者机构编制办公室下，很少有独立的组织体系。另一方面，目前还没有明确哪个中央部门具有指导全国政府效能评价工作的职能。这种低制度化的政策文本和组织体系不利于政府效能评价的持续发展，也不利于评价实践的纵深发展。

（六）政府效能评价的规范性不足

在对政府效能评价政策文本进行内容编码分析过程中，笔者发现，政府效能评价的规范性有待提升。第一方面，有的省份在制定政策规范中明确划分了省级政府和市（县、区）政府效能评价的不同指标体系，而有的省份则将不同层级的政府效能评价置于同一指标体系内。众所周知，省级政府和市（县、区）级政府在职能履行侧重方面有很大不同，从第二部分的省级政府和市（县、区）级政府效能评价指标体系中频次较高的指标可知，省级政府的评价指标内容更多的是从宏观层面把握和分解重点工作和任务，而市（县、区）级政府更多的是从微观具体事务着手，所以，二者在指标体系设计上应该是两套体系，而非一套体系，但一些省份并未将省级政府和市（县、区）级政府指标体系清晰区分。第二方面，指标划分得不规范，不同的省份将相同的指标划归在不同的内容维度，如"城镇化率"，有的省份放在经济建设中，有的省份划分在民生领域中。第三方面，一些省份的指标内容过于概括化和笼统化，如江西省指标体系只是规定了职能、外部评价，然而具体的指标是空白的，附件中有指标体系填写说明，是交给评价单位自己填写，这样很难保证统一、一致的评价，也难以避免有些部门会避重就轻地选择有利于自身的评价指标。

第四节　构建与治理转型相契合的地方政府效能评价体系的必要性

任何一项真正有价值的研究必定是对客观问题的研究。正如数学家所言，一个准确的"问题"，本身就包含了它的答案，然而尽管"问题"是客观存在的，但是要把它作为研究对象，是有技术限定和技术要求的。把一个客观问题作为一项"研究对象"必须具备一些条件，其中一个重要条件即必须有客观的现实需求。

一　构建适合我国国情的政府效能评价的基本要求

政府绩效评价源自于西方发达国家，其形成与实践都是基于本国基本国情所设定的，尽管这些西方发达国家的政治、社会文化差异并不显著，各国的政府绩效评价制度却也千差万别，更何况我国与西方发达国家存在着较大的政治、社会和文化差异。在国内治理变革的内驱和国外成功经验的示范下，我国地方政府已经开展了异彩纷呈的政府绩效评价试点，如行政效能监察、目标责任制、社会承诺制、"万人评议政府"等，这些探索实践都尝试构建一种符合我国基本国情的政府效能评价体系。然而，尽管目前地方政府的这些做法取得了一定的成绩，整体上还是处于探索和试点阶段，加之进入新时代的中国社会处于更加剧烈的治理转型阶段，很多试点与做法难以很好地适应这些新的要求与挑战。尤其是在我国社会主要矛盾发生转化，政府治理处于深化变革时期，很多政府职能的"错位""越位"及"缺位"都需要纠正，而当前很多政府绩效指标体系或是价值取向上仍过度追求经济效率，或是评估内容没有建立在合理的政府职能定位基础上，导致指标体系也存在一定程度的"错位""越位"或"缺位"，不该纳入评价指标体系的内容被纳入，而一些亟须纳入评价指标体系的内容却没有被纳入。所以，尽管西方国家的政府绩效评价有相对先进的做法与收获，但是对于目前我国这样独特的治理转型期而言，很难说是最优的选择。因此，构建一种与目前我国治理转型国情相适应的、基于治理变革过程的政府效能评价体系至关重要。

二 国家治理体系与治理能力现代化的客观需要

实现国家治理体系与治理能力现代化这一战略目标并非一蹴而就，在实现之前的治理转型阶段，需要效能评价这一管理工具提供有效推动与保障。而政府效能评价作为一种管理工具能否紧跟治理转型的步伐，为推动治理转型提供及时、亟须和有效评价，直接影响着治理转型的进程。如果需要的是与治理转型相适应的绩效评价，而评价仍停留在对传统政绩的考核，那么评价是无意义的、导向是有害的；反之，如果评价盲目乐观地超前了，是对于超越治理转型时期的一些可望而不可即的目标的评价，那么评价也是无意义的，因为这是脱离了现实、无法实现的，可能挫败地方政府的积极性，也有可能导致评价过程弄虚作假。政府效能评价什么的目的是控制、激励进而提高什么。处于转型时期的治理变革取得的效果如何，直接决定了治理战略目标能否实现，所以这一阶段的政府效能评价还需要体现治理变革的过程，抓住治理变革的主要维度，将其纳入政府效能评价中。

同时，与治理转型相契合的政府效能评价体系也是界定政府角色，清晰厘定其职能范围的一个手段。一般从治理主体角度而言，有效的公共事务治理不是一方独揽的治理，而是多方合作的治理，包括政府、企业、非营利组织和公民个人等多元化的治理主体，并且多方合作的有效治理需要"各司其职"，最大限度地发挥各治理主体所擅长的治理角色。例如，让市场发挥在资源配置中的决定性作用，让社会组织和社会公众在社会治理中充分发挥其重要主体作用，实现自我管理等。促进多元主体在各自擅长的领域发挥其应有的职能角色，提升治理体系的系统性、整体性和协同性。然而，治理转型期政府、市场、社会关系定位还不够明确，存在模糊的灰色地带，由于政府这一治理主体的天然强势特征，政府职能很大程度上会存在"越位、错位、缺位"等现象。与治理变革相契合的政府效能评价通过设置与治理转型特征相适应的指标，能够有效地引导政府职能转变，推动政府做好本职工作，限制越位工作，调整错位工作，实现政府、市场、社会三种治理主体职责的合理分配。

此外，治理转型阶段是全面深化改革期，如何能够引导、调动、控制、激励各级政府部门及公职人员有效执行战略决策，贯彻落实地方政府发展及改革意图，是至关重要的，这直接关系到改革是否能有效落实，转型是否能顺利实现，进而最终影响到治理现代化的进程。政府效能评价强调政府工作的目标，强化主体的责任意识，通过多元化主体参与，引入上级监督、外部监督，有利于推动治理转型。

三 治理转型期政府合法性巩固的客观需求

合法性问题关系到一国政权的存续，是一国政治统治成败的关键。正如托克维尔曾经形象地描述一个政府失去合法性后的景象："每个人都因贫困而指责政府，连那些最无法避免的灾祸都归于政府。"[①] 关于政治合法性的问题，马克斯·韦伯做出了最经典也是被后人常常引用的界定，认为政治统治的合法性有三大来源：建立在传统的、意识形态基础上的传统型合法性；依赖于领袖人物个人品格的魅力型合法性；基于对正式制定规则和法律遵守之上的法理型合法性[②]。赵鼎新修正了马克斯·韦伯的政治合法性来源，认为合法性来源有法治选举型、意识形态型和政绩型三种，他认为政绩型合法性是政治合法性最主要、最重要的一种，"政绩合法性是指一个政权统治权力合法性来自该政权经济绩效和/或道德功绩以及捍卫领土的能力"[③]。也有实证研究通过对市民的政治信任程度的调研测量佐证了赵鼎新提出的政绩合法性，认为高绩效的政府更容易获得市民的信任[④]。如果说高政绩的政府更容易获得更牢固的政治合法性，那么党的十一届三中全会以来我国地方政府的政绩更多是通过经济建设取得的"高增长率"绩效来证明政府的政绩合法性，然而"高增长率或许不能永远持续下去，政治体系高度碎片化、贫富差距加大和社会冲突都在加剧，绩效危机或价值变迁均有可能导致合法

---

① 阿历克西·德·托克维尔：《旧制度与大革命》，冯棠译，商务印书馆1992年版，第131页。

② 马克斯·韦伯：《经济与社会》，林荣远译，商务印书馆1997年版，第238—242页。

③ 赵鼎新、龚瑞雪、胡婉：《"天命观"及政绩合法性在古代和当代中国的体现》，《经济社会体制比较》2012年第1期。

④ Zhong, Y., "Do Chinese People Trust Their Local Government, and Why? An Empirical Study of Political Trust in Urban China", *Problems of Post-Communism*, Vol. 61, No. 3, May 2014.

性流失"[1]。当前的治理转型期，我国经济进入新常态，这预示着未来依靠经济高速增长带来的政绩合法性"红利"正在削减。

国家治理体系和治理能力转型到现代化实现过程中，一方面是经济政绩的外在效用在降低，另一方面是全面深化改革打破了原有治理结构、体制和机制的稳定秩序，这是政府合法性危机的一个高发期，而全面深化改革过程的漫长特性，使民众很难及时察觉出治理变革"随风潜入夜"的效果。这就需要与治理转型、治理变革相结合的政府效能评价体系及时评价这些治理变革过程的成效。这时的政府效能评价更多是彰显治理变革成效，不断带给公众变革信息的作用，使公众能及时了解政府治理转型的具体形态、进程与走向，提升公众对政府的信心与期待，增强公众对政府的理解与认同，进而稳固政府合法性，笔者认为这种政绩合法性是一种"改革绩效"合法性，即基于对改革绩效的信心而对政府充满信心。

四 现有实践创新的理论需求

理论来源于实践，又反过来指导实践。与治理转型相契合的地方政府效能评价体系构建也是对当前已有实践进行从实践到理论的升华进而反过来指导实践的过程。在整理地方政府绩效评价实践的政策文本和案例过程中发现，当前我国地方政府效能评价实践中不乏创新举措，有些地方政府的效能评价已经开始意识到与治理转型背景相适应以及与治理变革相结合的重要性，并且在政策文本中开始崭露头角。例如，北京市的"三效一创"、福建省的"效能建设"以及湖南省的"2017 政府绩效评估实施方案"中都体现了政府效能评价与治理变革相结合的举措和趋势。这些零星的实践亟须从理论上进行升华，否则会因理论引导不足而导致"昙花一现"。

第五节　本章小结

我国地方政府效能评价的发展具有阶段性特征，经历了以目标责任

---

① 俞可平、托马斯·海贝勒、安晓波：《中共的治理与适应——比较的视野》，中央编译出版社 2015 年版，第 12 页。

制和效能监察为主导的起步阶段、社会服务承诺制和效能建设为主导的探索阶段以及 21 世纪以来百花齐放的深化发展阶段。通过对全国 31 个省份 227 份相关政策文本的计量分析和内容分析，初步掌握了当前我国地方政府效能评价的实施状态。不可否认，当前我国地方政府效能评价与过去相比，无论是评价理念、评价主体还是评价内容和方法都有了很大进步，正逐步挣脱传统治理模式下的自上而下的政绩考核评价，但与治理转型所提出的需求还有较大的差距，表现在政府效能评价建立在不明晰的政府角色定位之上、政府效能评价的制度化程度低、政府效能评价的规范性程度低、政府效能评价的系统性和协调性不强等方面。在此基础上，本章还阐释了构建与治理转型相契合的地方政府效能评价体系的必要性：构建适应我国基本国情的政府效能评价分析框架的基本要求、国家治理体系与治理能力现代化需求、治理转型时期巩固政府合法性的需求以及现有实践创新的理论需求。

第五章 框架重构：与治理转型相契合的地方政府效能评价体系

　　"分析框架"是整理物象的内在理论程序，是分析问题和解决问题的逻辑体系。政府效能评价分析框架不同于其他研究的一个特点，是它既要能客观评价政府组织的效能现状，又能对提升政府效能提供"利好"，而转型视域下地方政府效能评价的分析框架，需要既能适合世界范围内各国执政的一般逻辑，又能符合中国特定的政府治理过程，"在它所涉及的种种复杂关联中，整理出一个相对简洁的能使问题得以深入解析的合理的路径和架构"①。从第二章、第三章的理论分析、第四章的现状分析可知，当前我国地方政府效能评价亟须一种与新时代政府治理转型相适应，与国家治理体系与治理能力现代化战略目标相适应的分析框架。结合理论分析的需求以及实践现状分析的结果，本部分将尝试构建一个新的分析框架，促进地方政府效能评价与治理转型相契合。

第一节　地方政府效能评价体系重构的学理依据

　　没有学理依据的分析框架是无源之水、无本之木，任何一种理论分析框架都是基于特定理论根基之上所生长的"枝丫"。与治理转型相契合的地方政府效能评价是本书尝试要构建的一个新的逻辑架构。其学理

---

　　① 秦德君：《执政绩效探微：战略、评估及设计》，上海人民出版社 2006 年版，第 26 页。

依据主要包括系统理论、权变理论、制度变迁理论、行政生态学理论。

一　系统论

系统论思想源远流长，但作为科学的系统论，是以贝塔朗菲（Von Bertalanffy，L.）1937 年首次提出的一般系统论的原理为开端的，此后，系统论经历了经典系统论和现代系统论两个发展阶段[1]，广泛渗入在自然、社会等各个领域中。贝塔朗菲给系统下的定义是"处于一定的相互关系中，并与环境发生关系的各个组成部分（要素）的总和"[2]。系统论思想中最突出的原则是整体性，即系统是由其组成部分（因素或子系统）构成，且各组成部分（因素或子系统）之间存在有机关联性。有机关联性原则包括两方面的内容，一方面是系统内部诸部分（因素或子系统）的联系，另一方面是系统同外部环境的有机联系[3]。系统同外部环境的有机联系让系统具有开放性质，或者简称为开系统。一般系统论所研究或处理的基本都是开系统，因此，系统概念的另一特点即是具有开系统的性质。作为一个系统，当被定义为开系统时主要是指它同外界有物质的、能量的、信息的交换，有相应的输出和输入以及量的增加或减少。

国家治理是一个体系性的结构，表现为宏大的治理体系和治理能力系统。而治理转型是指国家治理体系和治理能力的各种要素，以及这些要素的组合方式连续发生的由低级到高级的突破性变化或者变革的过程，这些要素包括治理理念、治理结构、治理机制、治理工具与技术等。政府效能评价是以一种治理工具与技术的身份作为国家治理体系中的一个要素或子系统存在，而治理转型本质上是"在科学、技术与交往方式不断进步的条件下，传统的制度与价值观念在功能上对现代性或现代社会变迁的要求不断适应的过程，是国家治理理念与结构适应社会

---

① 常绍舜：《从经典系统论到现代系统论》，《系统科学学报》2011 年第 3 期。

② Von Bertalanffy, L. , "The History and Status of General Systems Theory", *Academy of Management Journal*, Vol. 15, No. 4, December 1972.

③ 王雨田：《控制论、信息论、系统科学与哲学》，中国人民大学出版社 1988 年版，第 425 页。

结构性变迁的过程"①，是一个系统整体转换的过程，如图 5 – 1 所示，因此，想要完成治理系统整体转型，构成系统的子系统或者子要素也需要随之而进行转型，否则，存在有机联系的系统整体与系统要素之间就会存在脱节现象，导致治理系统转型的畸形甚或失败。因此，政府效能评价必须与整体治理转型紧密结合，才能促进国家治理体系与治理能力彻底转型，达到治理现代化的目标。

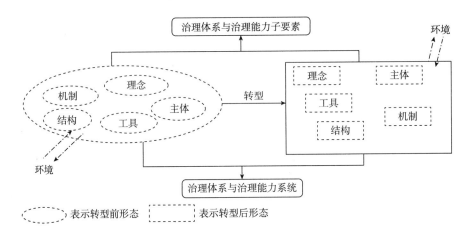

图 5 – 1　治理体系与治理能力系统转型

另外，将政府效能评价作为一个系统来看，如图 5 – 2 所示，政府效能评价是包含价值取向、评价主体、评价内容、评价方法等要素的开放系统。由于开放系统与外部环境的有机联系性，政府效能评价涉及与外部环境的相互适应：一方面，政府效能评价涉及评价对象与外界的能量交换（资源获取、产品与服务的产出）；另一方面，评价本身涉及与外部环境进行价值、内容等方面的适度交流。客观评价的需求很大程度上来自于评价系统的外部，如评价的价值取向、内容等要素都需要从评价系统外部（公众、社会团体等）获得相应的指引，因此，政府效能评价不可避免要受到治理转型大背景的影响，需要与之相适应。

---

① 李放：《现代国家制度建设：中国国家治理能力现代化的战略选择》，《新疆师范大学学报》（哲学社会科学版）2014 年第 4 期。

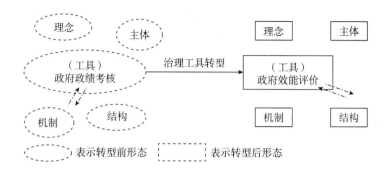

图 5 - 2　治理工具系统转型

二　权变理论

权变理论是 20 世纪 60 年代末 70 年代初发展起来的管理理论，其代表人物有弗雷德·卢桑斯（Fred Luthans）、弗雷德·菲德勒（Fred E. Fiedler）、豪斯（R. J. Howse）等。简单概括，权变理论的核心思想是"随机应变"，与以往科学管理理论、行为科学理论等主要侧重加强组织内部管理，追求普适性、最优的模式与原则不同，权变理论认为以往的这些理论会导致组织在面临外部环境变动时显得无能为力。因此，权变理论主张没有最好的行事方式，而是需要因地制宜、因时制宜地针对不同的管理问题选择适应的行事方式。同时，权变理论认为，不同组织无论内部构成要素还是面临的外部环境都是不同的，在管理活动中不存在适用于任何情景的原则和方法。有成效的管理关键在于对组织内外状况的充分了解和有效的应变策略。从本质上而言，权变理论也是以系统论为根基，强调在管理中要根据组织所处的内外部条件随机应变，针对不同的具体条件寻求不同的最合适的管理模式、方案或方法。综上所述，权变理论的中心思想是：①任何组织都是社会系统中一个开放的子系统，受环境的影响，要根据组织在社会大系统中的处境和作用，采取相应的组织管理措施，从而保持对环境的最佳适应；②组织的活动是在不断变动的条件下以反馈形式趋向组织目标的过程，因此，必须根据组织的近远期目标以及当时的客观条件，采取依势而行的管理方式；③管理的功效体现在管理活动和组织各要素相互作用的过程中。因此，必须根据组织各要素的关系类型及各要素与管理活动之间相互作用时的一定函数关系，来确定不同的管理方式。

权变理论与系统论为政府效能评价分析框架构建提供的理论支撑相同之处是管理方式，即政府效能评价这一子系统需要跟随整体的治理环境变动而发生转变（与图 5－2 同），这里不再赘述。权变理论的另一个支撑视角是组织活动的最终目标并非一蹴而就的，而是在不断变动的条件下以反馈形式趋向目标的过程。在漫长的治理转型期，很难保证政府行为、政府服务能一步到位达到现代性的目标，而政府效能评价如果将评价标准或目标定位过高，则有可能不但不能起到有效的激励作用，反而会有消极影响。例如，地方政府可能对可望而不可即的效能目标望而生畏，或通过"巧妙"的弄虚作假达到这一目标，或具有"破罐子破摔"的心态而不再追逐这一无法达到的效能目标。这其实是涉及"过度超前"与现实的矛盾问题，在治理转型期，很多时候，与其关注结果的完美程度，不如重视过程是否做到了改进，是否做到了"前进一小步"。

三　制度变迁理论

道格拉斯·诺斯（Douglass C. North）是将路径依赖引入到制度变迁分析的第一人。他认为，技术变迁与制度变迁是社会与经济演进的基本核心，而这两者都呈现出路径依赖的特征[①]。

"稳定"是通过一系列复杂的制约（制度）来实现的，它们既包括在一个等级下的各种正规规则，也包括非正规制约（习俗、传统、习惯等）。然而这些赖以稳定的制度并非总是有效的，但不管其是否有效，制度一旦形成就会沿着其"特定的路径"在一定时期内持续并影响着其后的制度选择[②]，这个过程即制度变迁中的路径依赖。总体而言，诺斯对制度变迁理论的阐述是基于个人选择而言的，行动者在特定的激励机制中，面临着两种选择——遵守或改变现行制度，行动者的选择取舍是通过对两种选择未来收益的预期作为参考因素的。马斯格雷夫

---

① ［美］道格拉斯·C. 诺斯：《制度、制度变迁与经济绩效》，刘守英译，上海三联书店 1994 年版，第 138 页。
② 同上书，第 111—112 页。

（Richard Abel Musgrave）在诺斯个人行动者基础上拓展了制度变迁分析范围，认为制度变迁的路径依赖是政治经济文化和社会等宏观因素综合的结果，强调文化传统价值观念和信仰结构对制度选择的影响[1]。简单而言，路径依赖是指过去对现在和未来的强大影响，即制度一旦形成就会沿着其"特定的路径"在一定时期内持续并影响着其后的制度选择，这个过程即制度变迁中的路径依赖。

从传统治理模式下政府政绩考核到当前政府评价是一个制度变迁的过程，这一过程存在路径依赖。自上而下的压力型政绩考核作为早前考评机制，深刻地影响着官僚机构的利益偏好和观念，这些利益偏好和观念对于当前实施政府效能评价仍然具有相当大的影响。例如，原本的考核只是政府组织内部的考核，现在的效能评价追求的是公开的、纳入社会力量的考核，这对于官僚机构来讲是较难以适应的，甚至可以说内心是抵制的，这些抵制会对发展有效的政府效能评价形成阻力。同样，原来的政绩考核由于其内部性，政府绩效的信息不需要对外公开，而当前的政府效能评价倡导公众的广泛参与，信息公开是至关重要的，而反应迟钝的政府信息公开制度却不能为当前的政府效能评价提供有效的信息公开支撑等。所以，应该将这一制度变迁放置于历史发展中，考量到当前治理转型背景下，仍存在很多传统的政治因素、社会因素和文化因素，这在很大程度上会对政府效能评价的有效开展形成一种"路径锁闭"。对这些传统因素造成的"路径锁闭"进行"解锁"是摆脱路径依赖的一个重要前提。所以，治理转型视域下的地方政府效能评价的实施要基于治理转型时期的特征来进行，循序渐进，逐步"解开"路径锁闭。

四 行政生态学理论

佛雷德·里格斯（Fred Riggs）在其经典著作《行政生态学》中阐释了人类迄今为止的三种行政模式——融合型的农业型行政模式、棱柱型的过渡型行政模式、衍射型的工业型行政模式，他认为每种模式都可

---

[1] 赵晓男、刘霄：《制度路径依赖理论的发展、逻辑基础和分析框架》，《当代财经》2007年第7期。

以折射出其所处社会形态的发展水平，因而能够用来适应和解释传统社会、发展过渡中社会和现代工业社会国家的行政现象。其中，他提到的过渡型社会的行政模式与当前我国治理转型社会形态最契合。他认为，过渡型社会的行政模式是一种棱柱型行政模式，之所以称之为"棱柱"是因为它的社会形态既不像传统农业社会那样所有行政职能都融合在一起，又不像现代工业社会那样具有分工明确、自由平等、职能明确等完全现代化的行政模式，而是处于二者之间的过渡阶段。里格斯提出了过渡型社会具有三个典型的特点：异质性、形式主义和重叠性。异质性是指在一个社会的同一时间里，同时存在着不同的制度、行为和观点，多元社会、多元经济、多元价值导致公共行政的多元异质性。形式主义是指"什么应是什么"与"什么是什么"之间的脱节，在转型时期，由于高度异质性，整个社会没有相同的信仰系统，也没有一套紧紧相扣的制度，导致任何一项措施、一个观念、一种改革都无法彻底贯彻。重叠性是指社会结构与社会功能的"分化"不彻底，社会中人的角色功能也分化不彻底，表现在商人并不能完全按照市场规则做生意，行政人员也不能完全依靠行政原则来达到行政目的，最典型的是官僚想达到升迁的目的，只靠成就还不行，还需要靠"关系"。重叠性在行政机构中的表现是行政机构的重叠现象，行政机构不一定能承担起应有的职能，行政行为往往受非行政标准所主宰，而非由行政标准决定，简言之就是行政职能界定不清晰，政府存在"越位、错位和缺位"的现象。

不同的行政模式带来的整个社会形态及社会中所有要素特点的不同，导致很多在现代社会里视作理所当然的事务在传统和过渡社会里却很难达成，因为任何行政系统及其关系都不能离开一定的政治—社会—文化环境，只有在与政治—社会—文化环境的充分平衡中，才能维系行政系统的内外平衡，促成行政系统效能趋向优化[①]。如果所处的社会形态是不同的，那么想要达到有效的治理，必须结合当前所面临的困境选择"有的放矢"的应对策略。政府效能评价在治理转型行政模式和现代行政模式两种截然不同的行政模式下面临的问题有很大不同。当政府

---

① 盛明科：《服务型政府绩效评估体系的构建与制度安排研究》，湘潭大学出版社2009年版，第46页。

职能还不能清晰界定时，即便对其进行评价，如果职能定位本身就是错误的，那么评价结果越优异，就是在错误的道路上越走越远。所以，政府效能评价在治理转型视域下是需要从理念到评价主体，从评价内容到评价方法都与治理转型行政模式特征相适应而进行慎重设计与考量。

综上所述，系统论和权变理论将治理体系与治理能力作为一个整体的系统，以及将政府效能评价作为其中的一个要素来论述政府效能评价与治理转型结合的必要性；制度变迁理论将政府政绩考核到政府效能评价视为一个制度变迁的过程，而这一过程中存在着路径依赖问题，无论是整体系统还是子系统（要素）都面临着转型变迁中对历史制度及习俗的依赖，而政府效能评价作为其中的子要素，必须要结合治理转型特征来设计，以最大限度地消除阻力，发挥功效；行政生态学理论阐述政府效能评价必须与治理变革相结合。行政生态学中所指的过渡型行政模式实质是对转型过程横截面的展示，在这个转型过程中，各个主体、要素之间界限模糊、职责不清晰，无法将政府效能评价直接落实到做的结果如何，还需要经历确定什么应该做和什么不应该做。所以，治理转型视域下地方政府效能评价应该结合政府治理变革的具体过程，而非仅仅局限于对结果的关注。

第二节 地方政府效能评价体系重构的前提假定条件

治理转型视域下政府效能评价体系构建过程是对现实情况的模拟描述过程，在很多情况下需要控制一些不确定、不符合常规逻辑的变量和前提条件，即确定一些前提假定条件。本书认为治理转型视域下地方政府效能评价体系重构的基本前提假定有如下四个：

一 治理转型是漫长历程

如引言中所述，"转型"一词是指一种结构形态到另一种结构形态的转变，本质是一种系统的转变，而非局部或者单个要素的变革。有学者提出了"转型"可以分为三个层次：第一个层次是经济转型；第二个层次是社会或者国家的转型；第三个层次是文明的转型。其中，第一个层次的经济转型是最狭义的转型，第三个层次的转型是最广义也是最根本和耗时最漫长的转型①。本书认为治理转型亦可分为三个层次：第一个层次是治理工具的转型，如从任务考核到目标管理，从目标管理到绩效管理等都是属于该层次的治理转型，这个层次的转型是最容易操纵和最易见效的转型层次；第二个层次是治理体制和制度的转型，相较于治理工具层次的转型要更为艰辛与缓慢，少则几年，多则几十年，例如，计划经济体制向市场经济体制的转型；第三个层次的转型是治理信念体系的转型，这个层次的转型涉及的是治理理念和社会观念的变迁，是耗时漫长且决定着前两个层次的转型是否能够持续和定型的关键。所以从完整层次上的治理转型而言，其历时是漫长的。同时，转型不仅仅讲求旧的体系被打破，还包含新的体系的建立。旧的体系打破并非易事，需要漫长的时间来摆脱利益纠葛、利益阻挠等问题所带来的路径依赖。即便旧的体制可以在较短时期内被迅速打破，新的治理体系的构建也需要一个逐步形成和完善的渐进过程。总之，推动和实现治理转型，涉及复杂的工具、制度和文化层面的变革和系统转换，是漫长的历程，这里需要排除一些不按照规律进行的"揠苗助长"式的突变治理转型。

二 治理转型过程中存在着不确定性和潜在的治理危机

"秩序是长期经济增长的必要条件，秩序意味着一个稳定的交换关系的结构。"② 从这个视角而言，治理转型本质上是一种秩序打破和秩序重建的过程，治理体系深层次结构的系统变革，是实现从传统治理体系与治理能力向现代治理体系与治理能力转变的过程。传统的治理体系是一种一元化的治理形态，一元化治理主体掌控绝对优势的资源，治理理念不是以人的发展为出发点，而是以治理者稳固统治地位，追求政绩卓越为理念；治理主体之间的关系以上下等级关系为主导，治理主体与被治理主体之间是一种管理与被管理、控制与被控制的关系；治理方式以命令和服从、指挥与执行为主导等。上述传统治理体系的基本特征即

---

① 景维民、黄秋菊：《转型经济学的学科定位与展望》，《东岳论丛》2010 年第 3 期。

② ［美］道格拉斯·诺思：《理解经济变迁过程》，中国人民大学出版社 2008 年版，第 93 页。

为治理转型的"初始起点"，治理转型过程是在上述治理体系下进行的，既得利益者与欲得利益者之间的力量悬殊注定了治理转型的利益博弈是一种不平等的较量。其中，具有优势地位的治理主体在转型制度选择和执行中，可以改变其不满意的制度选择或政策执行，甚或"抹杀"一些严重危害其利益的制度安排和政策执行，导致这些制度安排和政策执行根本不会进入双方较量的过程中。这种力量悬殊的较量导致的结果是：一方面，如果优势主体持续阻挠治理转型的进程，会导致治理转型被逆转，转型最终没有实现对传统治理体系的改变，反而会变本加厉地巩固传统治理体系；另一方面，作为弱势主体，面对强大的优势治理主体操控而导致的利益格局变革无法进行，会采取更加剧烈的其他方式与优势主体进行博弈，这种剧烈的方式会导致整个治理系统的不稳定，甚或崩溃，引发严重的治理危机。此外，在旧的利益格局被打破，新的秩序尚未建立起来的中间地带，仍然存在着一种无序或者混乱的持续状态，这种状态也是潜在的不稳定和引发治理危机的因素。因此，我们认定不存在一帆风顺的治理转型，以治理变革为中心的治理转型过程是复杂交织、充满冲突与矛盾的，治理转型过程中的制度安排需考虑治理转型的复杂局面及潜在的治理危机。

三　存在"评价什么就提高什么"的激励逻辑

在第二章的政府效能评价的理论基础论述中，提到了激励理论为政府效能评价可行性的理论基础，即只有激励能够对行为者发挥作用，政府效能评价才能有效开展。其实路径反转，同样成立，即能精确评价什么，是激励得以实施的前提。治理转型视域下政府效能评价的最终目的是为了推动治理变革，促进治理有效转型，最终实现国家治理体系与治理能力的现代化。政府效能评价是对行为者进行激励的前提，即"评价是激励水平赖以确定的基础"[①]。如果对行为者或者组织不能有效和精确的评价，那么就难以识别不同的组织或者组织中的个人在工作中付出的努力程度有多少，这时的评价就失去了其客观性，也就失去了其

---

① 马君：《新常态与企业激励模式变革：从绩效导向到价值自觉》，经济科学出版社2015年版，第140页。

"用来评判业绩和确定激励水平的自然合法性"①。

政府效能评价能够成为推动治理转型战略工具的一个前提即存在"评价什么就提高什么"的激励逻辑。这种激励逻辑实质上是承认一种"评价—反应（调整）—改善（提高）"的逻辑范式，即有效的、科学的评价体系会从根本上诱导出一种适应这种评价体系的行为或者行为调整，进而改善行为达到评价所指向的目标。当前这种有效的评价体系本身蕴含着各种各样的"外部刺激"，如物质奖励、声誉、地位等，在分析框架构建的前提条件中，假定这种"外部刺激"与"期望行为"之间是呈线性关系的，即忽略所谓的二者之间的"薛定谔黑箱"②。存在于"薛定谔黑箱"中的各种不确定因素有很多，一种情况是行为者保持"出世"的心态，如电视剧《人民的名义》中"孙连城式"的官员，可能现世的批评与激励对于他们而言是一种虚无。另一种情况是"灰色激励"，如贪污腐败所带来的激励对于有些行为者而言比评价带来的"外在刺激"更有诱惑等。我们设定的前提假定是排除上述这些"薛定谔黑箱"中的不确定因素，认定存在"评价什么就提高什么"的激励逻辑。

第三节　地方政府效能评价体系重构的基本思路

基于学理依据和基本前提假定，治理转型视域下的政府效能评价的基本思路是追求一种过渡性的、有效的制度安排和内容填充。一般而言，政府效能评价主要包括四个组成部分：为什么评价，即评价的基本定位与价值取向；评价什么，即评价的主要内容及其分解的指标体系；谁来评价，即评价的主体建构，哪些主体参与到政府效能评价的过程中；如何评价，即政府效能评价的方法。上述四个部分是政府效能评价的基本架构，转型视域下政府效能评价基本架构不会改变，不同的是要结合治理转型的特征来重新阐释这四个部分的内容，这个重新阐释的过

① 马君：《新常态与企业激励模式变革：从绩效导向到价值自觉》，经济科学出版社 2015 年版，第 140 页。

② 同上书，第 40 页。

程就是构建治理转型视域下政府效能评价分析框架的基本思路。

　　在重新阐释之前，再次明确治理转型对于政府效能评价而言意味着什么，一方面，治理转型意指当前的政府治理环境已经与传统治理时期不同，面临的战略目标是治理现代化，所以转型时期的治理理念与治理工具都需要体现出从传统治理到现代治理的进步转变；另一方面，治理转型意指转变的"现在进行时"，尚未达到现代性治理的"完成时"状态，即如前文所述，当前我国的政府治理生态并非已经达到"衍射型模式"，仍是一种掺杂着"异质性、重叠性和形式主义"的传统与现代的交融形态，这就说明很多西方发达国家政府效能评价视为理所当然的要素，在我国现阶段仍需要循序渐进地改良推进。因此，本书尝试寻找一种契合治理转型背景、能有效发挥作用的、实事求是的政府效能评价分析框架。

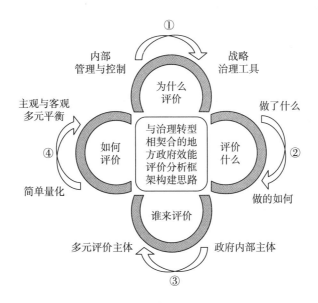

图 5-3　与治理转型相契合的政府效能评价分析框架构建思路

　　如图 5-3 所示，在每个组成部分中，箭头的开端表示一种"初始状态"，箭头的末端表示一种"理想状态"，箭头中间的①、②、③、④部分则代表着过渡转型的状态。

一 为什么评价：从内部管理与控制到战略治理工具的过渡

"为什么评价"意指政府效能评价的基本定位与价值取向，也在一定程度上揭示了政府效能评价的结果运用。价值取向是政府效能评价的灵魂，而目的"是一种未来的事态，是促使行动趋向那种未来事态的事实"[1]。"为什么评价"的"初始状态"是政府内部的"管理与控制"考核手段，作为政府内部管理与控制的手段，政府效能评价尽管也考虑外部需求，但是其主要侧重点仍是政府系统内部的需求，尤其是上级领导的政绩需求，目的是通过政府效能评价来控制，进而管理下级组织及组织成员的行为，保证下级政府组织及成员能够朝着上级制定的目标努力。"理想状态"是政府的"战略治理工具"，作为战略治理工具，是指政府效能评价能够完全依据政府治理目标、公众需求开展评价，相较于层级制的内部控制与管理，政府效能评价更是一种网状结构、多元参与、提升治理水平的战略治理工具。

治理转型视域下政府效能评价不再仅仅是一种政府内部管理和控制的手段，但是由于治理转型现实存在的"约束条件"，如我国民主制度尚在完善中，政府官员的任命、升迁还主要取决于上级政府和领导等，致使政府效能评价尚无法企及一种完全的"战略治理工具"的理想状态，因此，治理转型视域下的政府效能评价仍然需要注重内部控制与考核。但同时，由于政府转型时期涉及更多的与外部环境的交融（治理变革），政府需要更多地了解公众的需求及公众的反馈等外部信息，所以，政府效能评价除了关注内部管理需求，还需要关注外部服务需求，如政府效能评价的外部标准、政府效能评价的外部参与等。因此，政府效能评价需要逐步走向一种"开放系统"，增强与外部环境、外部主体的交互关系。在一定程度上，治理转型视域下，可以视政府效能评价为推动政府治理变革转型的一种战略工具。

二 评价什么：从"做了什么"到"做得如何"的过渡

"评价什么"是指政府效能评价的内容界定，也是评价指标体系构

---

① T. 帕森斯：《社会行动的结构》，张明德等译，译林出版社 2003 年版，第 49 页。

建的基本依据。前文已述，评价内容具有很强的指引作用，评价什么在很大程度上决定了最终治理提升的内容是什么。政府效能评价内容的"初始状态"是"做了什么"，意指从量的角度来衡量政府业绩，如GDP增加了多少，兴建了多少政绩工程等。在很大程度上，是一种不问缘由、忽略方式与手段、不顾社会影响，盯着考核指标、着眼于量的增加的内容取向；政府效能评价内容的"理想状态"是"做得如何"，意指从质的角度来评价政府业绩，即不仅看做了什么，还要看做的缘由是否合理，做的过程是否合法，做的结果是否合意的内容取向。

治理转型背景下的"约束条件"是政府职能存在的"越位""错位"等职能界限不清而导致很多时候政府"在错误的道路上行走"，这时候做得越好，是在错误的道路上越走越远。经济合作与发展组织（OECD）认为，中国今日面对的许多挑战背后的基本问题是政府角色的重新定义，此问题可以进一步延伸为公共支出的可持续性和改革行为的效率问题，是组织结构、行政事业单位和公共服务改革的基础①。党和中央政府已经意识到传统治理模式下只关注增长和增加的结果导向造成了一系列的社会问题，尝试逐步将评价重心移出"做了什么"的旋涡。因此，治理转型时期，政府效能评价在跳转到"做得如何"阶段前需要经历"应该做什么"这个过程。关注政府"应该做什么"，实质上包含对政府职能转变的评价，即评估政府是否在做"应该做的事情"，也包含对政府权力边界的评价，即是否是真正意义上的有限政府，还包含对政府治理方式的评价，即是否从经济增长型政府向公共服务型政府转变等。此外，这种"应该做什么"也包含着在治理转型视域下，对政府应该具有的能力和应该遵守规则的评价，包括政府变革创新的精神、政府依法行政的程度以及自身建设的情况等。

三　谁来评价：从政府单一主体到多元评价主体的过渡

"谁来评价"意指政府效能评价的主体构建，是推动政府效能评价体系运转的轴心。评价主体在一定程度上影响到政府效能评价其他组成

---

① OECD：《中国治理》，清华大学出版社2007年版，第26页。

部分的安排和联结①。政府效能评价主体的"初始状态"是政府内部评价主体，且集中于上级政府与领导的评价，这一初始状态也呼应了前文"为什么评价"初始状态是将政府效能评价作为一种政府内部的管理与控制手段。政府效能评价主体的"理想状态"是多元评价主体，强调的是一种"多元共评"的局面。

治理转型时期，政府一元主导的效能评价已经不符合时代要求。经济的发展、社会公众参与意愿的增强、国际社会的影响等因素导致政府内部评价主体已经不能满足政府效能评价的需求。治理变革过程中的政府效能评价很多时候涉及治理变革的效果，是政府行为与社会公众的一个连接桥梁，公众的满意度是政府治理变革效能的重要表现形式。因此，引入政府外部的公众评价成为一种必要。然而，治理转型时期，社会团体发育不良导致的组织参与能力有限、公民参与能力有限和参与意愿不足以及政府信息公开等配套制度的滞后性等"约束条件"又导致"多元共评"这种理想状态并不能一步到位。如果为求完美而强行一步到位，不但起不到应有的效用，还会适得其反，使政府效能评价陷入混乱和无序状态。此外，盲目乐观、超前的引入所谓的"公众评议""万人评议"等形式意义大于实质意义，评价效果与声势浩大的组织过程并不匹配。治理转型期政府效能评价主体仍然需要坚持政府主导。政府主导是一种组织管理的主导，在政府主导下探寻引入公众、社会团体。与其在华而不实的、形式上的万民评议上耗费精力、时间和财力，不如从指标设计（例如，在政府效能评价指标体系设计过程中采集和参考民意）、结果运用（将评价结果公开引入公众监督）等方面恰适地引入政府外部主体。

四 如何评价：从简单量化到主客观多元均衡的过渡

"如何评价"是对政府效能评价方法的界定。评价方法其实是评价目的和评价内容的"附庸"，是随着评价目的和评价内容的侧重而变化的。如果评价侧重的是效率，那么评价方法就会集中于对政府活动的投

---

① 盛明科：《服务型政府绩效评估体系构建与制度安排研究》，湘潭大学出版社 2009 年版，第 60 页。

入—产出分析，侧重于选取量化的评价方法；如果评价内容包含公众满意度，那么评价方法就不仅仅是量化的投入—产出分析，可能需要涉及对公众进行主观感知的满意度调查。"如何评价"的"初始状态"是简单的量化，这种简单的量化表现在地方政府在进行政府效能评价时，不经过科学分析就简单地将一些工作事项与数字联系，将量化简单地等同于为工作事项随意配置数值，等同于考核中的数字加、减①。"如何评价"的"理想状态"是主观和客观评价的有机结合、多元平衡，即充分利用各种主客观方法，其中客观方法要经过科学分析，增强其科学性，主观方法要经过透彻的测量增强其有效性，根据不同的评价领域和评价内容选择恰当的评价方法组合。

治理转型时期，政府效能的评价内容不再仅仅是增长式绩效，简单量化的评价方法已经不能涵盖全部的评价内容，需要进一步拓展。然而，由于治理转型时期面临的是增长与发展的双重任务，这一时期的经济增长与发展仍然是整体社会发展的基础，这一"约束条件"要求在一定程度上仍需注重增长率、投入—产出效率等评价，在此基础上还需要对政府在治理转型中最亟须的过程性内容进行评价，如治理变革创新、适应性、依法行政等，这类评价所需要的评价方法更多的是主观定性的评价方法，而非量化的方法。因此，评价工具的选择以及对政府效能的具体测量中，应该把主观评价方法与客观评价方法有效组合起来。

第四节　与治理转型相契合的地方 政府效能评价体系

政府效能评价作为一种改善政府公共治理、推动政府效能提升的管理工具，对我国现阶段的治理转型具有重要的推动作用。然而，要充分发挥政府效能评价推动政府治理转型的功能，必须对政府效能评价进行一定程度的调整以适应治理转型的内在要求。根据上文对治理转型视域下地方政府效能评价体系构建的基本前提假定与基本思路分析，本书认

---

① 孟华：《政府绩效评估——美国的经验和中国的实践》，上海人民出版社2006年版，第153页。

为治理转型视域下地方政府效能评价体系如下：

一 基本定位：推动治理转型的战略工具

治理转型视域下的政府效能评价不仅仅是一种管理方法，更是一种与政府的战略规划、管理过程、公众参与、公共问责等相结合的推动治理变革，促进治理转型，进而实现政府治理体系与治理能力现代化的战略工具，具体结构如图 5-4 所示。

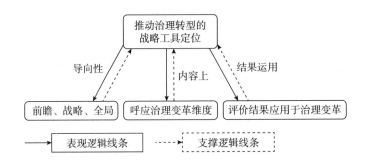

图5-4　政府效能评价推动治理转型战略工具定位的结构

首先，治理转型战略工具的定位体现在政府效能评价并非仅仅是一种内部控制与管理的手段，而是一种与政府整体规划相结合，具有前瞻性、战略性、全局性导向的治理工具。政府效能评价具有导向性，将政府效能评价置于不同的战略层级，其所导向的评价内容、组织形式及结果运用会有不同：若只是将政府效能评价视为一种政府内部监控与管理手段，那么评价内容侧重政府内部，组织形式囿于政府主导，评价结果也仅用于内部考核。这与转型时期复杂的、动态的、开放的政府职能状态是不适应的。相反，若能够立足于治理转型的战略背景，前瞻治理转型的战略目标，兼顾治理转型背景下的阶段特征，探寻全局性的、战略性的引导思路则有事半功倍的作用。

其次，政府效能评价的内容与政府治理变革相适应、相结合，承载政府治理变革的具体维度，指明治理变革的未来走向。政府效能评价过程中流行的"你要什么，就评什么，评什么就得到什么"也形象地说明了政府效能评价的这种导向特质。治理转型时期，无论是中央政府战略部署还是公众最关心的问题都与整体治理变革紧密联系，很多时候仅有结果尚不足以满足当下社会和公众需求。典型的例子是当下 GDP 排名似乎已经不能唤起公众的追捧和认同，人们更关注的是民生领域、参与情况、政府透明度、依法行政等过程性的内容。政府是否从增长型治理方式向发展型、服务型治理方式转变，政府的改革方向是否沿着既定轨道前进等，包含上述领域内容的效能评价可以有效推动政府在上述公众关注领域的职能转变和治理变革。

最后，政府效能评价并非以评价为终点，评价结果融入政府治理过程中是其最终归宿。与治理转型契合的政府效能评价除了站在治理转型的战略高度，评价内容、指标与治理变革相结合，还需要将评价结果融入治理变革中，从而切实将提高政府效能作为评价归宿。实质上，评价结果的应用是政府效能评价所有过程的"点睛之笔"，评价结果是经过分析切实运用到治理变革中，还是"打折应用"抑或束之高阁直接决定了政府效能评价的功效。

二　价值取向：冲突与均衡

政府效能评价与政府治理过程相对应，也存在多元价值取向，这些价值取向之间存在一定程度的冲突与矛盾。如经济增长与公平公正，民主与秩序等。治理转型背景下社会发展的异质性、矛盾的剧烈性以及政府改革进行时，使政府效能评价的价值取向冲突更加剧烈、更加明显。这些价值取向冲突主要来源于政府组织自身或政策目标冲突和利益相关者效能诉求冲突两个方面。

组织目标或政策目标常常是政府效能评价指标和标准设定的依据，所以，政府效能评价过程中的价值冲突很大程度上是由组织目标或政策目标冲突引起的。很多情况下，不同政府部门或不同政府部门颁布的公共政策目标之间存在冲突，或者是一个公共政策包含相互冲突的目标经常导致政府效能评价的指标之间存在相互竞争与冲突①。此外，较低层级的地方政府常常为来自不同层级上级政府提出的相互冲突的任务而焦

---

① Rainey, H. G., "Toward a Theory of Goal Ambiguity in Public Organizations", *Research in Public Administration*, Vol. 2, No. 1, 1993.

虑，不知道如何权衡和安排优先次序①，这种不同任务目标之间的冲突也给政府效能评价的价值取向带来了两难困境。

从利益相关者视角而言，政府效能评价主体的"认知差异"和"利益诉求"不同是造成政府效能评价价值冲突的主要原因。不同的利益主体所具有的认知和利益诉求不同导致其关注政府效能的立场不同，进而评价标准也不尽相同。例如，地方政府为了经济增长和增加财政收入而积极招商引资，引入一些能促进当地经济发展的企业，而当地居民可能关注的是这些企业是否给居住环境带来负面影响，如环境污染、噪音污染等。利益相关者的不同利益诉求会带来不同的评价标准，造成对相同事物的评价价值取向之间存在冲突和矛盾。此外，在不同时期不同的社会背景条件下，人们抵制、剔除某种价值和支持、倡导某种占优价值的差异也非常大，而由于"知识存量"和"认知格局"的不同，人们的新旧价值取向转换进度并非完全一致，导致新旧价值取向之间也存在冲突。

本质上而言，治理转型视域下政府效能评价价值取向的竞争与冲突是由矛盾性需求造成的。矛盾性需求的存在使组织难以将各种支持力量整合在联盟之内。对某个群体的照顾，通常是以冒犯其他群体为代价的②。由于治理转型时期本就是矛盾高发期，政府效能评价必须兼顾到各个利益相关者的诉求，所以这一时期的政府效能评价价值取向的追求应该是一种均衡的多元价值取向，评价需要兼顾经济增长效率与社会公平、短期利益与长远效益、改革与稳定等。

三　评价内容：与治理转型相契合的内容逻辑框架

评价内容是政府效能评价的核心内容：一方面，评价内容的选取直接体现着政府效能评价的基本定位与价值取向；另一方面评价内容直接决定着评价指标体系的基本架构，又或者可以看作是评价指标体系的维度或"一级指标"。评价内容是否全面、符合逻辑直接决定了评价指标

---

① 孙斐、赵晓军：《价值协同：一个新的地方政府绩效评价价值冲突成因》，《公共行政评论》2016 年第 2 期。

② 杰弗里·菲佛、杰勒尔德·R. 萨兰基克：《组织的外部控制：对组织资源依赖的分析》，闫蕊译，东方出版社 2006 年版，第 30 页。

体系的科学性、合理性与有效性，进而直接影响评价的质量。从逻辑上看，治理转型视域下政府效能评价体系的与众不同，主要是通过评价内容来凸显。因此，本书将着墨较多地论述地方政府效能的评价内容，且在后文将进一步分析以评价内容为依据的地方政府效能评价指标体系的构建。

（一）现有的政府效能评价内容逻辑框架及其局限性

政府效能评价内容划分可依据的逻辑框架有很多。目前学术界提出的逻辑框架可以概括为三类：第一类是按照评价指向的社会经济生活层面划分，包含政府管理、经济发展水平、社会公正程度、生态环境状况等层面；第二类是依据政府效能的内涵划分，包含"3E"（经济性、效率性、效果性）或"4E"（经济性、效率性、效果性、公平性）；第三类是平衡计分卡框架，主要由财务角度、顾客角度、内部经营流程、学习和成长四个方面组成。第一类按照评价指向的社会经济生活层面划分是泛化的内容维度，浮于表象，且由于转型涉及社会的方方面面，如果按照具体的评价指向领域（政治、经济、社会、生态等）来划分，结果是纷繁复杂且很难涵盖所有领域，总有一种"还少一个"的缺憾感。而第二类依据的"3E"或"4E"的内容框架实质上是包含不同价值取向、侧重于对政府治理结果的考察与审计，这对于具有独特的复杂性、合法性与合理性等多重要求的政府行为而言则过于笼统。第三种平衡计分卡分析框架尽管在内容上兼顾了过程、结果及未来的发展潜力，但是其框架内容并不一定普遍适用于所有组织，尤其是在公共部门中的应用更应该基于公共部门的特征进行修正和整合。

（二）与治理转型相契合的政府效能评价内容逻辑框架

在对上述三种评价内容逻辑框架评析基础上，本书认为治理转型视域下政府效能评价内容应该是一种建立在上述三种内容框架基础上，又能结合中国治理转型特征的逻辑框架。因此，应整合上述内容逻辑框架，设计契合当前治理转型需求，且具有可操作性的内容逻辑框架。治理转型时期的核心主旨是治理变革，这一时期的政府效能评价应该与治理变革相适应。这种与治理变革相适应的评价内容框架设计要助推政府治理体系的构建与完善、政府治理能力的提升以及公共服务质与量的提升。从这个层面而言，治理转型视域下地方政府效能评价内容的逻辑框架结构应该包含以下几个层面：

1. 地方政府效能评价内容框架的逻辑起点：以评促改

改革是新时代中国政府治理的主旋律。习近平总书记指出："党的十一届三中全会是划时代的，开启了改革开放和社会主义现代化建设历史新时期。党的十八届三中全会也是划时代的，开启了全面深化改革、系统整体设计推进改革的新时代，开创了我国改革开放的全新局面。"①新时代全面深化改革有战略目标、有推动主体和具体实施步骤，是政府组织和社会力量为改革目标而共同努力的过程，可视为政府的重要管理活动之一。作为一项管理活动，改革本身也需要进行有效管理，才能保证其进程遵循着既定的路径走向预期的目标。尤其是随着改革进入攻坚期和深水区，改革面临着巨大的阻力，政府治理效能高低在某种程度上是由改革效能高低所决定的。管理学家 H. 詹姆斯·哈林顿（Harrington, H. James）认为，在管理活动中"评价是关键，如果你不能评价它，那么你就不能控制它，如果你不能控制它，那么你就不能管理它，如果不能管理它，那就不能改进它"②。地方政府效能评价作为一项治理工具，在新时代全面深化改革的背景下，必然要成为提升改革效能，进而提升政府效能的治理工具，换言之，通过地方政府效能评价协助全面深化改革战略目标的实现应该是这一治理工具在新时代所应承担的价值和工具理性。因此，通过地方政府效能评价促进地方政府职能转变、推进地方政府治理变革，最终实现地方政府治理现代化，即"以评促改"理应是新时代地方政府效能评价内容框架设计的逻辑起点。

"以评促改"的逻辑起点，包含着对新时代全面深化改革战略目标的有效回应。党的十八届三中全会确定全面深化改革的总目标是"完善和发展中国特色社会主义制度，推进国家治理体系和治理能力的现代化"。这一总目标是在对新的历史发展时期面临的复杂治理任务反思与回应的基础上形成的总体部署。党的第十九届中央委员会第四次全体会

① 中共中央宣传部：《习近平新时代中国特色社会主义思想学习纲要》，学习出版社、人民出版社 2019 年版，第 82 页。

② Harrington, H. James, *Business Process Improvement: The Breakthrough Strategy for Total Quality, Productivity, and Competitiveness*, New York: McGraw Hill Professional, 1991, p. 82.

议通过了《中共中央关于坚持和完善中国特色社会主义制度，推进国家治理体系和治理能力现代化若干重大问题的决定》，对全面深化改革的战略目标的若干重大问题作出规划部署。但改革不是一蹴而就的，是需要一步一个脚印，在既定轨道上向战略目标逐步推进的。地方政府效能评价内容框架设计本着以评价促进改革推进的逻辑起点，有效地回应了新时代全面深化改革战略目标及其对地方政府有效执行改革任务的治理需求。

"以评促改"的逻辑起点，也包含着对新时代政府职能的系统、全面转变的内在诉求。就其本质而言，地方政府效能评价是对地方政府履职有效性的评价，其目的是为了促进地方政府更好地履职，即"评价什么是为了提高什么"。而政府职能的科学界定是地方政府效能评价的关键前提，如若评价内容本身便是不合理的，那么欲通过评价促进和提高的内容则与评价的初衷南辕北辙，甚至造成"在错误的道路上越走越远"的后果。例如，有的地方政府将"推广种植某种经济作物"作为农业产业化或科技兴农领域评价的指标，本身就是政府职能"越位"的做法，还有的地方政府将"分流劝返"作为信访职能部门的评价内容之一，与服务型政府解决公民诉求的宗旨严重相悖。不可否认，改革开放至今，地方政府在经济社会发展中发挥了巨大的、不可替代的作用，但也不能忽视地方政府职能定位仍存在的"缺位"、"越位"和"错位"等问题以及由这些问题所积累的深层次矛盾。进入新时代，在社会主要矛盾发生转变的背景下，合理界定政府与市场、政府与社会的边界，实现地方政府职能转变成为当务之急，有效能的地方政府必然是有限政府和定位恰当的政府。地方政府效能评价内容框架设计本着以评价促进改革推进的逻辑起点，助推致力于政府职能转变的改革进程，促进新时代地方政府职能的系统、全面转变。

2. 评价内容框架逻辑主线：地方政府治理体系与治理能力现代化

地方政府效能评价"以评促改"的逻辑起点浮现后，需要进一步思考的是"以评促改"中的"改"究竟剑指何方？从党的十八届三中全会到党的十九届四中全会都给出了明确的答案，即"必须在坚持和完善中国特色社会主义制度、推进国家治理体系和治理能力现代化上下更大功夫"①。而在整个国家治理架构中，政府治理处于第一线，国家治理的很多目标需要通过政府治理来实现，如果政府自身问题不解决，能力不高，直接影响整个国家的治理水平。② 作为国家治理的重要组成部分，地方政府治理体系与治理能力现代化是全面深化改革战略目标的重要组成部分和重要载体。可以认为，新时代地方政府效能提升很大程度取决于地方政府治理体系和治理能力的现代化。因此，地方政府效能评价内容框架设计需围绕地方政府治理体系与治理能力现代化的逻辑主线开展。

地方政府治理体系与治理能力现代化的逻辑主线，呼应了"以评促改"的逻辑起点。"治理实践不是一个说干就干和不管是谁随便怎么干的问题，而是应有适应时代要求的治理体系和治理能力作保证的。"③ 无数事实证明，没有相应的治理体系与治理能力，很难达到预期治理效果。因此，地方政府治理现代化的首要问题是改善政府治理，即治理政府本身。若政府各项制度不完善、层级政府和同级政府之间协调脱节甚至相互冲突，则很难称其为有效治理。地方政府有效治理需要从两个方面着手：一是完善治理体系，即完善政府治理的各项制度、机制，理顺各项制度机制之间的关系。地方政府治理千头万绪，理顺经济、政治、文化、社会和生态文明、党的建设等制度、机制关系为其有效治理搭好"架构"，使地方治理以制度化、法治化的方式有效、规范开展。二是提升地方政府治理能力，即提升地方政府应对经济社会问题有效开展治理的能力，也可视为是制度的执行能力。制度效能的实现程度在很大程度上依赖制度执行能力。新时代进入全面深化改革阶段，错综复杂的改革推进、多元棘手的社会经济发展问题，都亟须地方政府用不断提升和健全均衡的治理能力予以回应。因此，地方政府效能评价内容框架应该紧紧围绕地方政府治理体系与治理能力现代化两条逻辑主线设计。

---

① 《中共中央关于坚持和完善中国特色社会主义制度推进国家治理体系和治理能力现代化若干重大问题的决定》，http：//www.gov.cn/xinwen/2019-11/05/content_5449035.htm。

② 厉以宁、周其仁、郑永年等：《读懂中国改革：寻找改革突破口》，中信出版社2017年版，第335页。

③ 夏书章：《论实干兴邦》，中山大学出版社2016年版，第57页。

3. 评价内容框架具体维度：动态过渡与静态完成相结合

以地方政府效能评价内容框架的逻辑主线为依据，并结合学界已有研究的发展趋势，本书认为新时代我国地方政府效能评价内容框架具体维度的选取理应从以下两方面考量：一是关注地方政府治理的结果性要素，即关注地方政府治理体系与治理能力反馈到治理实践中的治理效果。从前文论述中可知，尽管不能将政府效能等同于政府治理结果，但却不能否认政府治理结果是政府效能最重要的表现形式，地方政府治理体系和治理能力现代化的最终归宿是地方政府治理效果的提升。二是关注地方政府治理的过程性要素，或称为变革性要素。在各方面体制机制处于不断改革和完善进程中，结果最大化需以过程规范性为前提，在改革成为重要治理任务的背景下，改革结果呈现需要以改革过程推进为基础，整体而言，不能将政府效能实现的过程视为一个"黑匣子"，而跳过过程直接去衡量结果。基于上述两方面的考量，本书认为，新时代我国地方政府效能评价内容需要包含静态完成的结果呈现和动态过渡的过程呈现两个组成部分。具体而言，新时代地方政府效能评价内容框架包括政府内部管理、制度建设、改革创新、公共政策、经济发展、社会治理与公共服务供给六个方面（如图5-5所示）。其中，政府内部管理、经济发展、社会治理与公共服务供给属于静态完成维度，制度建设、改革创新、公共政策属于动态过渡维度。同时，在各个内容维度内兼顾治理体系与治理能力，指标既有能力导向，也有制度、体制和机制导向。

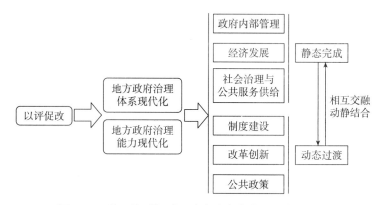

图5-5　治理转型视域下地方政府效能评价内容框架

四　评价主体：利益相关者与优势主体

由于涉及利益与公共资源的分配，政府效能评价主体，归根结底，并非仅仅是简单组建评价组织与人员的过程，而是复杂的政治权力和利益分配过程。也正因此，政府效能评价主体构建是与治理模式相适应的。另外，由于科学的评价需要智力、文化素质、业务技能等与之相匹配的评价主体来保障，在选取评价主体时，还需要考虑评价主体自身的能力。

治理转型视域下的政府效能评价主体有两个主要特征：一个是多元化的倾向；另一个是治理主体力量悬殊的现实。可以用"理想的丰满"与"现实的骨感"来形容这两个特征。评价主体多元化倾向的特征比较容易理解：受传统治理模式及传统治理文化的影响，一直以来我国的政府效能评价都属于政府分内的工作，政府没有想交出这样的权力给其他主体，其他主体也默认这一制度安排。但随着整体社会的发展与转型，尤其是政府追求治理转型，欲求实现治理体系与治理能力现代化的背景下，有限政府、有效政府、服务型政府等一系列价值取向都要求政府转变治理理念，推动其他治理主体的参与监督。而随着现代公共精神和公共责任感的增强，其他治理主体也逐渐有了参与治理的意愿。基于上述两个层面的原因，我国地方政府效能评价的实践中也逐渐增加了外部评价主体，逐渐趋于多元。尤其近年来，全国几乎每个省份都不同程度地开展了群众评议政府绩效的活动①。对于治理主体力量悬殊这一特征，更能直观地理解：长久以来自上而下的政府管制的惯性，导致政府一直并在可预见的未来都将是一家独大的治理主体，其他治理主体的成长所需要的时间与空间并不充足，评价主体作为一种权威的权力主体，需要相应的治理能力和影响能力做保障，就目前而言，除了政府，其他治理主体都还远未达到这样的条件。

基于上述特征，治理转型视域下的政府效能评价主体应该坚持两个选取原则：利益相关者原则和优势主体原则。利益相关者原则体现了当

---

① 邓国超、肖明超：《群众评议政府绩效：理论、方法与实践》，北京大学出版社2006年版，第5—6页。

前治理转型下多元化评价主体的"前身"，或者说是初级发展阶段，即无法做到每一项评价都涉及多元的主体，但是至少保证利益相关者能够参与到评价中来，这一原则是切合治理转型现实，也是保证有效评价参与的一种原则与机制。优势主体原则更多的是保证政府效能评价在治理转型的现实背景下最大限度发挥其效力的一种原则。在政府治理主导，而非政府、社会和市场治理力量均衡的背景下，或者是在政府治理主导、其他治理主体参与政府效能评价相应的配套体制机制条件不成熟的情况下，如果盲目地将政府效能评价抛给无法承受的治理主体，政府效能评价的实践是难以持续或者徒有虚名的。治理转型过程本身需要坚持的是：谁更能承担起这一重要的评价任务并且让评价最大限度地发挥作用？当然是作为"优势主体"的政府本身。在治理转型中，依据上述的利益相关者原则或者其他公众参与原则，政府治理主体可以通过设计合适的参与方式让利益相关者或者公众参与到政府效能评价中。

五　评价方法：主观评价与客观评价有效组合

如前文所述，评价方法依附于评价内容与评价主体，评价内容与评价主体决定评价方法的选定。尽管如此，评价方法是整个政府效能科学评价的"最后一公里"，决定着地方政府效能评价能否科学、有效的完成。

基于上文对治理转型视域下地方政府效能评价内容与评价主体的构建，治理转型视域下地方政府效能评价方法需要尝试融入更加复杂的量化方法，如模糊综合评价等，但是评价内容中存在的诸多并非可以用客观数据表示的内容，如治理变革创新、适应性、依法行政等，则需要考虑有效的主观评价方法。结合治理转型视域下政府本身仍是政府效能评价的主导评价主体的现实，本书认为，当前评价方法是以指标考核为主，公众满意度评价为辅的有机组合。

指标考核所对应的评价内容主要是政府法定职能以及政府治理变革的重大任务。这部分指标考核既有客观数据指标得分，也有基于职能与任务分解、依据轻重缓急而进行的指标赋值加总得分。由于政府组织的特殊性，很难像私人组织基于成本、利润、产品清晰的客观数据进行评价，指标必然是主观与客观的有效结合。公众评议主要针对的评价内容是政府公共服务等与公众有接洽的领域，例如政务大厅办事效率、服务态度等，这部分评价内容只有通过公众主观感受才可以判定其效能。服务型政府要求政府的本质是解民忧，为民谋福利，公众评议正是这一宗旨的具体体现。

第五节　与治理转型相契合的地方政府效能评价指标体系构建

有学者指出："政府效能评价的三大核心问题是评价主体、评价指标体系和评价意义，在评价主体与意义已经形成共识的情况下，评价指标体系的构建便成为一个评价体系的关键所在。"① 的确，评价指标体系在政府效能评价体系中居于核心位置，其设计的科学性、合理性直接影响到整个评价体系的有效性和价值，也直接影响着实践中地方政府提高政府效能的规范和激励导向，从而决定着未来政府工作人员的行为选择和政府效能走向。同时，评价指标体系构建也是政府效能评价体系中的难点与基础，我国现有研究和实践中有不少指标体系是主观随意性的产物，"缺乏权威的、科学的指标框架和模式"②。一套有效的政府效能评价指标体系有很多要求，本书认为最重要的两个要求包括：一是有合理的理论框架支撑。指标本质上是一种对评价对象及其所开展的纷繁复杂的活动的指向与表示，指标本身是零碎的和烦琐的，指标体系的构建需要有一个完整且合理的内容框架为依托，在该框架下分解与开发具体指标。二是根据理论框架所开发的具体指标需要经过科学的筛选与优化。理论终究需要应用于实践，尽管理论推演出来的指标体系具有完美的逻辑线索与理论依据，但也需要通过实证调研来测量其现实的适应性与可行性。只有将上述二者相结合，才能构建出一套有效合理的政府效能评价指标体系。

---

① 郑方辉、冯健鹏：《法治政府绩效评价》，新华出版社 2014 年版，第 154 页。
② 雷战波、姜晓芳：《我国电子政务绩效评估发展综述》，《情报杂志》2006 年第 12 期。

一　地方政府效能评价指标概念及其分类

在构建指标体系之前，有必要梳理和了解指标的相关概念与类型。

（一）指标概念

概括而言，指标是一种指向性的表示，用于对经济、社会发展的评估[①]。雷蒙德·鲍尔（Lymond Bauer）认为，"指标是一种量的数据，它是一套统计数据系统，用它来描述社会状况的指数，制定社会规划和进行社会分析，对现状和未来做出估价"[②]。联合国教科文组织认为，"指标是通过定量分析评价社会生活进行状况的变化"[③]。上述定义其实并没有反映出不同组织运用不同评价模式对不同评价对象进行评价的所有情况，特别是对政府部门效能进行评价时，很多方面并不能简单地量化，也不应该简单地量化。因此，有学者认为，指标不仅仅是上述狭隘的界定，而应该从广义上理解，指标"既可能是用量化的手段表现出一种可数值化的事务形态，也可以是通过定性方法确定并反映事务的一种价值"[④]。从这个意义上而言，政府效能评价指标体系是了解与掌控政府活动本质、科学测评政府效能实际水平的重要工具，其构建的基本原理是将政府效能结构系统中涉及的所有领域的复杂关系简单化，用简单的评价指标获取尽可能多的评价信息。

（二）效能评价指标分类

对政府效能评价指标的类型划分是一种相对的划分，很多时候不同类型之间并没有十分严苛和清晰的划分界限，而是存在交叉与联系。

1. 按性质划分指标

按性质，指标可以分为定性指标和定量指标两种，定性指标与定量指标之间存在不可公度性和矛盾性的特点[⑤]。如果一个指标体系中既包含定量指标又包含定性指标，那么各个指标值无法直接进行综合计算，

[①]　赵晖：《政府绩效管理与绩效评估》，南京师范大学出版社 2011 年版，第 136—137 页。

[②]　朱庆芳、吴寒光：《社会指标》，中国社会科学出版社 2001 年版，第 3 页。

[③]　邓国胜：《非营利性组织评估》，社会科学文献出版社 2001 年版，第 13 页。

[④]　郑方辉、冯健鹏：《法治政府绩效评价》，新华出版社 2014 年版，第 154 页。

[⑤]　陈磊等：《效能评估：理论、方法及应用》，北京邮电大学出版社 2016 年版，第 18—19 页。

定性指标值需要首先进行量化，量化后进行规范化处理。定量指标值则可以通过统计、实地测量等方法直接得到。

定性指标一般是指那些凭人们的经验或感觉进行定性描述的指标。在一个评价指标体系中，很难保证每一个指标都可以直接进行定量描述，尤其是在政府效能评价指标体系中，很多评价的维度需要借助经验或感觉，通过"好""中""坏"等定性语言来进行判定，例如，对公共部门人员服务态度的评价，对政府回应性的评价，等等。然而，尽管设定的是定性的指标，搜集的数据也是定性的语言描述，但为了最终的评价结果统计，仍需要通过定量工具将定性指标值进行量化。这些量化工具包括直接打分法、量化标尺量化法等。

定量指标是可以准确数量定义和精确衡量的指标。几乎任何一个评价体系中都会存在定量指标，定量指标内部又可以分为绝对量指标和相对量指标。绝对量指标如可支配收入总量，相对量指标如可支配收入增长率。尽管定量指标可以直接定量描述，但是由于政府效能评价中存在各种不同物理属性、不同量纲的数值，在进行综合计算前，也需要对各种定量指标进行统一量纲处理。

2. 按层级架构划分指标

层级架构的指标划分方式，习惯于将评价目标作为一级指标，顾名思义，一级指标重点呈现出来的是评价的战略思想与战略理念。二级指标主要是从战略目标降解到策略目标，重点呈现出来的是评价的维度，即从几个层面来反映一级指标。三级指标是指具体的指标，具有较为复杂的结构。在按层级架构划分指标时，有的学者将评价目标独立于一级指标。而三级（具体）指标又可根据指标的特征分为要素指标、证据指标、量化指标三种类型。

要素指标主要是为评价主体在把握评价程度上提供一种参考对照，这种参考对照包括内容参照，也包括范围参照。一般而言，要素指标以定性指标为主，与量化指标相比，要素指标在评价的客观性和刚性方面有所欠缺，同样的评价对象、评价材料与参照同样的要素指标，不同的评价者可能会有不同的评价结果。尽管要素指标有上述缺陷，但是一个完整的评价指标体系，应该是定性指标和定量指标的有机结合，尤其是对公共部门效能的评价，很多公共服务、公共产品难以简单地通过量化指标来评价，这时定性指标就可以发挥其作用。

证据指标一般情况下以自我评价为主，由评价对象按照评价指标的设计要求自行提供相应的达到证据指标要求的材料。例如，政府形象评价中，如果社会赞誉作为一项基本指标的话，那么被评价的政府部门提供的媒体正面报道等证据素材即为证据指标。证据指标是反映具有导向性、发展性特征，同时又具有不确定性特征的工作业绩内容的指标。

量化指标是任何指标体系中最重要的组成部分，如果一个指标体系没有量化指标，那么这个指标体系注定不是一个真正有效的指标体系。量化指标体系分为算术式量化和数学式量化。算术式量化是从数量统计角度反映工作业绩，如人事部门在一定时间内组织了多少次培训，销售部门每年销售多少产品等。政府部门的大部分工作都是处于工作链条的中间状态，很少具有企业所固有的终端产品的意义，但政府的工作业绩仍然强调以结果为导向。数学式量化是从数学运算的角度反映工作业绩，例如复合加权型、上下限值型和比率数据型。其中，比率数据型应用最广泛，它反映的是特定部门职责的应然状况和实然状态之间的数量关系，具有特定的客观性。

二　政府效能评价指标体系研究的历史考察

政府效能评价指标体系是政府效能评价过程的关键环节，也因此受到政府评价领域理论研究和实践工作的密切关注。尽管本书意在构建适用于治理转型视域下中国地方政府效能评价的指标体系，但国内外理论与实践中从不同视角构建出的各具特色的评价指标体系为本书的指标构建提供了有益借鉴。因此，有必要回顾一下国内外理论与实践中典型的政府评价指标体系。

（一）西方国家政府绩效评价指标体系的理论研究与实践探索

政府绩效评价在西方国家产生，并逐渐发展成熟，它们对于绩效评价指标体系的研究与实践经验早于中国。

1. 西方国家政府绩效评价指标体系构建的主要理论探索

西方国家对于政府绩效评价指标体系的探索主要源于三个方面：一

是从组织绩效内涵出发，探寻指标体系的机理，从而构建指标体系。如美国学者保罗·J. 朗格（Paul J. Longo）运用逻辑模型探讨了绩效的内涵，揭示了组织从获得资源到产出绩效的流程，从因果关系链角度设计绩效指标体系①。雪城大学马克斯韦尔公民与公共事务学院建立了包括财政管理、人力资源管理、资本管理、信息技术管理以及面向结果的绩效评估指标 GPP 模型②。二是从公民/顾客满意度等外部视角，探寻评价指标体系的构建。如范里津（Van Ryzin, G. G.）、穆齐奥（Muzzio, D.）、伊默瓦尔（Immerwahr, S.）等将顾客满意度指数应用于纽约市政府，对公民对纽约市政府的满意度高低的原因及结果进行了测评③。三是依据平衡计分卡战略工具，从财务、顾客、内部过程、学习和成长四大维度出发设计指标体系。

2. 西方国家政府绩效评价指标体系构建的主要实践经验

20 世纪 50 年代美国政府的绩效评估处于效率评价阶段，评价指标关注投入、产出与效率。20 世纪 60 年代，美国会计总署率先建立了以经济、效率和效益为主的 3E 评价法④。到 60 年代末 70 年代初，随着新公共行政提倡的公平价值观念，在实践中将指标设计的 3E 加入了公平（Equality）维度，发展为 4E 评价法。近些年来，随着新公共管理理论的发展，美国许多政府部门、研究机构和民间组织都提出了用于实践的一级政府绩效评价指标体系。1993 年美国国家绩效审查委员会（National Performance Review）建立了评价政府部门和政府工作人员绩效的评价指标体系，主要包含六类指标：投入指标、能量指标、产出指标、结果指标、效率和成本效益指标、生产力指标⑤。美国政府会计标

---

① Longo, P. J., *The Performance Blueprint: An Integrated Logic Model Developed to Enhance Performance Measurement Literacy: The Case of Performance - Based Contract Management*, Ohio University, 2002.

② Donahue, A. K., Selden, S. C. and Ingraham, P. W., "Measuring Government Management capacity: A Comparative Analysis of City Human Resources Management Systems", *Journal of Public Administration Research and Theory*, Vol. 10, No. 2, April 2000.

③ Van Ryzin, G. G., Muzzio, D., Immerwahr, S., "Explaining the Race Gap in Satisfaction with Urban Services", *Urban Affairs Review*, Vol. 39, No. 5, May 2004.

④ 倪星：《中国地方政府绩效评估创新研究》，人民出版社 2013 年版，第 102—103 页。

⑤ 王玉明：《美国构建政府绩效评估指标体系的探索与启示》，《兰州学刊》2007 年第 6 期。

准委员会（The Government Accounting Standards Board）于 1994 年发表了一份关于政府服务供给与成绩的报告，这个报告开发和设计的是一套具有普适性和操作性的绩效评价指标体系，包括四类指标：投入指标、产出指标、后果指标、效率与成本效益指标。除了政府组织，一些研究机构也纷纷开发和设计政府绩效评价指标体系，在这些研究机构中，尤以坎贝尔研究所的政府绩效评价指标体系被广泛认可，该研究所自 1998 年起就致力于对全美 50 个州政府进行绩效评价活动，随着其评价实践的深入发展，其评价结果也最受政府和公众信服。坎贝尔研究所的绩效评价指标体系主要包括财政管理指标、人事管理指标、信息管理指标、领导目标管理指标和基础设施管理指标五大维度。

在英国的实践中，20 世纪 70 年代末强调经济与效率的"雷纳评审"占主导地位，到 80 年代末 90 年代初，"公民宪章运动"强调的效益、顾客满意和质量成为政府评价的主导，1997 年英国工党执政后，发布了《现代化地方政府》的政府文件，以"最佳价值"（Best Value）作为其推行政府绩效改善活动的核心理念，要求各级政府行政部门尽量以最具经济、效率与效能的方式，使公共服务达到既定的、明确的价格与质量标准，也就是要尽量取得"最佳服务效果"。1999 年布莱尔政府出台了《现代化政府白皮书》，奠定了英国公共部门绩效管理的基本模式，强调结果导向，积极扩大公众的广泛参与，注重政府服务的质量和社会响应，通过广泛吸引社会参与推动公共服务的改进，加强政府与公民的互动。2002 年，英国审计委员会（Audit Commission）出台了地方政府全面绩效评价（Comprehensive Performance Assessment）的基本框架，其评价指标体系有三个组成部分：一是资源利用评价，包含财务报告指标、财务管理指标、财政信用指标、内部控制指标和投资效益指标五个二级指标；二是服务评价，包含环境服务指标、住房服务指标、文化服务指标和消防服务指标四个二级指标；三是市政当局评价，包含抱负指标、优先发展战略指标、能力指标、内部管理指标和成就指标五个二级指标。

自新公共管理运动以来，西方国家的政府绩效评价大都抛却了"效率至上"的单一价值取向，将公共责任、顾客至上逐渐融入指标体系中。总体而言，西方国家政府绩效评价指标逐渐丰富化。指标体系的基本价值取向是维护和增进公共利益，为达到这个目标，政府必须促进其各个职能领域均衡发展。

（二）我国省级地方政府效能评价指标体系的理论研究与实践探索

近年来，随着我国地方政府效能评价研究和实践的深入，也逐渐形成了一批具有代表性的地方政府效能评价指标体系。

1. 我国地方政府效能评价指标体系的理论研究

当前国内学术界关于地方政府绩效评价体系构建的研究，比较有代表性的有：人事部《中国政府绩效评估》课题组在 2004 年提出的地方政府绩效评估指标体系，这套指标体系包括影响指标、职能指标和潜力指标三个维度，比较全面地界定了地方政府的绩效维度，比传统仅看重经济指标有很大的进步。浙江大学课题组提出的"地方政府服务能力"指标体系，从政府资源获取能力、资源配置能力、资源整合能力、资源运用能力四个方面全面界定政府公共治理能力的绩效情况，比较全面地反映了政府能力的内涵。唐任伍教授提出的"省级地方政府效率测度指标体系"从政府公共服务、政府公共物品、政府规模以及居民经济福利四个方面开展具体指标设计。这套指标体系是首次针对省级政府设计的效率测量指标，比较全面地反映了经济发展和社会事业发展的成效。施雪华教授等提出的"省级政府公共治理效能评价指标体系"①，从政策效能、体制效能和行为效能三个维度出发设计指标体系。这一指标体系的突出之处是不仅包含政府业绩维度，还包含政府的体制与行为等过程性维度。

2. 我国地方政府效能评价指标体系的实践状况

目前，我国政府绩效评价的实践形式主要有三类：普适性政府绩效评价、行业性政府绩效评价和专项性政府绩效评价②。第四章对我国地方政府整体绩效评价实践的情况进行了实证分析，其中也涉及指标体系的情况，这里不再赘述。可以肯定的是当前我国地方政府效能评价指标

---

① 施雪华、方盛举：《中国省级政府公共治理效能评价指标体系设计》，《政治学研究》2010 年第 2 期。

② 蔡立辉：《政府绩效评估：理论、方法与应用》，中国教育文化出版社 2006 年版，第104 页。

体系实践已经从唯经济指标逐渐转向社会发展、公共服务、生态建设、政府建设等多方面指标维度。

三　治理转型中地方政府效能评价指标体系的理论建构

（一）治理转型视域下地方政府效能评价指标体系的设计原则

1. 一般原则

一般原则是普适性的，任何指标体系设计都需要考量的原则。一般原则主要包括系统性原则、科学合理原则、可比性原则以及可操作性原则。

（1）系统性原则。

指标体系应该全面、系统地反映评价内容，能对评价内容作出较为完整的划分和全面覆盖。在本书中则是能够全面、系统地反映地方政府工作的效能目标与要求，不能遗漏任何重要的工作领域。指标体系应以系统优化为原则，尽量以数量较少、层次较少的指标比较全面地反映政府效能内容，既要避免指标体系过于庞杂，又要避免单因素选择。除了全面性，系统性原则还要求指标之间是一种有机联系的状态，即指标之间应该是一种相互协调、相互补充和相互支撑的关系。

（2）科学合理原则。

科学性原则是指标体系的设计应该具有科学精神，以事实为依据，充分考虑评价对象的特点及实际情况，指标体系的构建流程符合科学原则。合理性要求指标体系能够经得起实践与社会舆论的检验，即指标体系的构建应建立在真实、可靠的基础上，能够体现不同地区、不同层级以及不同经济发展水平等客观条件。

（3）可比性原则。

一般而言，评价指标都伴随着一定的评价标准，将评价对象的实际状况与评价标准进行比较得出评价结果，这就是可比性的原则。可比性原则一般包括纵向和横向的可比性，纵向的可比性是指同一评价对象在不同的历史时期的比较，横向比较是指在同一时期不同对象之间的比较，例如，同一时期内，发展水平相当的省份之间的比较。

（4）可操作性原则。

指标设计的最终目的是能够将指标体系应用到实践中，因此，指标体系的可操作性十分重要。不具有操作性的完美的指标体系不如选择能够真正运用的"次优级"指标体系。可操作性原则要求：一方面，要在保证评价结果客观、全面的前提下，尽可能精简指标体系；另一方面，确保评价指标所需要数据的可获得性，这些数据可以是来自于查阅统计年鉴（全国性的统计年鉴、地区统计年鉴）和专业年鉴（教育统计年鉴、科技统计年鉴等），也可以是通过问卷调查与现场访谈获得。

（5）互异性原则。

指标体系中各项指标之间应该是相互独立的，尽量避免指标之间存在交叉或重叠，以免相同的指标会增大某一方面在评价结果中所占的比重，同时削弱了其他方面所占的比重。因此，指标体系的指标之间应该有机联系，但是应尽量避免交叉或重叠。

2. 具体原则

治理转型视域下地方政府效能评价指标体系的构建除了遵循上述五个普遍性的原则，还需要遵循某些特定的原则以增强指标体系的适用性。

（1）职能法定原则。

政府效能本质上是政府在行使其法定职能过程中体现出来的能力与成效，因此，政府效能评价应该建立在政府职能法定的基础上，从法定职能定位出发是评价政府效能的逻辑起点。尤其在治理转型时期，很多政府职能界限不清晰，政府、市场、社会之间的职能划分不合理现象时有存在，在这种情况下，政府效能评价应该以法定政府职能为依据。只有从法定职能出发构建指标体系，才能反映出具有真实性与合法性的政府效能，即只有首先明确了政府是什么、政府应该做什么以及不应该做什么的基础上，才能进一步评价政府做了什么，做得如何。

（2）静态指标与动态指标相结合原则。

在治理转型时期，政府效能的表现不仅仅是实际的活动结果（即静态指标），很多时候，政府的一些过程性进步行为与实践也是政府效能的重要表现，如创新、变革等表示政府效能未来发展趋势的过程性指标（动态指标）能从另一个侧面反映政府效能的发展现状和未来潜力。政府效能是一个动态的累积过程，并不像企业投入了生产资料立刻就能生产出产品，政府部门工作业绩很多时候对整个社会经济的影响具有滞后性，且还受到其他约束条件的干预，不易在较短的时间内就能看到成效。所以，在设计政府效能评价的指标体系时，应该坚持动态过渡指标（过程指标）和静态完成指标（结果指标）相结合的原则。

（3）定性指标与定量指标相结合原则。

有效的政府效能评价指标体系必然是定性指标与定量指标的有机结合。尽管定量指标因其客观性而备受青睐，但是对于政府这一特殊的评价对象以及治理转型背景下政府工作内容的特殊性，一味地强调量化指标会导致评价结果忽略很多过程性和规范性的工作内容。而如果仅仅采用主观定性指标，评价结果又会陷入主观判断中，无法保证评价结果的客观性和科学性。因此，在构建与治理转型相契合的政府效能评价指标体系时，应该兼顾定性指标与定量指标，保证两类指标能各司其职，有机结合从而促进评价指标体系的客观性和全面性。

（4）逻辑性与实践性相结合原则。

当前我国地方政府效能评价指标体系的理论研究中，往往强调周密的逻辑性，但是却缺乏扎根实践土壤的可操作性，表现在很多理论构建的指标体系无法很好地应用于实践；而实践中政府效能评价的指标体系虽有很强的操作性，但是逻辑性不强，表现在各地指标层级、指标归属等混杂。本书所要构建的指标体系要兼顾逻辑性与实践性，促进理论与实践的有机结合。

（二）治理转型视域下政府效能评价指标体系设计的方法

指标体系的设计是一项复杂的系统工程，在确立上文所述的五项一般性原则和四项具体性原则之后，本部分需要探讨的是指标体系设计的方法。理论和实践中的评价指标体系很少仅用一种方法来设计，很多时候都是兼用多种方法。本书也是集多种方法之精华，结合研究目的来构建政府效能评价指标体系。

1. 逻辑框架法

逻辑框架法，又称逻辑模型法（Logic Model），其核心机理是基于对事物层次因果逻辑关系来构建评价指标体系的方法。一般而言，评价指标体系设计的逻辑模型把目标及因果关系分为目标→目的→产出→投入和活动四个层级①：其中，"目标"常常用以表述宏观的战略性规划、政策方针等，如本书中的"实现治理体系与治理能力现代化"即为一种宏观的战略目标。"目的"即"为什么"实施某项行动、开展某种活动或者实施某个项目，体现的是行动、活动或者项目的直接效果和作用。"产出"意指"做了什么"，体现的是行动或项目的直接产出物，如实施审批制度改革后，国务院共取消或下放了多少项审批权等。"投入与活动"主要是指行动、政策、改革或项目的实施过程及内容，包括资源和时间的投入等。

逻辑框架法为科学合理地设计评价指标体系提供了一种纵向的要素框架，因此，它是几乎每个有效的指标体系设计需要用到的方法。在具体的应用中研究者可以根据研究需要选择四个层级的全部或部分。按照逻辑框架法，治理转型视域下地方政府效能评价指标体系可以分为目标型指标、目的型指标、产出型指标三个维度。

（1）治理转型视域下地方政府效能评价的目标型指标。

实现法治政府和人民满意的服务型政府是建设小康社会对政府的一种战略期许，也是政府效能评价的战略目标所在。可以称为目标型指标，不过在本书中，为了研究更加具体和可操作性的指标，目标型指标没有列入指标的逻辑框架中。

（2）治理转型视域下地方政府效能评价的目的型指标。

从前文对治理转型时期地方政府效能评价的逻辑起点与逻辑线条分析可知，以评促改及其所包含的全面深化改革战略目标和政府职能的系统、全面转变是总目的指标，而政府治理体系与治理能力的现代化是具体目的指标。其中治理体系现代化是从制度、体制、政策等方面实现法治化、程序化和规范化，而能力现代化则体现在政府内部管理能力、改革创新能力等。同时，治理体系与治理能力现代化对公众的直接输出是社会治理与公共服务供给。

---

① 吴建南、刘佳：《构建基于逻辑模型的财政支出绩效评价体系——以农业财政支出为例》，《中南财经政法大学学报》2007 年第 2 期。

（3）治理转型视域下地方政府效能评价的产出型指标。

由于治理转型时期我国政府治理现代化要提升的不仅仅是结果导向的工作业绩，还有过程导向的规范、体制和机制。所以，产出指标不仅仅有公共服务和社会治理业绩的产出，还包含政府行为、改革的产出，只不过前者是通过量化指标来表示，如"基本社保覆盖率""工业三废处理率"等，而后者是通过定性指标来进行描述，如"决策的程序化和规范化情况""决策听证与公示情况""部门之间政策协调程度"等。

2. 分类方法

顾名思义，分类方法是将评价对象及其行为、从事的活动等根据一定的标准分为不同的类型，在每个类型下开展指标构建。分类方法的难点是对事务内涵与外延的清晰界定。这种划分方式与第一种逻辑框架法最大的不同是，逻辑框架法是从独立于评价事务内容的纵向框架出发将评价事务纵向拆解，而分类方法是在对评价事务及其所包含内容的本质属性深刻认识的基础上，将评价事务及其基本内容划分为有机联系却又相互独立、互不重叠的内容板块。

按照分类方法构建治理转型视域下地方政府效能评价指标体系，其实并不能做到各个部分之间完全独立与互不重叠，因为在治理转型视域下需要对很多过渡行为进行评价，如"地方政府改革创新情况"与"地方政府制度建设情况"在一定程度上就存在交叉的情况。但是整体而言，还是可以将治理转型视域下地方政府效能评价指标体系划分为政府内部管理效能、制度建设效能、改革创新效能、公共政策效能、经济发展效能、社会治理和公共服务供给效能六个板块。

（1）政府内部管理效能。

学界对于行政管理或公共行政的认识比较相似，认同从狭义上理解，行政是指政府的内部管理，从广义上理解行政则是指政府对包括自身在内的整个社会的管理①。从这一界定来看，政府内部管理都是政府效能核心的部分。本书认为，政府内部管理效能主要包含对政府组织内

———————

① 高小平、沈荣华：《行政管理改革理论新探索》，社会科学文献出版社 2012 年版，第 1 页。

部人力资源管理与发展、人员的廉洁状况、行政办事效率与效果的考察。

（2）制度建设效能。

中国治理转型的中心是制度变迁。制度缺陷以及制度与制度本土社会—文化根基的非同步发展等已经成为制约治理转型的主要"瓶颈"[①]。一方面，缺乏一定制度基础的"治理"会导致很多公共管理问题[②]，另一方面，现行制度体系中一些不合理的因素严重阻碍了治理转型的顺利推进。因此，制度建设效能是治理转型视域下地方政府效能的重要组成部分。根据当前我国最主要的制度建设推进内容，制度建设效能主要包含法治建设、政务公开制度、权力清单制度、市场准入负面清单制度、绩效管理制度、重大政策社会稳定评估制度等建设的情况，这些制度建设对于治理转型时期的地方政府治理意义重大，其建设情况的好坏直接影响着地方政府治理效能的高低。

（3）改革创新效能。

改革创新是治理转型时期地方政府治理体系完善与治理能力提升的重要手段，重点改革任务和重大事项的落实情况、治理和服务方式的创新都蕴含着丰富的"改革效能"，这两方面的状态优劣直接影响着政府效能的高低。在我国现行体制下，地方政府效能提升离不开其对中央政府重点改革任务和重大事项的落实执行，因此，来自中央和地方自身层面的重点改革任务和重大事项的落实情况是当前治理转型中地方政府效能必须考察的方面。而治理方式和服务方式的创新则反映了地方政府在落实中央政策和改革部署中的工作积极性，是地方政府效能的另一个必不可少的方面。

（4）公共政策效能。

公共政策是党和政府制定的，能够体现其行为和意志的，反映政府实际行动的计划方案。公共政策体现的是政策制定者与其所处的特定的环境之间的关系：公共政策制定是为了调整价值分配，公共政策的作用

---

① 耿国阶：《困境、重构与突破：中国治理转型的模式研究》，东北大学出版社 2011 年版，第 45 页。

② 杨雪冬：《论作为公共品的秩序》，《中国人民大学学报》2005 年第 6 期。

范围是全社会或大范围的特定人群，公共政策的影响是权威的和深远的，因此公共政策效能是政府效能的重要组成部分①。这里的公共政策效能不仅仅只关注公共政策的最终效果，还关注公共政策的需求识别、决策过程和决策执行的规范性、协调性和程序性。

（5）经济发展效能。

我国仍处于社会主义初级阶段的特征决定了我国在未来很长时期内仍然需要注重经济发展，治理转型时期与传统治理时期经济建设显著不同的是，传统治理时期政府的经济建设效能仅仅体现在经济增长上，而当下则体现为全面的经济发展，这是一种更加注重质量的经济建设，分为发展速度、发展方式和经济结构三个具体指标维度。

（6）社会治理与公共服务供给效能。

社会治理与公共服务供给是政府效能结果属性的具体呈现，也可以认为是政府治理体系与治理能力的外显业绩。有效的社会治理能够缓解社会矛盾，解决由经济社会发展失衡带来的潜在治理危机。另外，随着人们公共需求的快速增长，政府为公众提供基本与有效的公共物品和公共服务又是有效化解社会矛盾的基础和前提②，因此，社会治理与公共服务供给效能是治理转型视域下地方政府效能评价的重要内容，主要表现在社会稳定、科教文卫、生态环境治理、市场监管等方面。

3. 平衡计分卡方法

平衡计分卡方法（Balanced Scorecard）是罗伯特·S. 卡普兰和大卫·P. 诺顿共同提出并发展的一种综合性绩效管理框架，该分析框架将组织分为财务、顾客、内部过程、学习和成长四大板块，在各个板块内部设计相应的指标体系来评价组织战略目标的实现程度，这些目标与指标之间相互加强和联系，构成了一个有机整体，促使组织达到财务与非财务指标、短期与长期、内部与外部、过去与未来之间的平衡。平衡计分卡分析框架自产生以来由于其所具有的战略特性而被广泛应用，然

①　张金马：《公共政策：学科定位和概念分析》，《北京行政学院学报》2000 年第 1 期。
②　高小平、沈荣华：《行政管理改革理论新探索》，社会科学文献出版社 2012 年版，第 96 页。

而平衡计分卡只是抓住了四个关键层面,并非涵盖了政府效能的所有方面,其核心理念值得借鉴,但对于政府这种与企业不同的组织及组织任务,需要加入更多关键层面,而非仅仅局限在平衡记分卡所指引的四个层面。本书的指标体系逻辑框架也在一定程度上借鉴了平衡计分卡的核心理念,只是将这种理念与逻辑框架法、分类设计法相互融合在一起。例如,政府内部管理、政府社会治理与公共服务供给就是政府效能的内部效能与外部效能维度,而政府制度建设、改革创新则属于政府的学习与成长维度。财务维度在政府效能评价中则体现在公共服务供给效率以及政府行政费用与行政产出的效率。

(三) 指标体系初步形成

为保证地方政府效能评价能够取得良好的效果,必须对治理转型背景下地方政府效能评价指标体系从指标框架着手进行系统、深入的研究。在基本框架确定并析出具体指标后,通过隶属度分析、相关分析等对指标进行筛选和优化,确定治理转型视域下地方政府效能评价指标体系。

依据治理转型视域下地方政府效能评价内容的逻辑框架、借鉴已有研究文献,基于政府效能评价指标体系设计的基本原则与方法,本书构建的地方政府效能评价指标体系的初步框架如表 5 - 1 所示。

表 5 - 1　治理转型视域下地方政府效能评价指标体系的初步框架

一级指标	二级指标	三级指标
政府内部管理效能	人力资源	行政人员平均受教育年限
		35 岁以下公务员所占比例
		公务员对自身培训与提升的满意度
	廉洁状况	腐败案件涉案人数占总人员比重
	行政效率	行政经费占财政支出的比重
		行政人员占总人口的比重
		信息管理水平
		工作效率/行政审批效率
	行政效果	回应民意时效
		服务态度
		业务熟练程度

续表

一级指标	二级指标	三级指标
制度建设效能	政务公开制度	政务公开透明度（数据开放、领导联系方式）
		政务公开参与度
		政务公开能力
		政务公开保障措施
		公众信息可得性
	权力清单制度	制度化程度
		规范化程度
	市场准入负面清单制度	具体配套制度
		事中事后监管
		制度衔接
	法治建设	政府制定的行政规章增长率
		政府新出台的关于企业发展与市场公平竞争的行政规章增长率
		变更或废止的主要法规规章的平均适用年
		人均行政诉讼案件总量
		公众对行政机关执法适当性、公正性和规范性的满意度
		市、县公共法律服务中心（含法律援助便民窗口）建成率
		法制宣传（法制电影、法制征文等普法活动形式）
	重大行政决策社会稳定风险评估制度	制度成熟度
	全面绩效管理	具体配套制度
		制度应用状态
改革创新效能	重点改革事项/任务落实情况	"放管服"改革
		商事制度改革
		年度为民办实事情况/重大民生项目
		重大项目建设
	治理/服务方式创新	互联网＋政务/网上政务大厅建设情况
		政务超市/综合政务服务中心建设情况
		综合联动机制
		公共服务外包/购买/PPP等形式

续表

一级指标	二级指标	三级指标
公共政策效能	需求识别	及时、有效汇集民意
	决策行为	决策听证与公示情况
		专家咨询与论证情况
		决策的程序化和规范化情况
		官网是否有政策意见征询栏
		公众对政府听民意的感知
	政策执行	部门之间权责明晰
		部门之间协调程度
	政策效果	与目标的一致性程度
经济发展效能	发展速度	人均 GDP 增长率
		财政收入增长率
		城乡居民人均可支配收入增长率
		工业总产值占 GDP 比重
	发展方式	居民消费支出
		每万元 GDP 电耗量降低率
		投资额度（外商、港澳台）增长率
	经济结构	第三产业产值占 GDP 比重
		高新技术产业固定资产投资占社会总固定资产投资比重
		私营企业占企业总数比例
社会治理与公共服务供给效能	社会稳定	基尼系数/贫困人口比例
		扶贫攻坚工作进展
		基本医疗保险参保率
		失业保险覆盖率
		社会保障和失业支出占公共预算支出比重
		每万人刑事案件发案率
		每万人治安案件发案率
		每万人交通安全事故发生率
		亿元 GDP 生产事故死亡率
		公众的安全感指数
		城镇新增就业人口占总就业人口的比例
		就业创业服务政策供给

续表

一级指标	二级指标	三级指标
社会治理与公共服务供给效能	居民生活质量	恩格尔系数
		平均预期寿命
		人均住房面积
		每万人拥有公共交通车辆数
		上班单程耗费时间
		交通拥堵程度
		城市建成区绿化率
		公众对生活质量的满意度
	科技教育文化卫生事业发展	科技投入规模
		科技进步贡献率
		科技人员数量
		义务教育生均财政性教育经费投入
		义务教育师生比
		教育支出占财政支出的比重/财政性教育经费占 GDP 的比重
		本科以上学历教师占总教师人数的比重
		高中教育普及率
		高等教育毛入学率
		公共图书馆人均图书册数
		文艺场馆覆盖率
		公共体育设施投资占 GDP 比重
		医疗卫生经费占财政支出比重
		每万人拥有病床数
		每万人拥有医疗技术人员数
		就医便捷度
		就医舒适度
		医药费可承受程度
		医保卡使用方便程度
	生态环境治理	空气质量指数
		生活垃圾无公害处理率
		环保投资占 GDP 比重

续表

一级指标	二级指标	三级指标
社会治理与 公共服务 供给效能	生态环境 治理	工业"三废"处理率
		耕地保护情况
		公众满意度
	市场监管与 服务	每万人经济违法案件发生率
		每万人商品和服务投诉率
		消费者投诉问题解决率
		社会信用体系建设与运行情况
		企业及公众对市场秩序的满意度

四 治理转型视域下地方政府效能评价指标的筛选与优化

上述治理转型视域下我国地方政府效能评价指标体系，是笔者基于治理转型时期的政府效能评价内容逻辑框架、借鉴大量政府效能评价指标体系构建的已有文献，遵循政府效能评价指标体系设计的基本原则与方法构建。然而，从理论层面构建出来的指标体系还需要进一步筛选，原因有如下两个层面：一是当前的指标体系中具体指标的数量高达 108个，数量过多，尽管可以提高评价的全面性，但却使评价操作起来比较困难。二是指标体系的构建过程尽管参考了前人研究经验、结合了治理转型时期政府治理的特征以及遵循了指标体系设计的原则与方法，但是难免会出现观点不周全或有失偏颇的情况，所以需要对指标进行进一步的筛选与优化。

（一）治理转型视域下地方政府效能评价指标筛选的基本步骤

指标的筛选与优化以问卷调查为基础，通过隶属度分析、相关性分析确定最终指标体系，具体步骤如图 5-6 所示。

1. 问卷设计与发放

根据指标体系的初步框架设计专家调查问卷，向相关专家发放问卷，征求专家的意见。选取的专家主要来自高等院校、研究机构和政府机关，共发放问卷 120 份，回收 110 份，有效问卷 106 份。其中，问卷对三级指标设置了让专家根据其学识与经验选取最重要的 30 项指标

（为保证每个维度都兼顾，问卷将六个维度分开设置，其中每个维度根据指标数量不同分别设置选择不同数量的指标，如"社会治理与公共服务供给"由于指标总数较多，每项题目设置了选择 10 项，而"公共政策"维度下的三级指标较少，则设置为选取 4 项）。

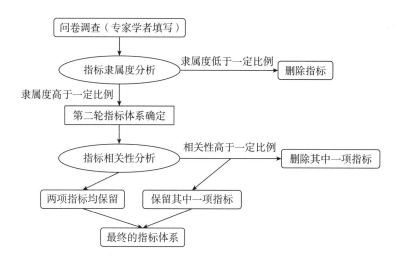

图 5 – 6　指标体系筛选流程与方法

2. 隶属度分析

问卷回收后，运用问卷调查数据进行指标的隶属度分析，将隶属度较低的指标剔除，保留隶属度较高的指标。

3. 相关性分析

隶属度分析后得到第二轮指标体系，对第二轮指标体系中的客观指标进行相关性分析，对同一维度下指标之间的相关性进行分析，由于政府工作之间的紧密联系很多指标会存在较大的相关性，这时测度其中一项指标就可以代表另一项指标，没有必要同时测量两项指标增加评价工作量，结合隶属度分析结果，将相关性高的两项指标剔除其中一项，将相关度较低的指标予以保留。

（二）指标的隶属度分析

1. 隶属度分析的基本概念与原理

隶属度是来源于模糊数学的一个专业术语。模糊数学认为，在人类社会和经济生活中存在着大量的模糊现象，这种模糊现象的一个重要特质是其概念的外延不是很清楚，在这种情况下，经典集合论无法很好地对其进行描述。某项元素对于某个集合（概念）而言，不能说是否完全属于，而仅能够称得上多大程度上属于，即某个元素属于某个集合的程度称为隶属度。在社会科学研究中，隶属度常常被用来分析某一具体指标对拟测评目标的测评能力。一般而言，对指标隶属度的测量通常是采用问卷调查的方式，通过对高校科研人员、政府机关工作人员等专家学者的调查，让专家学者依据其所掌握的知识及工作经验，对各项指标是否应该纳入指标体系做出判断，汇集多数专家学者的意见，得出某项指标对整个指标体系的隶属度[①]。

如果把政府效能评价指标体系 {X} 视为一个模糊集合，把每个评价指标视为这个集合中的一个元素，分别对每一项指标的隶属度进行测量。假设对于评价指标体系的第 k 项评估指标 X_k，共有 N 位评估专家对指标体系进行测评，选择第 k 项指标的总次数为 M_k，即总共有 M_k 位专家学者认为 X_k 是评价政府效能的有效指标，则指标 X_k 的隶属度为 $R_k = M_k / N$。R_k 的值越大，表明多数专家认为这项指标较为重要，说明该指标在很大程度上隶属于 {X}。指标的隶属度较高，证明该项指标应该保留在效能评价指标体系当中，继续进行相关性、信度、效度等分析。反之，则表明大部分专家认为该项指标不够重要，隶属度较低的指标应该予以删除，排除在评价指标体系之外。一般情况下，可以根据研究需要保留的指标数量来设定隶属度的临界值，当隶属度高于这一临界值时，予以保留；当隶属度低于这一临界值时，将指标删除。

2. 治理转型视域下地方政府效能评价指标的隶属度分析

通过对问卷调查结果的统计分析，各项指标的隶属度计算（全部指标隶属度计算结果见附录）结果显示，一些指标的隶属度较低，一些指标的隶属度较高，根据研究需要，本书将 0.3 设置为临界点，将隶属度低于这个临界点的指标剔除。最终剔除的 26 项指标如表 5 - 2 所示，剩下的 82 项指标组成第二轮指标体系进入相关性分析环节。

---

① 范柏乃：《政府绩效评估》，中国人民大学出版社 2012 年版，第 209 页。

表 5 - 2　　　　　　　　　　　　隶属度低于 0.3 的指标

三级指标	隶属度
X_2 35 岁以下公务员所占比例	0.19
X_3 公务员对自身培训与提升的满意度	0.20
X_{13} 政务公开参与度	0.28
X_{15} 政务公开保障措施	0.27
X_{24} 变更或废止的主要法规规章的平均适用年	0.29
X_{25} 人均行政诉讼案件总量	0.29
X_{28} 法制宣传（法制电影、法制征文等普法活动形式）	0.22
X_{64} 每万人刑事案件发案率（%）	0.18
X_{65} 每万人治安案件发案率（%）	0.22
X_{67} 亿元 GDP 生产事故死亡率（%）	0.23
X_{75} 上班单程耗费时间	0.25
X_{79} 科技投入规模	0.25
X_{80} 科技进步贡献率	0.25
X_{81} 科技人员数量	0.17
X_{83} 义务教育师生比	0.26
X_{88} 公共图书馆人均图书册数	0.25
X_{89} 文艺场馆覆盖率	0.10
X_{90} 公共体育设施投资占 GDP 比重	0.18
X_{97} 医保卡使用方便程度	0.18
X_{98} 空气质量指数	0.24
X_{99} 生活垃圾无公害处理率	0.26
X_{101} 工业"三废"处理率	0.14
X_{102} 耕地保护情况	0.28
X_{104} 每万人经济违法案件发生率	0.08
X_{105} 每万人商品和服务投诉率	0.06
X_{106} 消费者投诉问题解决率	0.17

（三）指标的相关分析

经过隶属度分析后，共有 82 个指标进入第二轮指标体系，如表 5 - 3 所示，然而，这 82 个指标并非构成最终的指标体系，因为这些指标之间有可能会存在着高度相关性，这种相关性一方面会导致被评价内容的信息多次重复使用，降低了评价的科学性和合理性；另一方面是原本一个指标即可涵盖的内容,其他相关的指标也混杂在其中,增加了不必要的复杂性。基于此,有必要对现存的 82 个评价指标进行相关性分析。结合指标隶属度分析结果,剔除相关性较高的指标。

表 5 - 3   第二轮指标体系框架结构

一级指标	二级指标	三级指标	隶属度	指标属性
政府内部管理效能	人力资源	X_1 行政人员平均受教育年限(年)	0.42	正向指标
	廉洁状况	X_4 腐败案件涉案人数占总人员比重(%)	0.57	逆向指标
	行政效率	X_5 行政经费占财政支出的比重(%)	0.58	逆向指标
		X_6 行政人员占总人口的比重(%)	0.42	逆向指标
		X_7 信息管理水平	0.57	定性指标
		X_8 工作效率/行政审批效率	0.83	正向指标
	行政效果	X_9 回应民意时效	0.72	定性指标
		X_{10} 服务态度	0.68	定性指标
		X_{11} 业务熟练程度	0.59	定性指标
制度建设效能	政务公开制度	X_{12} 政务公开透明度(数据开放、领导联系方式)	0.56	定性指标
		X_{14} 政务公开能力	0.71	定性指标
		X_{16} 公众信息可得性	0.75	定性指标
	权力清单制度	X_{17} 制度化程度	0.57	定性指标
		X_{18} 规范化程度	0.65	定性指标
	市场准入负面清单制度	X_{19} 具体配套制度	0.56	定性指标
		X_{20} 事中事后监管	0.64	定性指标
		X_{21} 制度衔接	0.57	定性指标
	法治建设	X_{22} 政府制定的行政规章增长率(%)	0.35	正向指标
		X_{23} 政府新出台的关于企业发展与市场公平竞争的行政规章增长率(%)	0.34	正向指标
		X_{26} 公众对行政机关执法适当性、公正性和规范性的满意度	0.56	定性指标
		X_{27} 市、县公共法律服务中心(含法律援助便民窗口)建成率(%)	0.39	正向指标

续表

一级指标	二级指标	三级指标	隶属度	指标属性
制度建设效能	重大行政决策社会稳定风险评估制度	X_{29}制度成熟度	0.30	定性指标
	全面绩效管理	X_{30}具体配套制度	0.37	定性指标
		X_{31}制度应用状态	0.51	定性指标
改革创新效能	重点改革事项/任务落实情况	X_{32}"放管服"改革	0.59	定性指标
		X_{33}商事制度改革	0.43	定性指标
		X_{34}年度为民办实事情况/重大民生项目	0.75	定性指标
		X_{35}重大项目建设	0.65	定性指标
	治理/服务方式创新	X_{36}互联网+政务/网上政务大厅建设情况	0.71	定性指标
		X_{37}政务超市/综合政务服务中心建设情况	0.54	定性指标
		X_{38}综合联动机制	0.54	定性指标
		X_{39}公共服务外包/购买/PPP等形式	0.55	定性指标
公共政策效能	需求识别	X_{40}及时、有效汇集民意	0.77	定性指标
	决策行为	X_{41}决策听证与公示情况	0.83	定性指标
		X_{42}专家咨询与论证情况	0.68	定性指标
		X_{43}决策的程序化和规范化情况	0.83	定性指标
		X_{44}官网是否有政策意见征询栏	0.53	定性指标
		X_{45}公众对政府听民意的感知	0.75	定性指标
	政策执行	X_{46}部门之间权责明晰	0.70	定性指标
		X_{47}部门之间协调程度	0.66	定性指标
	政策效果	X_{48}与目标的一致性程度	0.38	定性指标
经济发展效能	发展速度	X_{49}人均GDP增长率（%）	0.68	正向指标
		X_{50}财政收入增长率（%）	0.50	正向指标
		X_{51}居民人均可支配收入增长率（%）	0.64	正向指标
		X_{52}工业总产值占GDP比重（%）	0.35	正向指标
	发展方式	X_{53}居民人均消费支出（元）增长率（%）	0.73	正向指标
		X_{54}每万元GDP电耗量降低率（%）	0.32	正向指标

一级指标	二级指标	三级指标	隶属度	指标属性
经济发展效能	发展方式	X_{55}投资额度（外商、港澳台）增长率（%）	0.30	正向指标
	经济结构	X_{56}第三产业产值占 GDP 比重（%）	0.68	正向指标
		X_{57}高新技术产业固定资产投资占社会总固定资产投资比重（%）	0.45	正向指标
		X_{58}私营企业占企业总数比例（%）	0.43	正向指标
社会治理与公共服务供给效能	社会稳定	X_{59}基尼系数/贫困人口比例（%）	0.70	逆向指标
		X_{60}扶贫攻坚工作进展	0.56	定性指标
		X_{61}基本医疗保险参保率（%）	0.81	正向指标
		X_{62}失业保险覆盖率（%）	0.64	正向指标
		X_{63}社会保障和失业支出占公共预算支出比重（%）	0.67	正向指标
		X_{66}每万人交通安全事故发生率（%）	0.43	逆向指标
		X_{68}公众的安全感指数	0.67	定性指标
		X_{69}城镇新增就业人口占总就业人口的比例（%）	0.40	正向指标
		X_{70}就业创业服务政策供给	0.42	定性指标
	居民生活质量	X_{71}恩格尔系数（%）	0.43	逆向指标
		X_{72}平均预期寿命（年）	0.31	正向指标
		X_{73}人均住房面积（平方米）	0.48	正向指标
		X_{74}每万人拥有公共交通车辆数（辆）	0.39	正向指标
		X_{76}交通拥堵程度	0.46	定性指标
		X_{77}城市建成区绿化率（%）	0.32	正向指标
		X_{78}公众对生活质量的满意度	0.74	定性指标
	科技教育文化卫生事业发展	X_{82}义务教育生均财政性教育经费投入	0.37	正向指标
		X_{84}教育支出占财政支出的比重/财政性教育经费占 GDP 的比重（%）	0.35	正向指标
		X_{85}本科以上学历教师占总教师人数的比重（%）	0.29	正向指标
		X_{86}初中升高中升学率（%）	0.41	正向指标
		X_{87}高中升大学升学率（%）	0.42	正向指标

续表

一级指标	二级指标	三级指标	隶属度	指标属性
社会治理与公共服务供给效能	科技教育文化卫生事业发展	X_{91}医疗卫生经费占财政支出比重（％）	0.31	正向指标
		X_{92}每万人拥有病床数（张）	0.37	正向指标
		X_{93}每万人拥有医疗技术人员数（人）	0.34	正向指标
		X_{94}就医便捷度	0.42	定性指标
		X_{95}就医舒适度	0.53	定性指标
		X_{96}医药费可承受程度	0.57	定性指标
	生态环境治理	X_{100}环保投资占 GDP 比重（％）	0.30	正向指标
		X_{103}公众满意度	0.75	定性指标
	市场监管与服务	X_{107}社会信用体系建设与运行情况	0.35	定性指标
		X_{108}企业及公众对市场秩序的满意度	0.44	定性指标

1. 相关分析的基本步骤

相关分析（Correlation Analysis）是研究变量（现象）之间存在某种依存关系，并对两个有依存关系的变量的相关系数进行分析，探讨其相关的方向（正相关或负相关）以及程度，是研究随机变量之间相关关系的一种统计方法。比较常用的有皮尔逊相关系数（Pearson Correlation，r），相关结果 r 位于 −1—1，其中，r > 0，表示两个变量正相关，r < 0，表示两个变量负相关。$|r| \geqslant 0.8$，表示两个变量高度相关；$0.8 > |r| \geqslant 0.5$，表示两个变量中度相关；$0.5 > |r| \geqslant 0.3$，表示两个变量低度相关；$|r| < 0.3$，表示两个变量之间相关程度极其微弱，可视为基本不相关。

评价指标的相关分析一般包括以下三个基本过程[1]：

①评价指标的标准化处理。一般在一个完整的评价指标体系中，总是存在指标的量纲不同的现象，这就需要首先要对原始数据进行无量纲处理，这样可以减少不同指标的不同计量单位对分析结果的影响。假设 X_i 是评价指标的原始数据，$\overline{X}$ 为评价指标的均值，S_i 是评价指标的标准差，Z_j 为标准化值。则有：

---

[1] 范柏乃：《政府绩效评估》，中国人民大学出版社 2012 年版，第 210 页。

$$Z_i = \frac{X_i - \overline{X}}{S_i} \tag{5.1}$$

②计算各个评估指标之间的简单相关系数 R_{ij}，其公式为：

$$R_{ij} = \frac{\sum_{k=1}^{n} (Z_{ki} - \overline{Z}_i)(Z_{kj} - \overline{Z}_j)}{\sqrt{\sum_{k=1}^{n} (Z_{ki} - \overline{Z}_i)^2 (Z_{kj} - \overline{Z}_j)^2}} \tag{5.2}$$

③根据研究需求，确定一个相关系数的临界值 M（0 < M < 1），如果 $R_{ij} \geq M$，则可以删除 X_i 或者 X_j 其中一个指标；如果 $R_{ij} < M$，则两个指标均可以保留。

2. 地方政府效能评价指标的相关分析

在对指标进行相关性分析之前，首先需要对所构建的指标体系进行充分的了解，从指标体系的一级指标和二级指标可以发现，前四项一级指标中大部分是定性指标，定性指标的一个重要特征是可以根据理论逻辑推演出三级指标，并且通过观察指标体系的隶属度分析结果发现，除了已删除的隶属度低于 0.3 的三级指标，前四项一级指标维度析出的三级指标的隶属度都较高，并且前四项一级指标维度所包含的三级指标的数量都较少，大部分都在三项以内。作为定性指标，经隶属度分析，可以认为已经证明其合理性。此外，后两项一级指标维度下的三级指标中，定性指标的隶属度都比较高（如公众的安全感隶属度为 0.67，生活质量满意度的隶属度为 0.74 等），因此，相关性分析主要集中于后两项一级指标维度下的客观指标，并且与隶属度分析一样，为保证评价维度的完整性，指标的相关性分析将在每个维度内开展。

本书以 2015 年全国 31 个省份（省、自治区、直辖市，不包含港澳台地区，下文统称省份）数据为样本进行后两项一级指标维度下客观指标的相关性分析。通过查阅《中国统计年鉴（2016）》等全国性统计年鉴、专项统计年鉴和地方统计年鉴等，搜集指标数据。运用 SPSS 统计软件对上述指标进行相关分析，得到相关指标的相关系数矩阵（具体数据参考附录）。根据相关分析的界定，在各个维度内从中度相关程度以上的指标中剔除指标，在剔除过程中充分考虑指标隶属度，如果隶属度很高，而相关性不高，会保留两个指标。以经济发展效能下三个二级指标维度为例，展示相关性分析的过程。

表 5-4　　　　　　　　　　　发展速度维度指标相关性

		X_{49}	X_{50}	X_{51}	X_{52}
X_{49}	皮尔逊相关系数	1	0.520**	0.313	-0.162
	显著性（双侧）		0.003	0.086	0.383
	样本数	31	31	31	31
X_{50}	皮尔逊相关系数	0.520**	1	0.316	-0.081
	显著性（双侧）	0.003		0.083	0.665
	样本数	31	31	31	31
X_{51}	皮尔逊相关系数	0.313	0.316	1	-0.460**
	显著性（双侧）	0.086	0.083		0.009
	样本数	31	31	31	31
X_{52}	皮尔逊相关系数	-0.162	-0.081	-0.460**	1
	显著性（双侧）	0.383	0.665	0.009	
	样本数	31	31	31	31

注：** 在 0.01 水平（双侧）上显著相关。

表 5-5　　　　　　　　　　　发展方式维度指标相关性

		X_{53}	X_{54}	X_{55}
X_{53}	皮尔逊相关系数	1	0.035	0.264
	显著性（双侧）		0.853	0.151
	样本数	31	31	31
X_{54}	皮尔逊相关系数	0.035	1	0.098
	显著性（双侧）	0.853		0.602
	样本数	31	31	31
X_{55}	皮尔逊相关系数	0.264	0.098	1
	显著性（双侧）	0.151	0.602	
	样本数	31	31	31

注：** 在 0.01 水平（双侧）上显著相关。

表 5 – 6   经济结构维度指标相关性

		X_{56}	X_{57}	X_{58}
X_{56}	皮尔逊相关系数	1	– 0. 211	0. 228
	显著性（双侧）		0. 254	0. 218
	样本数	31	31	31
X_{57}	皮尔逊相关系数	– 0. 211	1	– 0. 055
	显著性（双侧）	0. 254		0. 771
	样本数	31	31	31
X_{58}	皮尔逊相关系数	0. 228	– 0. 055	1
	显著性（双侧）	0. 218	0. 771	
	样本数	31	31	31

注：＊＊在 0. 01 水平（双侧）上显著相关。

在发展速度维度下（见表 5 – 4），X_{49} 和 X_{50} 之间存在中度相关，其中 X_{49} 的隶属度为 0. 68，而 X_{50} 的隶属度为 0. 5，因此剔除 X_{50}，保留 X_{49}。在发展方式维度和经济结构维度下（见表 5 – 5、表 5 – 6），所有 P 值都大于 0. 01，表示三个指标之间没有相关性的统计学意义，均予以保留。对社会治理与公共服务供给维度，也进行上述过程的相关性分析并筛选，过程不再赘述（具体测算数据见附录），经过相关性分析，结合数据可得性以及上一轮隶属度分析强弱，筛选后，新的指标体系如表 5 – 7 所示。

表 5 – 7   治理转型视域下地方政府效能评价指标体系

一级指标	二级指标	三级指标	隶属度	权重	指标属性
政府内部管理效能	人力资源	X_1 行政人员平均受教育年限（年）	0. 42	0. 010	正向指标
	廉洁状况	X_4 腐败案件涉案人数占总人员比重（%）	0. 57	0. 014	逆向指标
	行政效率	X_5 行政经费占财政支出的比重（%）	0. 58	0. 014	逆向指标
		X_6 行政人员占总人口的比重（%）	0. 42	0. 010	逆向指标
		X_7 信息管理水平	0. 57	0. 014	定性指标
		X_8 工作效率/行政审批效率	0. 83	0. 020	正向指标
	行政效果	X_9 回应民意时效	0. 72	0. 018	定性指标
		X_{10} 服务态度	0. 68	0. 017	定性指标
		X_{11} 业务熟练程度	0. 59	0. 015	定性指标

续表

一级指标	二级指标	三级指标	隶属度	权重	指标属性
制度建设效能	政务公开制度	X_{12}政务公开透明度（数据开放、领导联系方式）	0.56	0.014	定性指标
		X_{14}政务公开能力	0.71	0.017	定性指标
		X_{16}公众信息可得性	0.75	0.018	定性指标
	权力清单制度	X_{17}制度化程度	0.57	0.014	定性指标
		X_{18}规范化程度	0.65	0.016	定性指标
	市场准入负面清单制度	X_{19}具体配套制度	0.56	0.014	定性指标
		X_{20}事中事后监管	0.64	0.016	定性指标
		X_{21}制度衔接	0.57	0.014	定性指标
	法治建设	X_{22}政府制定的行政规章增长率（％）	0.35	0.009	正向指标
		X_{23}政府新出台的关于企业发展与市场公平竞争的行政规章增长率（％）	0.34	0.008	正向指标
		X_{26}公众对行政机关执法适当性、公正性和规范性的满意度	0.56	0.014	定性指标
		X_{27}市、县公共法律服务中心（含法律援助便民窗口）建成率（％）	0.39	0.010	正向指标
	重大行政决策社会稳定风险评估制度	X_{29}制度成熟度	0.30	0.007	定性指标
	全面绩效管理	X_{30}具体配套制度	0.37	0.009	定性指标
		X_{31}制度应用状态	0.51	0.013	定性指标
改革创新效能	重点改革事项/任务落实情况	X_{32}"放管服"改革	0.59	0.015	定性指标
		X_{33}商事制度改革	0.43	0.011	定性指标
		X_{34}年度为民办实事情况/重大民生项目	0.75	0.018	定性指标
		X_{35}重大项目建设	0.65	0.016	定性指标
	治理/服务方式创新	X_{36}互联网＋政务/网上政务大厅建设情况	0.71	0.017	定性指标
		X_{37}政务超市/综合政务服务中心建设情况	0.54	0.013	定性指标
		X_{38}综合联动机制	0.54	0.013	定性指标
		X_{39}公共服务外包/购买/PPP等形式	0.55	0.014	定性指标

一级指标	二级指标	三级指标	隶属度	权重	指标属性
公共政策效能	需求识别	X_{40} 及时、有效汇集民意	0.77	0.019	定性指标
	决策行为	X_{41} 决策听证与公示情况	0.83	0.020	定性指标
		X_{42} 专家咨询与论证情况	0.68	0.017	定性指标
		X_{43} 决策的程序化和规范化情况	0.83	0.020	定性指标
		X_{44} 官网是否有政策意见征询栏	0.53	0.013	定性指标
		X_{45} 公众对政府听民意的感知	0.75	0.018	定性指标
	政策执行	X_{46} 部门之间权责明晰	0.70	0.017	定性指标
		X_{47} 部门之间协调程度	0.66	0.016	定性指标
	政策效果	X_{48} 与目标的一致性程度	0.38	0.009	定性指标
经济发展效能	发展速度	X_{49} 人均 GDP 增长率（％）	0.68	0.017	正向指标
		X_{51} 居民人均可支配收入增长率（％）	0.64	0.016	正向指标
		X_{52} 工业总产值占 GDP 比重（％）	0.35	0.009	正向指标
	发展方式	X_{53} 居民人均消费支出（元）增长率（％）	0.73	0.018	正向指标
		X_{54} 每万元 GDP 电耗量降低率（％）	0.32	0.008	正向指标
		X_{55} 投资额度（外商、港澳台）增长率	0.30	0.007	正向指标
	经济结构	X_{56} 第三产业产值占 GDP 比重（％）	0.68	0.017	正向指标
		X_{57} 高新技术产业固定资产投资占社会总固定资产投资比重（％）	0.45	0.011	正向指标
		X_{58} 私营企业占企业总数比例（％）	0.43	0.011	正向指标
社会治理与公共服务供给效能	社会稳定	X_{60} 扶贫攻坚工作进展	0.56	0.014	定性指标
		X_{61} 基本医疗保险参保率（％）	0.81	0.020	正向指标
		X_{62} 失业保险覆盖率（％）	0.64	0.016	正向指标
		X_{63} 社会保障和失业支出占公共预算支出比重（％）	0.67	0.016	正向指标
		X_{66} 每万人交通安全事故发生率（％）	0.43	0.011	逆向指标
		X_{68} 公众的安全感指数	0.67	0.016	定性指标
		X_{70} 就业创业服务政策供给	0.42	0.010	定性指标
	居民生活质量	X_{71} 恩格尔系数（％）	0.43	0.011	逆向指标
		X_{74} 每万人拥有公共交通车辆数（辆）	0.39	0.010	正向指标

续表

一级指标	二级指标	三级指标	隶属度	权重	指标属性
社会治理与公共服务供给效能	居民生活质量	X_{76}交通拥堵程度	0.46	0.011	定性指标
		X_{77}城市建成区绿化率（％）	0.32	0.008	正向指标
		X_{78}公众对生活质量的满意度	0.74	0.018	定性指标
	科技教育文化卫生事业发展	X_{82}义务教育生均财政性教育经费投入（万元）	0.37	0.009	正向指标
		X_{84}教育支出占财政支出的比重/财政性教育经费占GDP的比重（％）	0.35	0.009	正向指标
		X_{85}本科以上学历教师占总教师人数的比重（％）	0.29	0.007	正向指标
		X_{91}医疗卫生经费占财政支出比重（％）	0.31	0.008	正向指标
		X_{92}每万人拥有病床数（张）	0.37	0.009	正向指标
		X_{93}每万人拥有医疗技术人员数（人）	0.34	0.008	正向指标
		X_{94}就医便捷度	0.42	0.010	定性指标
		X_{95}就医舒适度	0.53	0.013	定性指标
		X_{96}医药费可承受程度	0.57	0.014	定性指标
	生态环境治理	X_{100}环保投资占GDP比重（％）	0.30	0.007	正向指标
		X_{103}公众满意度	0.75	0.018	定性指标
	市场监管与服务	X_{107}社会信用体系建设与运行情况	0.35	0.009	定性指标
		X_{108}企业及公众对市场秩序的满意度	0.44	0.011	定性指标

五　指标的权重计算

相对于某种评价目的而言，评价指标之间的相对重要性是不同的，评价指标之间这种重要性的不同可以用权重指数来刻画①。显而易见，当各个评价指标的值一定时，综合评价排序的结果就有赖于评价指标的权重了。

对指标权重的专家调研，采取的是"搭便车"形式，在进行隶属

---

① 郭亚军：《综合评价理论、方法和应用》，科学出版社2007年版，第7页。

度专家问卷填写中，将指标的重要性程度调研问题也设置在隶属度调研问卷之上，将其按照"非常重要""重要""一般""不重要""非常不重要"的选项，供专家选择，一共发放 120 份问卷，收回问卷 110 份，有效问卷为 106 份。

对问卷的上述五个档次，分别计分 5 分、4 分、3 分、2 分、1 分，然后对有效问卷的分值进行统计分析。设有效问卷的份数为 N，其中对某一项指标回答非常重要的人数为 N_5，回答重要的为 N_4，回答一般的为 N_3，回答不重要的为 N_2，回答非常不重要的为 N_1，设某一个指标的得分为 X_i，可得某一指标得分的计算公式：

$$X_i = \frac{5 N_5 + 4 N_4 + 3 N_3 + 2 N_2 + N_1}{N} \tag{5.3}$$

依照这个公式，可以逐一计算出一级指标和二级指标中各个指标的重要性得分，然后根据已知的各指标的重要性得分再分别计算出各指标的权重，设某项指标的权重为 W_i，则计算公式如下：

$$W_i = \frac{X_i}{\sum_{i=1}^{n} X_i} \tag{5.4}$$

最终得到指标的权重结果，如表 5-7 "权重"列所示。

第六节　本章小结

系统论、权变理论、制度变迁理论和行政生态学理论共同构成了与治理转型相契合的地方政府效能评价分析框架重构的学理依据。分析框架重构的基本前提假定包括：治理转型是漫长的过程、治理转型过程中存在着不确定性和潜在治理危机、存在"评价什么就提高什么"的激励逻辑。在学理依据和基本前提假定的论述基础上，梳理分析框架的基本思路：基于地方政府效能评价的"初始状态"与"理想状态"，结合治理转型时期的现实"约束条件"重新阐释与分析"为什么评价"（评价基本定位与价值取向）、"评价什么"（评价内容与指标体系）、"谁来评价"（评价主体）、"如何评价"（评价方法）。沿上述基本思路，构建与治理转型相契合的地方政府效能评价分析框架，并具体阐释其要素结构与内容。本书所致力于构建的是一种介于"初始状态"的路径依赖与"理想状态"的未来追求之间，基于治理转型背景的实际"约束条件"，坚持实事求是与渐进前行的核心思想的分析框架，既承认当前治理转型所蕴含的对地方政府效能评价的新时代新要求，也不否认传统治理因素对地方政府效能评价现代化实施的"路径锁闭"。治理转型视域下地方政府效能评价指标体系是依据评价内容逻辑结构构建。首先对政府效能指标的一般性知识进行介绍和对国内外政府效能评价指标体系理论与实践进行历史考察与借鉴。在此基础上，基于指标体系设计的原则与方法，根据政府效能评价内容的结构维度构建出治理转型视域下地方政府效能评价指标体系的初稿。通过实证分析筛选和优化指标体系，筛选与优化主要包括隶属度分析和相关性分析两个程序。其中，隶属度分析主要是基于对 106 份专家问卷的分析计算各个指标的隶属度，剔除隶属度较低的指标，隶属度分析后，利用 2015 年年度客观数据对指标体系中的客观指标进行相关性分析。结合隶属度情况，剔除两两相关性较高指标中的其中一个，最终确定指标体系，并通过重要性程度数据计算评价指标体系中各个指标的权重指数。

第六章　保障系统：与治理转型相契合的地方政府效能评价的有效实施

治理转型背景下的我国地方政府效能评价仍处于探索阶段，第五章提出的与治理转型相契合的地方政府效能评价分析框架是基于治理转型特征、契合治理转型需求的一种变革理论设想，如何能够让其在现实中有效实施却需要理念、制度和技术三位一体的保障系统加以深化和推进，也只有从这三个层面共同推进，才能保障与治理转型相契合的地方政府效能评价具有实践的可行性。

第一节　理念更新，迈向与治理转型相契合的地方政府效能评价的新思维

政府行政理念更新是与治理转型相契合的地方政府效能评价有效实施的先导。在国家治理体系与治理能力现代化的背景下，行政理念决定了地方政府效能评价的模式选择和行为方式，在整个地方政府效能评价分析框架重构中扮演了意识传递和推动的重要作用。

一　摒弃不合理的政绩考评观念

政府效能评价的理念是政府效能评价的灵魂，价值理念的偏颇必然带来行为的扭曲。当前我国地方政府效能评价价值理念偏颇主要表现为片面的政绩观、短视的政绩观、狭隘的政绩观等。上述不科学的政绩观念都会对政府效能评价的本意造成扭曲，导致政府效能评价成为上述不

科学价值观的"帮凶"，将其行为合理化。传统治理模式下形成的政绩考核观念根深蒂固，影响着我国政府效能评价的科学、有效发展，也阻碍了政府效能评价对治理变革的推动作用。构建与治理转型相契合的政府效能评价体系，只有理念先行，才能顺势而为。

（一）摒弃扭曲的政绩观

"为官一任，造福一方"，追求政绩本无可厚非，每个政府官员都应该执政为民，做出有效的政绩。政绩观，是党政组织和党员干部对如何履行职责、追求何种政绩的根本认识与态度，对党政组织和党员干部如何从政、如何施政具有十分重要的导向作用。但是扭曲的政绩观却带来一系列因追求政绩而损害公众利益的后果。扭曲的政绩观主要有片面的政绩观、短视的政绩观和狭隘的政绩观三种表现。片面的政绩观是将政绩等同于经济增长，忽略公共精神，忽略社会全面协调发展。过分注重经济增长而忽视社会公平，过分注重结果最大化而忽视过程规范性，过分注重"短""平""快"显性政绩而忽视基础性的隐性政绩。这与治理转型要求的经济发展与社会公平公正价值取向是相悖的，也无益于解决社会发展不平衡不充分的主要矛盾，只有摒弃片面的政绩观念，才能更全面地理解治理转型视域下地方政府治理的全面职能，均衡地履行全面职能。短视的政绩观具体表现为急功近利、好大喜功，只求眼前政绩，这种政绩观念带来的恶果是以社会长远发展为代价赢取短期收益，如破坏环境、资源能源浪费等。短视的政绩观念不利于社会均衡发展，以环境、资源为代价换取的短期经济利益，最终却需要以百倍的经济收益来偿还。这种政绩观念是得不偿失的，必须予以摒弃。狭隘的政绩观念一方面表现为脱离公众需求，从政府本位出发设定政绩目标，另一方面表现为过分注重本地区、本部门、本单位发展而忽视政府整体、协调效益。治理转型时期是系统、整体和协同地推动和深化治理变革，这要求政府治理中要考量社会需求和市场需求，也要求政府部门要突破个人和局部利益，着眼全局和整体利益。

（二）扭转不科学的政绩考核观念

当前一些地方政府实施的效能评价实质上仍是一种新瓶装旧酒的目标考核，仅将效能评价看作是打分排名、评优惩劣的考核工具，这种观念导致被评价政府组织、部门和人员不能正确对待政府效能评价，一方面是只关注年末的评分和排名状况，忽视效能评价对效能改进的重要指导作用，忽视对政府治理效能的改进和提升，甚至为了应付年末评分与排名，会搞"突击战"和"政绩形象工程"。将政府效能评价看作是一种需要应付的任务来完成，造成效能评价结果完全与日常工作脱节，不能有效反映问题。另一方面是忽略效能评价的开放性与参与性，无论是政府效能目标设定、评价过程还是评价结果都倾向于内部化，忽视公众需求和公众利益。在治理转型时期，政府治理理念发生重大变革，政府治理变革也进入深水区，上述将政府效能评价仍等同于目标考核的做法无益于有效发挥政府效能评价的应有作用，更无法通过政府效能评价实现"以评促改"的目标期许。为了适应治理转型的现实需求，实现国家治理现代化的目标，在政府效能评价实施过程中，无论是评价对象还是评价实施主体都应该扭转不科学的政绩考核观念。

二 树立与治理转型相契合的政府效能评价观念

治理转型意味着破旧立新，仅仅破除不合理的旧观念不是终点，破旧的最终目的是树立新的观念。在我国治理转型步入新阶段的时代背景下，构筑与之相适应的政府效能理念，政府效能评价才能适应治理转型需要，成为有效推动治理变革的重要力量。

（一）树立正确的政府政绩观

一定时期的社会主要矛盾决定了这一时期的政府政绩观念。我国治理转型进入新阶段，步入社会主义建设的新时代，社会的主要矛盾是"人民日益增长的美好生活需要和不平衡不充分的发展之间的矛盾"，党的十九大报告指出"必须坚持以人民为中心的发展思想，不断促进人的全面发展、全体人民共同富裕"，这一表述说明了新时代我国政府"以造福人民为最大政绩"的政绩观念总纲领。在这一总纲领下，树立正确的政绩观需要从以下三个方面着手。

1. 为民谋政绩

树立正确的政绩观首先必须明确追求政绩是为了谁的问题，很多时候政绩观念扭曲的源头就是出在谋政绩的目的不是为民，而是为己。所以确立为民谋政绩是树立正确政绩观的起点，为民谋政绩要做到权为民所用、情为民所系、利为民所谋，积极了解公众需求，并通过治理方略、公共政策满足公众需求。

2. 全面、长远和整体的政绩内容

地方政府的政绩内容应该是全面的、长远的和均衡的，片面的、短视的和狭隘的政绩内容不是真正的政绩。树立全面的政绩观要全面理解政绩，抛去"经济即政绩"的片面政绩观，在注重发展经济的同时，也需要将政绩侧重放在社会发展、环境保护等方面，促进社会全面发展、保障社会公平公正，增加人民的满意度和获得感。树立长远的政绩观要用长远目光审视政绩，破除功利主义，追求短平快收益而不顾长远损害的观念，在政府治理中，应该以社会长远利益、公众长远福祉为目标，积极推动教育、医疗、卫生等领域的发展，满足人民追求美好生活的需求。树立整体的政绩观是突破部门、组织和地区等狭隘局部主义的政绩视野，将政绩建设与公共利益相结合，促进公共利益最大化。

3. 合法合理的政绩取得方式

政绩如何获取是正确政绩观的第三个重要方面。地方政府和领导干部获取政绩的唯一可行之路是埋头苦干，求真务实。不择手段、投机取巧等违法违规行为获取的政绩都是有违正确政绩观，并最终损害公众利益的政绩。在获取政绩过程中，一方面，应该充分考虑公众意愿和承受力，从实际出发决策。另一方面，应该坚持科学的工作态度，按照客观规律办事，克服主观随意的"拍脑袋"决策行为。在治理转型时期，一些领域的制度规范还不够完善，这为地方政府获取政绩，发挥自由裁量权提供了广阔的空间，但是地方政府应该有责任与担当，坚持合法合理的方式创造政绩。

（二）坚持科学的政府效能评价观念

利益相关者要正确和全面地理解政府效能评价的内涵与作用。治理转型视域下地方政府效能评价的最终目的是"以评促改"，最终实现地方政府治理现代化。在这样的终极目的下，一方面，被评价政府组织应正确认识政府效能评价，以端正和开放的态度面对政府效能评价，将其看作是提升自身治理体系与治理能力的契机。评价主体也应该纠正观念，以更加包容和鼓励的姿态看待政府效能评价的实施，不是将评价仅作为一种排名、批评工具，而应该将评价作为一种发现问题、提出指导意见和建议的过程。另一方面，政府组织及部门应该全面理解政府效能评价的内涵，政府效能评价不仅仅是对经济建设的评价，还包括社会建设、生态文明建设等全方位的评价，不仅仅是对显绩的评价，还包含对隐含的治理能力、治理体系的评价，不仅包含对当下和过去的评价，也包含对未来预期的评价，总之，政府效能评价应该是一种整合的、全面的和发展的评价。

（三）循序渐进的推进政府政绩观念转型

地方政府扭曲的政绩观念一直被社会各界所诟病，但这种诟病不应该是一种揠苗助长式的要求。实际上，自改革开放以来，我国地方政府的政绩观念尽管存在根深蒂固的弊端，但是一直处于循序渐进的转变中。应该继续保持这种转变的趋势。追求剧烈的、一步到位的政府政绩观念转变，会给地方发展带来"急刹车"效应，导致新旧政绩观的断裂，地方政府既无法立刻完全转换到理想的政绩观念上，又不敢继续按照原来的节奏开展治理，或者是采取一些不符合客观规律的跃进行为。因此，在治理转型时期，地方政府的政绩观念和政绩考核观念的变革需要切合实际，循序渐进开展。

第二节　完善制度，克服与治理转型相契合的地方政府效能评价的发展瓶颈

"制度通过向人们提供一个日常生活的结构来减少不确定性……既包括对人们所从事的某些活动予以禁止的方面，也包括允许人们在怎样的条件下可以从事某些活动的方面。"[1] 任何管理工具的运用都不是发生在真空中，都需要根植于特定的制度环境中，既有正式的制度环境，又有非正式的制度环境。制度是地方政府效能评价有效实施保障系统的核心。

一　制度完善的宏观策略

地方政府效能评价归根结底还是地方政府治理体系的组成部分，不是孤立存在，也不可能与其他治理要素完全割裂而存在，这决定了政府

---

[1]　道格拉斯·C. 诺斯：《制度、制度变迁与经济绩效》，刘守英译，上海三联书店1994年版，第4—5页。

效能评价并不能"自成一体"、单独发挥功效，而是需要与政府治理体系中其他要素相互协作，共同发挥作用①。尤其是与治理转型相契合的政府效能评价，本身就处于一种不完善的制度基础上，想要使这种管理工具能够有效发挥作用，必须有相应的配套制度做保障，否则，碎片化的政府效能评价很难做到与治理转型相契合，很难做到推动政府治理变革。从宏观策略上探讨与治理转型相契合的地方政府效能评价制度安排有以下三个方面。

（一）立足于治理转型特征，"解锁"传统政绩考核的路径依赖

与治理转型相契合的地方政府效能评价的制度安排必须立足于当前我国所处的治理转型的现实国情和发展阶段，具体表现为要与我国现阶段经济发展、政治体制、行政管理制度、社会发展程度以及法治发展阶段相适应。西方国家的市场经济、民主政治、行政体制和法治建设已经经历了几个世纪的发展，处于相对成熟的阶段，而我国当前治理转型的现实是处于传统计划经济体制向市场经济体制转轨中，且由于我国特色社会主义的本质以及长久以来的计划经济痕迹，短时间内很难完成全面转型。我国特色社会主义制度尚在完善进程中，表现在政治制度的公众参与程度尚浅，行政管理过程中与公众的沟通不够充分，社会组织和公民能力尚不足以独当一面承接社会治理任务，法治观念无论是在政府还是在社会、公民中尚未完全树立起来，"人治"思维仍大量残余等。上述治理转型的这些特征都决定了治理转型阶段的政府效能评价制度安排最大的需求是要基于中国的国情。但基于国情，并非沉溺于治理转型存在的传统不利因素阻滞中不能自拔，而是要在缓和的、渐进的变革中逐步"解锁"传统治理因素的路径依赖。这个解锁的过程实质上是前文已提及的"退而求其次"的路径选择过程，坚持的是一种不求最优，只求最有效解决当下治理困境，不求一步到位，只求能渐进前进的哲学理念。

打破传统体制障碍，营造有利于地方政府效能评价的体制环境。"解锁"地方政府效能评价的路径依赖的一个重要的内容就是逐步打破

---

① 蔡立辉：《政府绩效评估：现状与发展前景》，《中山大学学报》（社会科学版）2007年第5期。

现有体制中存在的制约政府效能评价有效发挥的体制性障碍。打破体制性障碍，从本质上而言，是要通过制定和完善与治理转型相契合的政府效能评价的制度规范解决地方政府效能评价与已有制度之间的冲突。例如，公开效能评价结果有利于改变现有政府信息公开不彻底的体制障碍，根据效能评价结果考核干部绩效有利于改变行政人员"能进不能出""能上不能下"的体制弊端等。

汲取现存制度精华，综合利用一切有利制度资源。"解锁"传统治理因素的路径依赖不应该仅思考如何打破体制障碍，还应该探寻如何有效利用现有制度中可以为地方政府效能评价所用的有利资源，如高层领导的支持、政府公信力的权威、自上而下的推动力等。创新一项制度存在很多阻力，为了最大限度地推行这项制度，需要循序渐进，顺势而为，依托现有的制度基础来逐步"解锁"路径依赖。否则，盲目追求一步到位，反而会导致地方政府效能评价的实践因阻力过大而流于形式，最终宣告失败。

（二）基于本国国情，借鉴国外地方政府绩效评价制度安排的经验

尽管本书一直强调的是，我国治理转型独特国情和管理情境要求地方政府效能评价应该立足本国国情，但这并不意味着要排斥国外一切先进做法。有选择、有智慧的"拿来主义"对我国政府效能评价制度安排是有益的。

本书所倡导的与治理转型相契合的地方政府效能评价体系，就其本质而言，是坚持"本土化"的中心思想，认为产生于西方国家的政府绩效评价这一管理工具不能很好地解释当下中国的实际，需要根据中国治理转型的国情特征来探寻一种新的分析框架。这一中心思想与叶启正所强调的"西方社会科学理论未必是放诸四海而皆准的客观解释体系，它们不过是西方学者在其特有之文化与社会背景下产生的观点和见解，是带有特定意识形态与价值色彩的"①，以及杨中芳强调"研究者只有深入到相应的历史/文化/社会意义系统中才能理解行动者据以行动的理

---

① 叶启政：《从中国社会学既有性格论社会学研究"中国化"方向与问题》，转自杨国枢、文崇一《社会及行为科学研究的中国化》，"中央"研究院民族学研究所1982年版，第146页。

据和策略"① 等观点是相契合的。然而，不可否认的是，对于后发国家而言，"基本上任何社会科学都属于'舶来品'，都是按照西方社会的逻辑发展起来的"②。因此，在讲求本土化思想的同时，也不能忘记科学知识的普适性和管理活动的一般规律性。西方作为政府绩效评价的发源地，其发展过程中积累的诸多有益制度安排经验中，必然有一些是具有普适性的，我们所要做的就是从这些普适性的制度安排中汲取经验，并将其核心精华应用到我国的政府效能评价实践中。

（三）着力于"以评促改"，推进相关配套制度同步改革

地方政府效能评价的有效推进依赖于其他相关配套制度的同步改革。从西方先发国家的政府绩效评价实践经验中也可以看到，绩效评价制度并非孤立前行。例如，美国在颁布《绩效与结果法案》后紧接着先后通过了《信息技术管理改革法案》《削减公文工作法案》《政府管理改革法案》等。英国的雷纳评审伴随着"部长管理信息系统""财务管理新方案"和"改进政府管理：下一步行动方案"等配套制度出台。英美两国的上述做法即是通过推动政府绩效评价配套制度同步改进，适应政府绩效评价，为其有效实施提供良好的配套制度环境。就我国的情况而言，亟须从以下三个配套制度改革着手。

1. 改革预算制度

预算制度是政府效能评价实施的重要配套制度之一。自 2016 年以来，财政部已经开始推进中央预算绩效管理改革，力图构建"花钱必问效，无效必问责"的管理机制，到 2016 年年末已经取得了突破性进展：一是实现了中央部门项目支出绩效目标管理全覆盖。二是启动绩效目标执行监控试点。选取中组部、水利部、银监会、审计署等 15 个部门，开展绩效目标执行监控试点，及时发现管理漏洞，纠正执行偏差。三是开展财政重点绩效评价工作。从年度项目支出中筛选 25 项重大民生政策和重点专项支出，开展重点绩效评价。四是首次向全国人大常委

---

① 杨中芳：《试论如何深化本土心理学研究：兼论现阶段研究成果》，转自阮新邦、朱伟志《社会科学本土化：多元视角解读》，美国八方文化企业出版公司 2001 年版，第 155—157 页。

② 杨国枢、文崇一：《社会及行为科学研究的中国化》，"中央"研究院民族学研究所 1982 年版，第 V – VI 页。

会报送绩效评价报告。将师范生免费教育、草原生态保护补助奖励等5个项目和政策绩效评价报告，作为2015年中央决算参阅资料提交全国人大常委会。五是推进绩效评价结果随同中央决算向社会公开。推动和组织69个部门向社会公开绩效工作开展情况，24个部门公开项目绩效评价报告。六是加强中央部门绩效自评。要求中央部门在2016年预算执行完成后，对所有项目支出进行绩效自评，并按照不低于项目支出总金额的一定比例，选取部分一级项目绩效自评结果，随部门决算报财政部审核①。各个地方政府也逐级颁布了相关的预算绩效管理规章制度，并逐步开展实施。但当前的绩效预算主要集中于中央部门特定项目支出的评价，还没有形成普遍的预算绩效评价机制，地方政府预算绩效改革仍需要进一步深化。

2. 改革人事制度

在政府治理过程中，无论是管理政策实施，还是管理工具应用，都是通过人来进行并发挥功效的，地方政府效能评价亦是如此。因此，人事制度是地方政府效能评价的重要配套制度之一。1993年我国颁布了《国家公务员暂行条例》（以下简称《暂行条例》），但随着时代发展与行政改革的推进，《暂行条例》中很多规定和要求已不能满足现代政府治理的需求。因此，2005年中华人民共和国第十届全国人民代表大会通过了《中华人民共和国公务员法》（以下简称《公务员法》），自2006年1月1日起施行，《暂行条例》废止。这次变更并非是简单的翻版，而是人事制度的一次重大变革：首次提出了"聘任制"，提出"机关根据工作需要，经省级以上公务员主管部门批准，可以对专业性较强的职位和辅助性职位实行聘任制"，这对于激发公务员团队活力，改变过去"能进不能出"机制提供了改革突破口。同时，《公务员法》也根据时代需求，对公务员考核机制进行了调整。由原来的"德能勤绩"变为"德能勤绩廉"，且增加了竞争上岗、公开选拔、任职试用期（《公务员法》第45条和第46条）以及引咎辞职、责令辞职等（《公务员法》第82条第3款和第4款）。以公务员管理制度为核心的国家人事

① 预算司：《2016年中央预算绩效管理取得突破性进展》，http://yss.mof.gov.cn/zhuantilanmu/ysjxgl/201612/t20161205_2472977.html。

制度改革已经取得了较大进展，但政府效能评价的有效实施，还需要进一步构建与效能评价相适应的人事制度，进一步激活"能进能出，能上能下"的机制，进一步下放人事管理权，增强用人单位的用人和管人自主权，避免用人单位管人与管事的脱节，促使人事制度与效能评价同步协调。

3. 完善信息公开制度

信息是评价的依托。有效的政府效能评价建立在有效的政府信息公开制度基础上。没有及时、全面、准确的关于评价对象绩效的信息，就会导致评价结果的偏颇甚或无效。近些年，党和政府在推进政府信息公开、提高政府工作透明度方面做了诸多努力，《中华人民共和国政府信息公开条例》已经于 2008 年实施，各级地方政府也出台了相关的政务、政府信息公开的规章制度。权力清单制度、强化政府网站建设等举措提高了公众的政务知情权。但当前我国政府信息公开还存在诸多问题和不足，如很多地方政府信息公开是以行政机关的意志而非公众的权利需求推动，这也导致一些地方政府出于对自身利益的维护，回避公开很多公众关心的相关政务信息。如，有地方政府对于一些"坏消息"遮遮掩掩，瞒报隐报，对于一些"好消息"则夸大其词，言过其实。政府效能评价需要信息公开制度的高度配合，未来政府信息公开需要进一步扩大范围，增强政府工作透明度，为地方政府效能评价奠定信息基础。

二　制度完善的具体路径

治理转型视域下地方政府效能评价的制度安排除了从上述宏观策略着手，还需要在地方政府效能评价制度安排的具体路径中体现，积极提升治理转型视域下地方政府效能评价的科学性与合理性。

（一）推进治理转型视域下地方政府效能评价的公众参与

公众参与地方政府效能评价的重要意义已是共识，公众是地方政府效能评价的主体之一，也是实施政府效能评价的最终归宿。缺少了公众参与的政府效能评价注定不能成为科学的、有效的政府效能评价，缺少了公众参与的政府效能评价也注定不能担负起推动治理转型的重任。治理转型视域下公众参与政府效能评价制度安排的具体路径应该从以下三个方面着手：

1. 准确定位公众在政府效能评价中的作用

准确定位公众在政府效能评价中的作用有两个层面的意蕴：一是认识公众在政府效能评价中的作用。二是精确把握公众在政府效能评价中作用的范围与局限性。学术界中大部分的论证都集中于论述公众在政府效能评价中的作用，其论据不外乎如下两个视角：①使用者最有发言权视角。从公共产品或公共服务使用者角度界定公众评价政府的合理性，认为公众评价有利于提升政府的责任感，促进政府部门从"唯上"转向"以公众为本位"进行公共产品或公共服务的供给。②公民是权力来源视角。从政府权力是来自于人民的角度界定公众监督政府的合法性，认为政府效能评价本身就包含了对政府的监督，而公众作为最初的委托人，有法定权利对政府效能进行监督和评价。

对于使用者最有发言权视角，应该认识到的是，并非所有政府部门都直接面向公众，可以通过公众直接使用产品和服务来感知政府效能高低，像工商、税务、教育机关等是直接面向公众的部门，但是像发改委等部门可能并不是直接面向公众。此外，也并非所有政府治理体系和治理能力领域都可以为公众所评价，即便是教育、工商和税务部门，很多效能领域的评价也并非公众能够驾驭。尤其是在治理转型时期，政府各个部门不仅仅是一种业绩产出的评价，还包括过程、体系和能力变革、创新与构建的评价，很多时候公众并不能理解这些活动的目标，也不能科学地判断取得的成效如何。对于公民是权力来源视角，很多时候政府效能评价中提到的"公众"都有将其狭隘化的倾向。政府的立法机构本身就是一种民意代表机构，就我国而言，人大代表制度本身就是代表人民行使立法权、监督权的制度，很多研究提"公众参与"必言"万民评议""公民测评"，却忽视了在中国情境下已经最制度化的公众参与形式。此外，还要明晰"利益相关者"公众与"围观"公众的区分。政府效能评价讲求有效性和经济性，不可能像人口普查一样将所有公众都纳入，即便都纳入也并非每一个公众都可以作为政府效能评价的有效参与者，只有利益相关者才更有效也更有动力参与评价。

2. 探寻治理转型视域下公众参与地方政府效能评价的有效切入点

上文是从公众角度探讨其参与的意义以及参与的范围与有效性，本部分是要从地方政府效能评价体系所具有的特性角度来探寻其与公众参与衔接的切入点，即公众参与的方式与途径。很多学术研究谈及公众参与地方政府效能评价，必指公众参与到评价环节中来，如"万民评议政府"。但如前文已述，在治理转型视域下，这种大张声势的参与过程是形式意义大于实质意义。有效的公众参与应该是恰如其分的参与机制：一是公众参与评价时机恰如其分，需要公众事后即时评价的内容，应该设立并充分应用日常办事公众评价机制；需要公众对某一政策、某一项目效果评估的内容，则应该让利益相关的公众在评价前得到充分的相关信息，待该政策或项目实施效果彰显后选取利益相关公众进行评价。二是公众参与评价内容的恰如其分，政府效能评价是一个包含多层级多维度的评价系统，什么内容适用于公众评价，什么内容不适用于公众评价，什么内容适用于公众直接评价，什么内容适用于公众代表评价都需要进一步精细化。三是公众参与评价环节的恰如其分。公众参与政府效能评价不仅包含评价这一环节，还包含了效能目标设定、效能评价指标开发、效能评价结果运用等环节，依据不同评价环节特性来设定公众参与的切入点至关重要。例如，政府效能评价目标的设定可能较少有机会纳入公众参与，即使在政府绩效评价发达的美国实践中，政府绩效目标的设置过程也通常比较封闭，尽管政府雇员会参与，但是很少有公众参与其中[①]。而评价指标的开发与构建则可以在充分地与公众互动后确定。

3. 提高地方政府效能评价过程和结果的透明度

提高地方政府效能评价过程和结果的透明度与宏观策略中政府信息公开系统相对应，只不过此处更强调在具体评价过程中扩大对参与主体的信息供给机制。在一定程度上，政府效能评价本身就是一项信息活动，评价是基于眼所观、耳所闻而掌握的信息的评价，很多时候信息不对称导致人们对政府有很多"误判"。有效的公众参与，不管是有限的参与还是全民的参与，其前提是公众能够掌握充分、客观和全面的信息，而不是报喜不报忧的信息，也不是经过美化的信息。只有这样，公众才能提高对政府效能目标的认知度，才能基于事实作出判断和评价。同时，在地方政府效能评价过程中，应该将评价的目的、评价的内容和指标、评

---

① 孟华：《政府绩效评估：美国的经验与中国的实践》，上海人民出版社 2006 年版，第 89 页。

价的标准、评价的方法以及参与主体等要素信息都公布于众，这也能有效预防人为因素干预对政府效能评价的不利影响。信息公开对公众和相关部门的监督是极其必要的，也是有关部门进行决策的重要参考依据。

（二）完善地方政府效能评价过程的制度供给

制度供给是政府效能评价成功、有效实施的保障。当前我国地方政府效能评价的很多问题都是由于缺乏有效的制度供给，尽管现阶段我国地方政府效能评价的有效实施，上级领导的重视很重要，但是长久而言，依赖领导个人意志的支撑变数太多，制度保障才是持续发展的根本之道。

1. 建立和完善治理转型中政府效能评价的工作制度

制度保障是地方政府效能评价的根本保障。西方发达国家的经验已经表明强制性制度保障的重要性，例如美国的《绩效与结果法案》规定每个机构应该提交年度绩效规划和报告，财政预算与政府部门绩效挂钩；英国《地方政府法规》规定地方政府必须实行最佳绩效评价制度，各部门每年要进行绩效评估工作，要有专门的机构和人员及固定的程序。尽管在治理转型时期我国地方政府效能评价很多方面需要灵活应对，但是这并不妨碍将政府效能评价的一些原则性问题、必要性程序和方法用制度形式固定下来，虽然不强求全国性的统一立法，但是一些基本的制度规定应该存在。一方面，可以通过立法确定地方政府效能评价的地位，例如确立地方政府效能评价法，将地方政府效能评价制度化、法律化和常态化，使其成为各级政府日常工作不可回避的工作议题，改变以往实践中地方政府效能评价成为一些领导"呼之即来，挥之即去"完全依据个人意志决定是否执行以及多大程度上执行的做法。另一方面，在确定地方政府效能评价的法律地位后，需要进一步树立地方政府效能评价的法律权威。当前我国地方政府效能评价的实施机构一般都挂靠于纪检委或监察部门，很少具有独立的地位，也很少具有相应的调查和评估权力，很多时候受制于其他政府部门，无法做到有效的评价和评价结果反馈，在一定程度上难以受到评价对象的重视。本书认为可以通过增强人民代表大会制度在政府效能评价中的地位和作用，树立地方政府效能评价的权威性。另外，在灵活应对治理转型背景下地方政府动态、复杂和多变的治理任务基础上，通过行政法规和规章制度规范地方政府效能评价的一些原则性问题，例如评价的形式和方法、评价的范围和标准等。由于当前我国地方政府效能评价很大程度上还深受上级政府和领导人的偏好影响，通过法律强制手段确定评价的范围和标准，可以有效地解锁路径依赖，有效推进治理转型。

2. 建立地方政府效能评价的约束机制

没有约束机制的制度很难保证其推行效果。作为一项权威性的活动，政府效能评价如果在实施过程中缺乏相应的约束机制，很难保证评价的客观性、公正性和有效性。

约束机制的作用对象有两个：评价对象和评价主体。一方面是对评价对象约束，本质上而言，政府效能评价是一种监督和控制管理工具，任何利益主体都不愿被施加更多的监督与控制，所以就会出现被评价对象消极应对评价工作的行为。另一方面是对评价主体的约束。评价主体并非任何时候都大公无私，也并非任何时候都能尽职尽责，所以也需要对评价主体进行约束。约束机制主要有三个方面：一是事前约束机制，即通过信息技术、专家、公众参与等手段来减少评价过程中评价对象和评价主体存在不配合等问题的可能性；二是过程约束机制，主要是通过信息公开增强评价过程的透明性，加强社会和公众对评价过程的监督，减少弄虚作假、徇私舞弊的发生率；三是事后问责，对于前两方面约束机制的"漏网之鱼"，应该进一步追究责任，严厉惩治。

（三）增强地方政府效能评价结果的运用

评价结果运用是地方政府效能评价的目的所在，是推动治理变革，实现治理转型的关键环节。尽管评价过程本身也对治理变革、治理转型有较强的指向作用，但如果将评价结果束之高阁，会导致评价结果经过评价反馈到效能改进的链条中断，不能形成有效的评价闭合循环，使评价不能持续进行，或者即便持续进行也没有递进效应。从第四章的现实状态探析可知，当前我国地方政府效能评价结果运用不足具体表现在两个方面：一是评价结果注重彰显成效，而对存在的问题轻描淡写。二是评价结果多用于排名公示，奖惩依据，少数提到干部考核，仅有极个别是提到了绩效改进的措施及反馈。这无疑使政府效能评价的作用大打折扣。诚然，奖惩激励是政府效能评价的重要功效之一，但并非唯一功效，甚至不是最重要的功效。而管理与控制进而提升效能才是最重要的功效，可以认为奖惩激励也从属于这一层面的功效，所以如果仅片面的注重排名奖惩，而忽视根据评价结果提供改进建议、提出改进策略进而监督改进状况，那么政府效能评价的功效仅仅发挥了一半。因此，政府效能评价必须要根据评价结果呈现当前政府效能损耗的具体方面，在与被评价单位沟通的基础上探寻效能损耗的原因，并提出效能改进的策略。

1. 地方政府效能评价结果公开制度化

当前由于我国地方政府效能评价仍是以政府为主导，评价结果很多时候仅仅被作为政府内部材料向上级反馈，政府内部也并非人人了解评价结果，更何况政府外部的公众。且从第四章对我国地方政府效能评价实践政策分析中，很少看到关于地方政府效能评价的具体细节公开，所能查到的结果公开仅仅是排名公示、最后得分或者更宽泛的概要描述，而对于排名依据、各项排名及其计算过程等内容则仍然是一个"黑箱"，公众仍很难"知其所以然"。想要充分发挥地方政府效能评价结果对治理变革的重要推动作用，必须首先将结果公布于众，从法律层面规定地方政府效能评价结果公开范围，在不违反国家、部门保密法律规章的情况下，规定地方政府效能评价结果及结果形成过程的公开范围和内容。政府效能评价实践较先进的国家，公众一般评价可在政府官网上找到详细的政府效能评价结果报告，报告很详尽地呈现了政府效能评价从指标形成到评价结果形成的过程。即便我国当下难以做到评价结果的完全公开，也应该从法律上规定公众对评价结果依申请公开和依申请应用的渠道，例如，有些专家学者需要相关的数据进行学术研究，可以通过向有关部门申请获得相应的评价结果。

2. 地方政府效能评价责任承担机制常态化

治理转型期，地方政府效能评价很大程度上是上级政府对下级政府的管理手段。上级政府拥有制衡下级政府（被评估者）的权力资源，如升迁、预算等，很多时候评价是否有效与评价结果是否与适合的激励挂钩紧密相关。在我国当下的治理情境下，很多地方政府官员最在意的莫过于其自身的升迁，有相关实证研究指出，职务升降是当下中国地方政府官员最重要的激励因素[1]。想要让地方政府效能评价结果发挥作

---

[1] 陈天祥：《政府绩效合同的设计与实施：交易费用理论的视角——来自广东省 J 市的调研》，《公共行政评论》2008 年第 3 期。

用，必然需要将地方政府效能评价结果运用与地方政府效能责任对应官员的升迁联系起来，也将地方政府效能评价结果与下一轮治理周期的资源获取相联系，如项目审批、项目申报的倾斜政策，财政补贴与预算倾斜政策等，在一定程度上形成常态化地方政府效能评价责任承担机制。

第三节 优化技术手段，适应与治理转型相契合的地方政府效能评价新格局

技术创新与发展是推动和保障政府治理变革的重要推动力。与治理转型相契合的地方政府效能评价体系的有效实施除了依赖于理念更新和制度完善，还依赖于相应的技术推动。

一 完善电子政务技术，为政府效能评价提供有效载体

电子政务是现代政府有效行使职能的新的技术工具，其应用与发展是当代政府治理变革的重要成果之一，为提升政府治理水平做出了重要贡献：一方面，电子政务促使政府信息网络更加通畅，与传统时期层层下达行政信息相比，电子政务的信息传播非常迅速和及时。同时，电子政务也促使信息的反馈渠道更加顺畅。为打破政府内部的科层式缓慢的信息传递，提高信息资源的质量，地方政府效能评价的有效开展奠定了信息基础。另一方面，电子政务信息直达公众，使公众更加便捷地对政府公共治理表达意愿、进行监督和提供建议，在不打破原有体制机制的情况下实现信息共享，为公众广泛、普遍地参与公共行政拓宽了道路。治理转型视域下为保障地方政府效能评价的有效开展，应该从以下两个方面完善电子政务技术。

（一）提升地方政府电子政务信息的有效性

电子政务作为地方政府效能评价的重要信息载体，涉及政府治理方方面面的信息体系构建，在这个过程中，无论是信息的采集，还是信息的整理都应该具有较高的规范性和协调性。规范性表现在政府治理过程中的政治、经济、社会等信息呈现应该具有真实性和可信性；协调性表现在不同层级的政府组织和不同部门的政府组织之间应该保持信息的协

同和互补，避免信息重复、信息遗漏或者信息冲突现象。电子政务作为反映政府治理动态的平台与载体，还应该具有动态性与时效性，即紧随政府治理和社会需求，不断更新信息资源，满足社会不同治理主体的信息需求。通过上述两个层面提升地方政府电子政务信息资源的有效性，保证地方政府效能评价过程中评价主体可以有效地采集信息。

（二）深化地方政府电子政务的共享性

电子政务发展的最重要初衷是促进政府治理信息共享。随着我国电子政务的不断发展，当前我国地方政府治理信息开放性程度已经大大提升。但是与治理转型时期地方政府效能评价需求的信息共享还有一定距离。要达到上述需求的标准，仍需要进一步努力：第一，疏通评价信息传递网络。政府部门应不遗余力地通过各种途径和方式公开除法律规定应该保密的政务信息，将政府职能、职责、权力运行状况等方面的信息及时、准确地通过互联网、报纸、电视等各种媒体向社会公布。第二，及时跟踪并公开政府治理的程序和过程，让公众可以"知其然也知其所以然"地参与和监督政府治理，促使公众可以更加理性地评价政府效能。第三，充分利用电子网络和各种信息技术，如"互联网＋政务公开""互联网＋民意调查""互联网＋公众评议"或"互联网＋政府效能评价"等增强政府治理过程的透明度和开放性，充分发挥电子信息技术在官民互动方面的独特优势。

二 充分发展大数据，为政府效能评价提供可靠信息资源

大数据的出现是一场技术革命，是互联网和信息技术走向成熟的表现，将助推政府治理技术不断升级。随着国家和政府治理转型的推进，大数据逐渐在政府治理中崭露头角，并将引发更深入的治理变革。例如，广东省于2012年起草了《广东省实施大数据工作方案》，2014年成立了大数据管理局，上海市科委2013年发布《上海推进大数据研究与发展三年行动计划（2013—2015）》，建立了专门的政府数据服务网，此外，2015年国务院发布了《促进大数据发展行动纲要》等，无不彰显着大数据越来越深入到我国政府治理实践中。政府效能评价是一个多方协同参与的治理过程，其顺利运行需要以评价主体和参与主体掌握的相关政务数据为前提，唯有如此，评价才可能接近客观与真实。应该从

以下两个方面提升大数据对我国地方政府效能评价的推动和保障作用。

（一）培育大数据专业人才

本质而言，政府治理实践是动态的调整与变革过程，这一过程深受技术进步和时代变迁的推动。治理转型界定了政府效能评价的时代背景，而大数据则体现着技术的进步。大数据时代提供的海量信息可以为地方政府治理提供丰富信息，为提高政府治理能力提供机遇。同时，大数据又挑战着政府传统治理模式下的信息整合、管理和分析能力。数据的质量、可靠性、来源稳定性等问题是大数据真正有效运用到政府治理中的关键，而专业人才又是判断大数据质量、可靠性和来源稳定性的前提条件。

治理转型视域下地方政府效能评价所需要的大数据专业人才是一种复合型人才，这种大数据复合型专业人才，不仅要掌握数学、统计学等大数据专业技术，还需要对政府治理、社会参与、公共服务等知识领域有信息研判的灵敏性，从而更好地挖掘和分析大数据隐含的治理内涵。目前，很多企业为了业务的发展已经开始注重对大数据专业人才的培养，如百度、淘宝等互联网企业与高等院校合作开办大数据专业工程硕士。但公共治理领域在这方面的培养方案尚未开展，大数据专业人才的缺失导致政府治理过程中运用大数据的广度和深度受到限制。当务之急是进一步完善人才储备，与时俱进地增加适应时代需求的大数据复合型专业人才：一方面可以对当前政府工作人员进行大数据知识的系统培训，提高其对大数据的认知能力；另一方面可以借鉴企业的做法，建立与高校的合作培养模式，为政府治理培养一批符合时代需求的大数据复合型人才。

（二）有效衔接大数据与政府效能评价

2015 年国务院颁布的《促进大数据发展行动纲要》明确指出，2020 年年底前，逐步实现信用、交通、医疗、卫生、就业、企业登记监管等民生保障服务相关领域的政府数据库向社会开放。随着大数据的不断推进，如何让数据为政府决策服务，成为政府治理变革的重要任务。就政府效能评价而言，有效衔接大数据需要从以下方面着手：一方面，以政府效能评价指标体系为核心构建政府效能大数据，建立政府效能评价指标库的分类信息，并依托指标数据库实现各级政府信息系统、政府与第三方评价机构、政府与社会公众之间的数据交换。同时，根据不同行业的发展状况，构建各个行业效能数据库，并通过数据积累与数据分析，制定不同区域、不同行业和不同类型效能指标的参照标准，建立评价标准数据库。在指标和标准数据库建立基础上，通过数据分析模型，比较政府治理效能差异及差异原因，并针对分析结果进行有的放矢的政府效能改进，促进政府效能评价结果与应用建立在更加科学的基础上。另一方面，充分利用大数据的广阔容量拓展政府效能评价的广度和深度。政府效能大数据库包含了当下数据，也包含了历史数据，这对于指标体系构建和标准建立是一种重要参考，有助于政府效能评价指标体系设计与政府组织及部门的中长期发展状况、规划目标相结合，避免保守与冒进失误。此外，大数据还可以为政府效能评价提供充足的佐证信息，除了直接相关数据，还可以建立相应的配套案例和文献库，以便在评价结果出来后可以及时、精准查找诱因，更好地提升效能评价结果的应用效力。

第四节　本章小结

与治理转型相契合的地方政府效能评价的有效实施需要理念—制度—技术三位一体的保障系统。首先，应做到理念更新，迈向与治理转型相契合的地方政府效能评价的新思维，摒弃扭曲的政府效能评价观念，树立科学的政府效能评价理念。其次，应该完善制度体系，从宏观层面而言，包括立足于治理转型特征，"解锁"传统政绩考核的路径依赖、基于本国国情，借鉴国外政府绩效评价制度安排经验、着力于"以评促改"，推进相关配套制度同步改革三个层面；具体路径则包含推进公众参与地方政府效能评价、完善地方政府效能评价过程的制度供给、增强地方政府效能评价结果的运用三方面；最后，优化技术手段，适应与治理转型相契合的地方政府效能评价新格局，包括完善电子政务，为政府效能评价提供有效载体，积极发展大数据，为政府效能评价提供可靠的信息资源。

第七章　主要结论与研究展望

"理论在一个国家的实现程度，总是取决于理论满足这个国家的需要的程度。"[①] 本书尝试构建契合我国治理转型时期需求的地方政府效能评价体系，使其能有效推进治理转型，提升政府效能，进而促进国家治理体系与治理能力现代化。

第一节　研究的主要结论

本书有以下五个方面的主要结论：

第一，随着我国社会主义建设进入新阶段，治理转型进一步推进，地方政府效能评价并非要一味照搬西方国家绩效评价做法，而是应该基于我国地方政府治理的基本情境和当前地方政府效能评价存在的问题，开展地方政府效能评价体系的自主创新。

第二，治理转型这一特殊历史时期，既具有超越传统政府治理模式，走向现代政府治理模式的先进性，也带有深刻的传统治理模式路径依赖，尚未达到现代政府治理模式的局限性，这是构建科学的、与治理转型相契合的地方政府效能评价体系的现实依托。同时，构建与治理转型相契合的地方政府效能评价体系也是肩负推动治理变革，促进治理模式成功转型的重要治理工具。

第三，与治理转型相契合的地方政府效能评价体系，是以成为推动治理变革的战略治理工具为基本定位，兼顾和平衡治理转型视域下地方

---

① 马克思、恩格斯：《马克思恩格斯选集》第一卷，人民出版社 1975 年版，第 11 页。

政府治理多元价值取向，反映地方政府治理转型主要维度，基于当前我国治理转型的实际情境与现实"约束条件"，既考虑了治理转型过程中因路径依赖而残存的传统治理要素的限制，又充分考量了治理变革的战略目标要求，尝试渐进型、次优型的分析框架构建思路，由为什么评价（评价基本定位与价值取向）、评价什么（评价内容与指标体系）、谁来评价（评价主体）、如何评价（评价方法）构成的有机系统。

第四，构建与治理转型相契合的地方政府效能评价指标体系，以分析框架中评价内容的逻辑思路，即以评促改为逻辑起点，地方政府治理体系与能力现代化为逻辑主线，具体表现为政府内部管理效能、制度建设效能、改革创新效能、公共政策效能、经济发展效能、社会治理和公共服务供给效能六个动态过渡与静态完成相结合的一级指标维度，并在借鉴现有研究基础、实证分析筛选基础上形成了最终的指标体系。这一指标体系与以往指标体系的最大不同是有效地契合了当前我国治理变革的主要维度，突出对地方政府治理能力的考察。

第五，构建了与治理转型相契合的政府效能评价的制度安排。宏观策略上，应该从立足于治理转型特征，"解锁"传统政绩考核的路径依赖、基于本国国情，借鉴国外政府绩效评价制度安排经验以及着力于"以评促改"，相关配套制度改革三方面着手；具体路径上，应该从推进公众参与政府效能评价来完善政府效能评价主体体系，完善治理转型中政府效能评价过程的制度供给，加强治理转型中地方政府效能评价结果的运用三个方面推进。

第二节　研究展望

由于本书是对治理转型视域下我国地方政府效能评价分析框架的论述，侧重点更多的是基于学理依据与现实诉求，探讨一种恰适的分析框架。因此，本书在构建分析框架与指标体系后，并未开展政府效能评价的实证研究，未来的研究中将会把本书的分析框架应用到实际评价中检验其操作性。此外，本书侧重于从治理转型视域下地方政府效能评价的宏观体系视角分析，在未来的研究中还应该开展进一步的细化研究，如治理转型视域下地方政府效能评价的不同主体参与效力等。

附　　录

227 份完整政策文本目录

省份	年份	名称
江苏省	2011	江苏省人民政府部门绩效管理办法（试行）
江苏省	2011	江苏省审计条例
江苏省	2010	江苏省财政专项资金绩效管理办法
江苏省	2017	江苏省财政专项扶贫资金绩效评价办法
江苏省	2017	省政府办公厅关于印发对设区市人民政府履行教育职责的考评办法（试行）和考评指标（2017 年）的通知
江苏省	2013	关于加强机关绩效管理的意见
宁夏回族自治区	2010	宁夏回族自治区绩效审计办法
宁夏回族自治区	2016	关于进一步加强自治区本级预算绩效管理工作的通知
宁夏回族自治区	2016	自治区财政厅关于 2016 年自治区本级预算绩效管理工作任务分工的通知
宁夏回族自治区	2016	关于进一步规范和加强我区预算绩效管理工作的通知
宁夏回族自治区	2016	自治区财政厅《自治区本级部门预算绩效管理工作考核办法（试行）》
宁夏回族自治区	2009	自治区政府直属机关单位效能目标管理考核暂行办法
吉林省	2011	吉林省人民政府关于推进预算绩效管理的意见（政府）
吉林省	2011	吉林省行政机关公务员岗位绩效考核办法（试行）

续表

省份	年份	名称
吉林省	2011	中共吉林省委吉林省人民政府关于吉林省绩效管理工作的实施意见
吉林省	2014	关于开展 2014 年度省政府工作部门绩效管理考评工作的通知
吉林省	2017	吉林省中介机构参与省级预算绩效评价工作规程（试行）
吉林省	2011	吉林省预算绩效管理办法
吉林省	2011	吉林省中介机构参与省级预算绩效评价工作暂行办法
吉林省	2017	吉林省中介机构参与省级预算绩效评价工作规程（试行）
四川省	2010	四川省社会稳定风险评估暂行办法
四川省	2011	四川省人民政府关于开展政府绩效管理试点工作的意见
四川省	2013	四川省政务服务条例
四川省	2013	四川省财政监督条例
四川省	2009	四川省人民政府部门绩效管理办法（试行）
四川省	2015	省级预算绩效目标管理暂行办法
四川省	2015	四川省财政绩效管理五年规划（2016—2020 年）
四川省	2015	四川省财政支出绩效评价管理办法
四川省	2015	四川省财政厅预算绩效管理内部规程
四川省	2015	四川省财政支出绩效评价操作流程
四川省	2014	四川省人民政府部门绩效管理办法
四川省	2014	四川省人民政府关于印发四川省人民政府市〔州〕政府目标管理办法的通知
湖北省	2011	湖北省电子监察管理暂行办法
湖北省	2012	湖北省人民政府办公厅关于开展政府绩效管理试点工作的通知
湖北省	2013	湖北省人民政府关于推进预算绩效管理的意见
湖北省	2014	湖北省省级预算绩效目标管理暂行办法
湖北省	2012	湖北省省级财政项目资金绩效评价实施暂行办法
湖北省	2015	关于开展 2014 年度省级财政项目支出绩效自评工作的通知
湖北省	2016	湖北省财政厅关于编制 2017 省级预算绩效目标的通知
湖北省	2015	做好 2014 年度"湖北省农村福利院维修改造补助"资金绩效评价工作的通知
湖北省	2016	省财政厅关于开展 2016 年省级财政支出绩效评价工作的通知
湖北省	2015	省级预算绩效目标现场审核工作规程

续表

省份	年份	名称
湖北省	2015	省财政厅关于做好 2014 年度"科技创新发展专项"资金绩效评价工作的通知
湖北省	2015	省级财政项目支出绩效评价报告质量考核标准（试行）
湖北省	2016	湖北省省级财政支出绩效评价结果应用暂行办法
湖北省	2015	湖北省省直预算单位预算绩效管理工作考核办法（试行）
湖北省	2016	2016 年度湖北省省直预算单位预算绩效管理工作考核办法
湖南省	2010	2010 湖南省绩效评估实施方案
湖南省	2011	2011 湖南省绩效评估实施方案
湖南省	2011	湖南省市州财政部门预算绩效管理工作考核办法
湖南省	2012	2012 湖南省绩效评估实施方案
湖南省	2017	2017 年湖南省绩效评估实施方案
湖南省	2015	2015 年度"科学普及专项资金"绩效评价报告
湖南省	2012	湖南省人民政府关于全面推进预算绩效管理的意见
湖南省	2016	湖南省财政厅关于开展 2015 年度省级财政资金绩效评价工作的通知
湖南省	2015	2015 年度"科学普及专项资金"绩效评价报告
湖南省	2017	湖南省财政专项扶贫资金绩效评价办法（试行）
云南省	2010	云南省预算绩效管理工作考核办法（试行）
云南省	2016	预算绩效管理工作考核办法
云南省	2015	云南省省级财政预算绩效管理暂行办法
云南省	2016	云南省省级部门财政支出绩效自评暂行办法
辽宁省	2011	2011 年度省政府对各市政府绩效考评工作实施方案
辽宁省	2012	2012 年度省政府对各市政府绩效考评工作实施方案
辽宁省	2014	2014 年度省政府对各市政府绩效管理工作实施方案
辽宁省	2016	辽宁省预算绩效管理工作考核办法
辽宁省	2011	辽宁省人民政府办公厅转发省财政厅关于加强预算绩效管理指导意见的通知
辽宁省	2016	关于做好 2016 年度省级项目支出绩效自评工作的通知
辽宁省	2011	辽宁省省级财政支出绩效管理暂行办法
辽宁省	2015	辽宁省省级预算绩效管理结果应用暂行办法
辽宁省	2014	辽宁省预算绩效管理专项资金管理办法的通知

省份	年份	名称
北京市	2011	北京市行政问责办法
北京市	2011	北京市人民政府关于做好政府绩效管理试点工作的意见
北京市	2012	北京市审计条例
北京市	2015	北京市财政局关于推进市级政府购买服务项目绩效评价管理工作的通知
北京市	2009	北京市市级国家行政机关绩效管理暂行办法
北京市	2016	北京市市级部门预算管理综合考核办法
北京市	2013	北京市财政支出绩效评价实施细则
福建省	2011	福建省旅游局 2011 年绩效管理工作评估工作方案
福建省	2011	福建省预算绩效管理工作考核办法（试行）
福建省	2016	福建省质量技术监督局关于印发 2016 年度绩效管理工作方案的通知
福建省	2016	2016 年度绩效管理工作方案
福建省	2017	2017 年度福建省农业系统绩效管理实施方案
福建省	2017	福建省农业厅关于印发 2017 年度促进农业对外合作延伸绩效管理实施方案的通知
福建省	2015	2015 年度绩效管理工作方案
福建省	2017	福建省机关效能建设领导小组关于印发《2017 年度绩效管理工作方案》的通知
黑龙江省	2011	加强绩效管理开展绩效评估实施方案（试行）
黑龙江省	2015	黑龙江省省级财政支出预算绩效管理办法
黑龙江省	2010	省财政厅关于开展财政科技专项资金绩效评价试点的通知
黑龙江省	2015	黑龙江省城镇保障性安居工程财政资金绩效评价实施细则（暂行）
新疆维吾尔自治区	2011	政府绩效管理试点工作实施方案
新疆维吾尔自治区	2017	党政绩效管理
新疆维吾尔自治区	2014	关于印发自治区本级财政专项支出绩效评价管理办法的通知
新疆维吾尔自治区	2014	2014 年自治区绩效考评工作方案
新疆维吾尔自治区	2013	自治区绩效考评管理办法
海南省	2011	海南省人民政府办公厅关于推进预算绩效管理的实施意见
海南省	2013	部门整体支出绩效评价方案

续表

省份	年份	名称
海南省	2017	海南省财政厅关于开展 2016 年度部门整体支出绩效评价的通知
海南省	2017	关于开展 2017 年预算绩效管理工作的通知
海南省	2013	海南省财政厅关于印发市县年度预算绩效管理工作考核方案的通知
海南省	2017	海南省财政厅关于做好预算绩效管理考核工作的通知
海南省	2011	海南省人民政府关于印发 2010 年度省政府部门绩效考评工作方案的通知
上海市	2012	上海市审计条例
上海市	2013	关于全面推进预算绩效管理的意见
上海市	2011	上海市财政支出绩效评价管理暂行办法
上海市	2014	上海市预算绩效管理实施办法
上海市	2016	上海市政府部门效能评估管理办法
上海市	2017	上海市政府效能建设管理试行办法
上海市	2015	关于本市进一步推进政府效能建设的意见
江西省	2014	2014 年度政府绩效管理工作方案
江西省	2017	江西省国土资源厅 2017 年度绩效管理工作方案
江西省	2017	关于印发《江西省省直机关绩效管理办法（试行)》的通知
江西省	2017	关于认真做好 2017 年绩效管理指标设置工作的通知
江西省	2013	江西省人民政府关于全面推进预算绩效管理的实施意见
江西省	2016	江西省统计局 2016 年度绩效管理工作方案
江西省	2017	江西省统计局 2017 年度绩效管理工作方案
江西省	2016	关于印发《2016 年度省直机关绩效管理工作方案》的通知
江西省	2013	2013 年度推进省直和中央驻赣单位绩效管理工作方案
江西省	2015	2016 年度省委省政府信访局绩效管理工作方案
江西省	2017	2017 年度江西省气象局绩效管理工作方案
江西省	2016	2016 年度江西省气象局绩效管理工作方案
浙江省	2013	浙江省政府投资项目绩效评价管理暂行办法
浙江省	2005	关于认真做好财政支出绩效评价工作的通知
浙江省	2005	浙江省财政支出绩效评价办法（试行）

续表

省份	年份	名称
浙江省	2006	浙江省财政支出绩效评价实施意见
浙江省	2012	浙江省现代农业生产发展资金绩效评价实施细则
浙江省	2008	关于加强财政支出绩效评价结果应用的意见
浙江省	2004	省政府直属单位工作目标责任制量化考核办法
天津市	2016	天津市财政项目支出绩效评价共性指标体系
天津市	2017	关于进一步深化绩效管理工作的意见（讨论稿）
天津市	2015	天津市市级部门（单位）整体支出绩效目标管理办法（试行）
天津市	2013	天津市市级党委部门和有关群众团体绩效考评工作实施方案
天津市	2013	天津市区县绩效考评工作实施方案
天津市	2013	天津市市级政府部门绩效考评工作实施方案
天津市	2013	天津市绩效管理察访核验实施办法
陕西省	2013	陕西省部门支出管理绩效综合评价方案
陕西省	2013	陕西省预算绩效管理工作规划（2013—2015 年）
陕西省	2017	陕西省财政专项扶贫资金绩效评价办法
陕西省	2012	陕西省财政厅关于加强预算绩效管理的意见
陕西省	2013	陕西省省级财政专项资金预算绩效管理办法
陕西省	2008	陕西省财政扶贫资金绩效考评试行办法
陕西省	2013	陕西省财政现代农业生产发展资金绩效评价办法实施细则
陕西省	2013	陕西省农业综合开发土地治理项目绩效考评办法
陕西省	2006	陕西省省级教科文财务管理绩效评价暂行办法
陕西省	2014	最低生活保障工作绩效评价办法
陕西省	2013	陕西省年度目标责任考核工作规定
陕西省	2013	陕西省年度目标责任考核指标设置实施办法
陕西省	2013	陕西省年度目标责任考核结果运用实施办法
山西省	2015	政府绩效第三方评估管理办法
山西省	2013	山西省人民政府办公厅关于全面推进我省预算绩效管理的指导意见
山西省	2016	山西省省级部门预算绩效目标管理办法
山西省	2014	山西省预算绩效评价管理办法
山西省	2012	山西省年度目标责任考核试行办法
山西省	2017	山西省区域经济转型升级考核评价暂行办法

续表

省份	年份	名称
山东省	2017	关于对 2016 年度省级发展类财政资金进行绩效评价的通知
山东省	2011	山东省省级财政支出绩效评价管理暂行办法
山东省	2017	关于对 2016 年度省级建筑节能与绿色建筑发展专项资金进行绩效评价的通知
山东省	2017	山东省社会救助工作绩效评价办法
山东省	2012	山东省审计督查条例
青海省	2015	全面推进预算绩效管理工作方案（2016—2020 年）
青海省	2012	青海省预算绩效评价结果运用暂行办法
青海省	2012	青海省财政支出绩效评价管理办法
青海省	2017	青海省省级旅游发展专项引导资金绩效评价管理办法
青海省	2015	全面推进预算绩效管理工作方案（2016—2020 年）
青海省	2011	青海省人民政府关于建立财政预算管理综合绩效考评机制的指导意见
青海省	2012	青海省预算绩效管理工作方案
青海省	2013	青海省行政效能监察办法
青海省	2014	中共青海省委　青海人民政府关于在省直机关开展效能建设的意见
内蒙古自治区	2014	内蒙古自治区人民政府办公厅关于推进预算绩效管理工作的意见
内蒙古自治区	2016	内蒙古自治区财政支出绩效评价管理办法
内蒙古自治区	2014	内蒙古自治区预算绩效管理工作规划（2014—2016 年）
内蒙古自治区	2014	内蒙古自治区财政厅关于印发专项财政支出绩效评价共性指标体系框架
内蒙古自治区	2016	内蒙古自治区财政管理绩效考核与激励暂行方案
内蒙古自治区	2017	内蒙古自治区政府向社会力量购买服务项目监督检查和绩效评价管理暂行办法
内蒙古自治区	2013	内蒙古自治区人民政府办公厅关于加强行政效能建设优化发展环境的意见
内蒙古自治区	2013	内蒙古自治区党委组织部关于改进和加强盟市厅局领导班子年度考核工作的意见
河南省	2010	河南省财政支出绩效评价试行办法

续表

省份	年份	名称
河南省	2011	关于印发《财政支出绩效评价管理暂行办法》的通知
河北省	2017	关于做好2017年省直部门绩效评价工作的通知
河北省	2017	河北省教育厅关于做好2017年绩效评价工作的通知
河北省	2012	河北省省级财政支出绩效评价专家管理办法（试行）
河北省	2010	河北省人民政府关于深化推进预算绩效管理的意见
河北省	2015	向第三方购买省级财政支出绩效评价服务管理暂行办法
河北省	2011	关于开展政府绩效管理试点工作的意见
河北省	2014	河北省省级政府采购项目绩效评价管理办法（试行）
河北省	2014	河北省人民政府关于深化绩效预算管理改革的意见
河北省	2016	目标绩效管理考评办法（试行）
河北省	2015	河北省省直机关目标绩效管理实施意见
贵州省	2009	贵州省财政支出绩效评价管理办法（暂行）
贵州省	2015	贵州省省级部门预算绩效目标管理暂行办法
广西壮族自治区	2015	广西壮族自治区预算绩效评价结果应用暂行办法
广西壮族自治区	2013	广西壮族自治区机关绩效考评办法（试行）
广西壮族自治区	2015	广西壮族自治区2015年度设区市和自治区直属机关绩效考评工作方案
广西壮族自治区	2015	关于2015年度设区市绩效考评工作加减分的规定
广西壮族自治区	2013	设区市2013年度为民办实事专项考评指标及评分细则
广西壮族自治区	2016	2016年度全区机构编制和绩效考评调研工作方案
广东省	2012	关于开展政府绩效管理试点工作的通知
广东省	2004	广东省财政支出绩效评价试行方案
广东省	2016	广东省经济和信息化委2016年加强省级财政专项资金绩效管理工作方案
广东省	2016	广东省经济和信息化委关于印发省级财政专项资金绩效评价指标体系的通知
广东省	2015	广东省省级部门整体支出绩效评价暂行办法
广东省	2017	广东省财政支出绩效评价报告质量控制和考核指标体系框架（试行）
广东省	2016	关于做好省级部门整体支出绩效评价试点工作有关问题的通知
甘肃省	2011	甘肃创新重大项目社会稳定风险评估机制

续表

省份	年份	名称
甘肃省	2017	省委办公厅、省政府办公厅关于印发《甘肃省党政机关目标绩效管理实施办法》的通知
甘肃省	2017	省效能风暴行动协调推进领导小组办公室关于印发《省直部门目标绩效管理督查细则》的通知
甘肃省	2017	省效能风暴行动协调推进领导小组办公室关于印发《省直部门目标绩效管理考评细则》的通知
甘肃省	2017	甘肃省文化厅机关2017年度目标绩效管理督查考评实施方案
甘肃省	2011	甘肃省人民政府办公厅转发省财政厅关于甘肃省预算绩效管理实施意见的通知
甘肃省	2014	甘肃省人民政府办公厅关于印发省政府2014年度目标管理责任考核办法的通知
安徽省	2017	安徽省县级基本财力保障机制绩效评价办法
安徽省	2016	安徽省人民政府关于2015年度省政府目标管理绩效考核先进单位的通报
安徽省	2012	安徽省人民政府办公厅关于2012年度目标管理绩效考核工作的通知
安徽省	2016	安徽省人民政府关于2016年目标管理绩效考核工作的通知
安徽省	2017	安徽省人民政府关于2017年各市政府目标管理绩效考核工作的通知
安徽省	2011	安徽省人民政府关于全面推进预算绩效管理的意见
安徽省	2017	安徽省人民政府关于印发省政府部门目标管理绩效考核办法的通知
安徽省	2009	中共安徽省委、安徽省人民政府关于深入推进省直机关效能建设的若干意见
安徽省	2015	安徽省直机关效能问责办法
重庆市	2011	重庆市财政专项资金绩效评价管理暂行办法
重庆市	2011	重庆市财政专项资金绩效评价指标体系
重庆市	2011	重庆市财政局关于推进财政专项资金绩效评价工作的指导意见
重庆市	2013	重庆市财政局关于进一步推进市级部门项目支出绩效评价工作的通知
重庆市	2014	重庆市党政机关工作人员效能问责办法

续表

省份	年份	名称
西藏自治区	2017	西藏自治区财政支出预算绩效管理暂行办法
西藏自治区	2017	西藏自治区财政支出预算绩效评价结果应用管理暂行办法
西藏自治区	2017	西藏自治区第三方机构参与预算绩效管理工作暂行办法
西藏自治区	2017	西藏自治区专项转移支付绩效管理暂行办法

地方政府效能评价指标体系构建专家调查问卷

《治理转型视域下我国地方政府效能评价研究》
指标体系构建专家调查问卷

尊敬的专家老师：

您好！基于您的学识与成就，诚挚邀请您参加这次专家问卷填写，感谢您在百忙之中抽出时间填写这份问卷！

指标体系的科学与合理设计是政府效能评价的核心和关键所在。这份咨询问卷中呈现的指标体系框架初稿是结合本书理论框架，广泛参考已有研究以及政府评价实践基础上构建的。为了进一步提升本书所构建的指标体系的科学性、合理性、可操作性以及较高的信度和效度，特别需要具有广博学术经验或实践经验的您的意见。

问卷共分为两部分，第一部分是您的基本信息填写，基本信息采取匿名方式，信息仅用于咨询专家的整体结构分析，不会对外公开，请您放心如实填写；第二部分是对转型视域下地方政府效能评价指标进行评价，请按照您认为的重要程度进行评价和选择。填写内容无所谓对错，请根据您的经验与知识出发填写即可。

再次对您的大力支持和帮助表示感谢！

1. 您所在城市：［填空题］

2. 您的性别：［单选题］

□男　□女

3. 您的年龄段：［单选题］

□≤30 岁　□31—40 岁　□41—50 岁　□51—60 岁　□≥60 岁

4. 您的单位【信息绝不对外公开，仅供研究者内部分析专家结构使用】：［填空题］

_____

5. 您目前从事的职业：［单选题］

□高校教师　□政府职员　□其他

6. 您目前的研究领域/工作职能领域［填空题］

_____

7. 您的工龄［单选题］

□＜10 年　□10—20 年　□21—30 年　□31—40 年　□≥40 年

8. 一级指标评价［矩阵单选题］

	非常不重要	不重要	一般	重要	非常重要
政府内部管理					
制度建设					
改革创新					
公共政策					
经济发展					
社会治理与公共服务供给					

9. 二级指标评价（政府内部管理）［矩阵单选题］

	非常不重要	不重要	一般	重要	非常重要
人力资源					
廉洁状况					
行政效率					
行政效果					

10. 二级指标评价（制度建设）［矩阵单选题］

	非常不重要	不重要	一般	重要	非常重要
政务公开					
权力清单					
市场准入负面清单					
法治建设					
重大行政决策社会稳定风险评估					
全面绩效管理					

11. 二级指标评价（改革创新）［矩阵单选题］

	非常不重要	不重要	一般	重要	非常重要
重点改革事项/任务落实情况					
治理/服务方式创新					

12. 二级指标评价（公共政策）［矩阵单选题］

	非常不重要	不重要	一般	重要	非常重要
需求识别					
决策行为					
政策执行					
政策效果					

13. 二级指标评价（经济发展）［矩阵单选题］

	非常不重要	不重要	一般	重要	非常重要
增长速度					
发展方式					
经济结构					

14. 二级指标评价（社会治理与公共服务供给）［矩阵单选题］

	非常不重要	不重要	一般	重要	非常重要
社会稳定					
居民生活质量					
教育文化卫生事业发展					
生态环境治理					
市场监管与服务					

15. 三级指标筛选（政府内部管理）[多选题]

□行政人员平均受教育年限

□人力资源开发战略（培训）

□腐败案件涉案人数占总人员比重（逆向指标）

□行政经费占财政支出的比重

□行政人员占总人口的比重

□信息管理水平

□工作效率/行政审批效率

□回应民意时效

□服务态度

□业务熟练程度

16. 三级指标筛选（制度建设）[多选题]

□政务公开能力

□公众信息可得性

□权力清单制度规范程度

□回应民意时效

□市场准入负面清单制度具体配套制度

□市场准入负面清单制度与其他制度衔接情况

□政府制定的行政规章数及增长率

□政府新出台的关于企业发展与市场公平竞争的行政规章数及增长率

□变更或废止的主要法规规章的平均适用年限

□人均行政诉讼案件总量

□公众对行政机关执法适当性、公正性和规范性的满意度

□市、县公共法律服务中心（含法律援助便民窗口）建成率

□法制宣传（法制电影、法制征文等普法活动形式）

17. 三级指标筛选（改革创新）［多选题］*

□"放管服"改革

□商事制度改革

□年度为民办实事情况/重大民生项目

□重大项目建设

□互联网＋政务/网上政务大厅建设情况

□政务超市/综合政务服务中心建设情况

□综合联动机制

□公共服务外包/购买/PPP 等形式

18. 三级指标筛选（公共政策）［多选题］

□及时、有效汇集民意

□决策听证与公示情况

□专家咨询与论证情况

□决策的程序化和规范化情况

□部门之间权责明晰

□部门之间协调程度

□与政策目标的一致性程度

19. 三级指标筛选（经济发展）［多选题］

□人均 GDP 增长率

□财政收入增长率

□第三产业产值占 GDP 比重

□工业总产值占 GDP 比重

□固定资产投资增长率

□人均消费支出

□高新技术产业占工业比例

□城乡居民人均可支配收入增长率

□高新技术产值占 GDP 比重

20. 三级指标筛选（社会治理与公共服务供给）［多选题］

□基尼系数/贫困人口比例（逆向指标）

□扶贫攻坚工作进展

□基本社保覆盖率

□失业保险覆盖率

□社会保障支出占财政支出比重

□每万人刑事案件发案率（逆向指标）

□每万人治安案件发案率（逆向指标）

□每万人交通安全事故发生率（逆向指标）

□亿元 GDP 生产事故死亡率（逆向指标）

□公众的安全感指数

□城镇新增就业人口占总就业人口的比例

□就业创业服务政策供给

□恩格尔系数（逆向指标）

□平均预期寿命

□人均住房面积

□上班单程耗费时间（逆向指标）

□交通拥堵程度（逆向指标）

□城市建成区绿化率

□科技投资规模

□生均教育经费投入

□义务教育师生比

□教育支出占财政支出的比重/财政性教育经费占 GDP 的比重

□公共图书馆人均图书册数

□文艺场馆覆盖率

□公共体育设施投资占 GDP 比重

□医疗卫生经费占财政支出比重

□就医便捷度

□医药费可承受程度

□医保卡使用方便程度

□空气质量指数

□环境立法和执法情况

□生活垃圾无公害处理率

□工业"三废"处理率

□每万人经济违法案件发生率（逆向指标）

□每万人商品和服务投诉率（逆向指标）

□消费者投诉问题解决率

□社会信用体系建设与运行情况

21. 依据您的学识与实践经验，您认为该指标体系框架存在哪些方面的问题以及您的完善建议。谢谢！［填空题］

指标隶属度计算结果

三级指标	隶属度	三级指标	隶属度
X_1 行政人员平均受教育年限	0.42	X_{15} 政务公开保障措施	0.27
X_2 35 岁以下公务员所占比例	0.19	X_{16} 公众信息可得性	0.75
X_3 公务员对自身培训与提升的满意度	0.20	X_{17} 制度化程度	0.57
X_4 腐败案件涉案人数占总人员比重	0.57	X_{18} 规范化程度	0.65
X_5 行政经费占财政支出的比重	0.58	X_{19} 具体配套制度	0.56
X_6 行政人员占总人口的比重	0.42	X_{20} 事中事后监管	0.64
X_7 信息管理水平	0.57	X_{21} 制度衔接	0.57
X_8 工作效率/行政审批效率	0.83	X_{22} 政府制定的行政规章数及增长率	0.35
X_9 回应民意时效	0.72	X_{23} 政府新出台的关于企业发展与市场公平竞争的行政规章数及增长率	0.34
X_{10} 服务态度	0.68	X_{24} 变更或废止的主要法规规章的平均适用年	0.29
X_{11} 业务熟练程度	0.59	X_{25} 人均行政诉讼案件总量	0.29
X_{12} 政务公开透明度（数据开放、领导联系方式）	0.56	X_{26} 公众对行政机关执法适当性、公正性和规范性的满意度	0.56
X_{13} 政务公开参与度	0.28	X_{27} 市、县公共法律服务中心（含法律援助便民窗口）建成率	0.39
X_{14} 政务公开能力	0.71	X_{28} 法制宣传（法制电影、法制征文等普法活动形式）	0.22

续表

三级指标	隶属度	三级指标	隶属度
X_{29} 制度成熟度	0.30	X_{54} 每万元 GDP 电耗量降低率	0.32
X_{30} 具体配套制度	0.37	X_{55} 投资额度（外商、港澳台）增长率	0.30
X_{31} 制度应用状态	0.51	X_{56} 第三产业产值占 GDP 比重	0.68
X_{32} "放管服"改革	0.59	X_{57} 高新技术产业占工业比例	0.45
X_{33} 商事制度改革	0.43	X_{57} 高新技术产业固定资产投资占社会总固定资产投资比重	0.43
X_{34} 年度为民办实事情况/重大民生项目	0.75	X_{58} 私营企业占企业总数比例	0.70
X_{35} 重大项目建设	0.65	X_{60} 扶贫攻坚工作进展	0.56
X_{36} 互联网＋政务/网上政务大厅建设情况	0.71	X_{61} 基本医疗保险参保率	0.81
X_{37} 政务超市/综合政务服务中心建设情况	0.54	X_{62} 失业保险覆盖率	0.64
X_{38} 综合联动机制	0.54	X_{63} 社会保障支出占财政支出比重	0.67
X_{39} 公共服务外包/购买/PPP 等形式	0.55	X_{64} 每万人刑事案件发案率	0.18
X_{40} 及时、有效汇集民意	0.77	X_{65} 每万人治安案件发案率	0.22
X_{41} 决策听证与公示情况	0.83	X_{66} 每万人交通安全事故发生率	0.43
X_{42} 专家咨询与论证情况	0.68	X_{67} 亿元 GDP 生产事故死亡率	0.23
X_{43} 决策的程序化和规范化情况	0.83	X_{68} 公众的安全感指数	0.67
X_{44} 官网是否有政策意见征询栏	0.53	X_{69} 城镇新增就业人口占总就业人口的比例	0.40
X_{45} 公众对政府听民意的感知	0.75	X_{70} 就业创业服务政策供给	0.42
X_{46} 部门之间权责明晰	0.70	X_{71} 恩格尔系数	0.43
X_{47} 部门之间协调程度	0.66	X_{72} 平均预期寿命	0.31
X_{48} 与目标的一致性程度	0.38	X_{73} 人均住房面积	0.48
X_{49} 人均 GDP 增长率	0.68	X_{74} 每万人拥有公共交通车辆数	0.39
X_{50} 财政收入增长率	0.5	X_{75} 上班单程耗费时间	0.25
X_{51} 城乡居民人均可支配收入增长率	0.64	X_{76} 交通拥堵程度	0.46
X_{52} 工业总产值占 GDP 比重	0.35	X_{77} 城市建成区绿化率	0.32
X_{53} 居民消费支出	0.73	X_{78} 公众对生活质量的满意度	0.74

续表

三级指标	隶属度	三级指标	隶属度
X_{79}科技投入规模	0.25	X_{94}就医便捷度	0.42
X_{80}科技进步贡献率	0.25	X_{95}就医舒适度	0.53
X_{81}科技人员数量	0.17	X_{96}医药费可承受程度	0.57
X_{82}生均教育经费投入	0.37	X_{97}医保卡使用方便程度	0.18
X_{83}义务教育师生比	0.26	X_{98}空气质量指数	0.24
X_{84}教育支出占财政支出的比重/财政性教育经费占 GDP 的比重	0.35	X_{99}生活垃圾无公害处理率	0.26
X_{85}本科以上学历教师占总教师人数的比重	0.29	X_{100}环保投资占 GDP 比重	0.30
X_{86}高中教育普及率	0.41	X_{101}工业"三废"处理率	0.14
X_{87}高等教育毛入学率	0.42	X_{102}耕地保护情况	0.28
X_{88}公共图书馆人均图书册数	0.25	X_{103}公众满意度	0.75
X_{89}文艺场馆覆盖率	0.10	X_{104}每万人经济违法案件发生率	0.08
X_{90}公共体育设施投资占 GDP 比重	0.18	X_{105}每万人商品和服务投诉率	0.06
X_{91}医疗卫生经费占财政支出比重	0.31	X_{106}消费者投诉问题解决率	0.17
X_{92}每万人拥有病床数	0.37	X_{107}社会信用体系建设与运行情况	0.35
X_{93}每万人拥有医疗技术人员数	0.34	X_{108}企业及公众对市场秩序的满意度	0.44

客观指标相关性分析结果

居民生活质量相关分析矩阵

		X_{71}	X_{72}	X_{73}	X_{74}	X_{77}
X_{71}	皮尔逊相关系数	1	-0.456^{**}	0.137	-0.468^{**}	0.004
	显著性（双侧）		0.010	0.463	0.008	0.983
	样本数	31	31	31	31	31
X_{72}	皮尔逊相关系数	-0.456^{**}	1	0.225	0.702^{**}	0.404^{*}
	显著性（双侧）	0.010		0.223	0	0.024
	样本数	31	31	31	31	31

		X_{71}	X_{72}	X_{73}	X_{74}	X_{77}
X_{73}	皮尔逊相关系数	0.137	0.225	1	-0.048	0.513 **
	显著性（双侧）	0.463	0.223		0.797	0.003
	样本数	31	31	31	31	31
X_{74}	皮尔逊相关系数	-0.468 **	0.702 **	-0.048	1	0.333
	显著性（双侧）	0.008	0	0.797		0.067
	样本数	31	31	31	31	31
X_{77}	皮尔逊相关系数	0.004	0.404 *	0.513 **	0.333	1
	显著性（双侧）	0.983	0.024	0.003	0.067	
	样本数	31	31	31	31	31

注：＊＊在 0.01 水平（双侧）上显著相关。

X_{72} 与 X_{74} 相关系数较高，X_{72} 隶属度较低，因此剔除 X_{72}，X_{73} 与 X_{77} 相关系数较高，需要剔除一个，但是由于 X_{73} 数据只能通过 2010 年普查数据可得，数据比较陈旧，而 X_{77} 可以在统计年鉴中获得，且能获取到 2015 年的数据，结合数据可得性，删去 X_{73}，保留 X_{77}。

社会稳定维度指标相关分析矩阵

		X_{59}	X_{61}	X_{62}	X_{63}	X_{66}	X_{69}
X_{59}	皮尔逊相关系数	1	-0.587 **	-0.406 *	-0.015	-0.246	0.013
	显著性（双侧）		0.001	0.023	0.938	0.181	0.944
	样本数	31	31	31	31	31	31
X_{61}	皮尔逊相关系数	-0.587 **	1	0.297	-0.148	0.446 *	0.171
	显著性（双侧）	0.001		0.104	0.426	0.012	0.359
	样本数	31	31	31	31	31	31
X_{62}	皮尔逊相关系数	-0.406 *	0.297	1	-0.283	0.235	0.279
	显著性（双侧）	0.023	0.104		0.124	0.203	0.129
	样本数	31	31	31	31	31	31
X_{63}	皮尔逊相关系数	-0.015	-0.148	0.283	1	-0.249	-0.512 **
	显著性（双侧）	0.938	0.426	0.124		0.177	0.003
	样本数	31	31	31	31	31	31

续表

		X_{59}	X_{61}	X_{62}	X_{63}	X_{66}	X_{69}
X_{66}	皮尔逊相关系数	-0.246	0.446*	0.235	-0.249	1	0.171
	显著性（双侧）	0.181	0.012	0.203	0.177		0.358
	样本数	31	31	31	31	31	31
X_{69}	皮尔逊相关系数	0.013	0.171	0.279	-0.512**	0.171	1
	显著性（双侧）	0.944	0.359	0.129	0.003	0.358	
	样本数	31	31	31	31	31	31

注：**在 0.01 水平（双侧）上显著相关，*在 0.05 水平（双侧）上显著相关。

由于做相关分析前未对逆向指标做处理，所以相关分析中出现了负相关指数，为了避免影响判断而采用相关系数的绝对值来判断。X_{59} 和 X_{61} 存在较强的相关性，X_{59} 的隶属度为 0.7，X_{61} 的隶属度为 0.81，所以剔除 X_{59}，此外，X_{63} 和 X_{69} 存在相关性，X_{63} 隶属度高于 X_{69}，故保留 X_{63}，剔除 X_{69}。

科教文卫维度指标相关分析矩阵

		X_{82}	X_{84}	X_{86}	X_{87}	X_{91}	X_{92}	X_{93}
X_{82}	皮尔逊相关系数	1	0.159	0.674**	0.808**	-0.307	-0.076	0.733**
	显著性（双侧）		0.394	0	0	0.093	0.685	0
	样本数	31	31	31	31	31	31	31
X_{84}	皮尔逊相关系数	0.159	1	-0.340	-0.181	-0.228	-0.117	0.071
	显著性（双侧）	0.394		0.061	0.329	0.218	0.532	0.706
	样本数	31	31	31	31	31	31	31
X_{86}	皮尔逊相关系数	0.674**	-0.340	1	0.629**	-0.184	0.033	0.484**
	显著性（双侧）	0	0.061		0	0.322	0.858	0.006
	样本数	31	31	31	31	31	31	31
X_{87}	皮尔逊相关系数	0.808**	-0.181	0.629**	1	-0.034	-0.124	0.548**
	显著性（双侧）	0	0.329	0		0.856	0.508	0.001
	样本数	31	31	31	31	31	31	31

		X_{82}	X_{84}	X_{86}	X_{87}	X_{91}	X_{92}	X_{93}
X_{91}	皮尔逊相关系数	−0.307	−0.228	−0.184	−0.034	1	0.434 *	−0.097
	显著性（双侧）	0.093	0.218	0.322	0.856		0.015	0.604
	样本数	31	31	31	31	31	31	31
X_{92}	皮尔逊相关系数	−0.076	−0.117	0.033	−0.124	0.434 *	1	0.219
	显著性（双侧）	0.685	0.532	0.858	0.508	0.015		0.236
	样本数	31	31	31	31	31	31	31
X_{93}	皮尔逊相关系数	0.733 **	0.071	0.484 **	0.548 **	−0.097	0.219	1
	显著性（双侧）	0	0.706	0.006	0.001	0.604	0.236	
	样本数	31	31	31	31	31	31	31

注：在 0.01 水平（双侧）上显著相关，∗ 在 0.05 水平（双侧）上显著相关。

X_{82}、X_{86} 和 X_{87} 的相关性都比较高，且 X_{86} 与 X_{87} 的相关性也比较高，因此，三项保留一项，选取 X_{82}。

参考文献

中文著作及译著

[1] 阿历克西·德·托克维尔：《旧制度与大革命》，冯棠译，商务印书馆 1992 年版。

[2] 阿玛蒂亚·森：《伦理学与经济学》，王宇、王文玉译，商务印书馆 2000 年版。

[3] 阿克顿：《自由史论》，胡传胜等译，译林出版社 2001 年版。

[4] 安德鲁·坎贝尔、凯瑟琳·萨默斯·卢斯：《核心能力战略：以核心竞争力为基础的战略》，严勇、祝方译，东北财经大学出版社 1999 年版。

[5] 布莱克：《现代化的动力》，段小光译，四川人民出版社 1988 年版。

[6] 蔡立辉：《政府绩效评估：理论、方法与应用》，中国教育文化出版社 2006 年版。

[7] 陈磊等：《效能评估：理论、方法及应用》，北京邮电大学出版社 2016 年版。

[8] 陈向明：《质的研究方法与社会科学研究》，教育科学出版社 2000 年版。

[9] 陈振明：《政策科学》，中国人民大学出版社 2011 年版。

[10] 大卫·休谟：《人类理解研究》，商务印书馆 1981 年版。

[11] 戴维·M. 沃克：《牛津法律大词典》，北京社会与科技发展研究院译，光明日报出版社 1988 年版。

［12］道格拉斯·C. 诺斯：《制度、制度变迁与经济绩效》，刘守英译，上海三联书店 1994 年版。

［13］道格拉斯·诺思：《理解经济变迁过程》，钟正生、邢华等译，人民大学出版社 2008 年版。

［14］道格拉斯·诺斯：《经济史中的结构与变迁》，历以平译，商务印书馆 1992 年版。

［15］邓国超、肖明超：《群众评议政府绩效：理论、方法与实践》，北京大学出版社 2006 年版。

［16］邓国胜：《非营利性组织评估》，社会科学文献出版社 2001 年版。

［17］范柏乃：《政府绩效评估》，中国人民大学出版社 2012 年版。

［18］弗·布罗日克：《价值与评价》，李志林、盛宗范译，知识出版社 1988 年版。

［19］耿国阶：《困境、重构与突破：中国治理转型的模式研究》，东北大学出版社 2011 年版。

［20］郭亚军：《综合评价理论、方法和应用》，科学出版社 2007 年版。

［21］何显明、吴兴智：《大转型：开放社会秩序的生成逻辑》，学林出版社 2012 年版。

［22］胡税根：《公共部门绩效管理——迎接效能革命的挑战》，浙江大学出版社 2005 年版。

［23］霍布斯：《利维坦》，黎思复、黎廷弼译，商务印书馆 1985 年版。

［24］霍尔：《组织：结构、过程及结果》，张友星等译，上海财经大学出版社 2003 年版。

［25］江必新、菊成伟：《国家治理现代化比较研究》，中国法制出版社 2016 年版。

［26］杰弗里·菲佛、杰勒尔德·R. 萨兰基克：《组织的外部控制：对组织资源依赖的分析》，闫蕊译，东方出版社 2006 年版。

［27］金耀基：《从传统到现代》，中国人民大学出版社 1999 年版。

［28］经济合作与发展组织：《中国治理》，清华大学出版社 2007 年版。

［29］王雨田：《控制论、信息论、系统科学与哲学》，中国人民大学出版社 1988 年版。

［30］李钢、蓝石：《公共政策内容分析方法：理论与应用》，重庆大学

出版社 2007 年版。

[31] 刘笑霞：《我国政府绩效评价理论框架之构建——基于公众受托责任理论的分析》，厦门大学出版社 2011 年版。

[32] 刘旭涛：《政府绩效管理：制度、战略与方法》，机械工业出版社 2003 年版。

[33] 卢梭：《社会契约论》，何兆武译，商务印书馆 1980 年版。

[34] 卢泰宏：《信息分析法》，中山大学出版社 1988 年版。

[35] 鲁敏：《转型期地方政府的角色定位与行为调试研究》，天津人民出版社 2013 年版。

[36] 罗纳德·英格尔哈特：《现代化与后现代》，严挺译，社会科学文献出版社 2013 年版。

[37] 洛克：《政府论》，瞿菊农、叶启芳译，商务印书馆 1982 年版。

[38] 马君：《新常态与企业激励模式变革：从绩效导向到价值自觉》，经济科学出版社 2015 年版。

[39] 马克斯·韦伯：《经济与社会》，林荣远译，商务印书馆 1997 年版。

[40] 马克思、恩格斯：《马克思恩格斯选集》（第一卷），人民出版社 1975 年版。

[41] 倪星：《地方政府绩效评估创新研究》，人民出版社 2013 年版。

[42] 帕森斯：《社会行动的结构》，张明德等译，译林出版社 2003 年版。

[43] 潘恩：《潘恩选集》，马清槐译，商务印书馆 1982 年版。

[44] 彭向刚：《和谐社会视野下行政效能建设研究》，中国社会科学出版社 2013 年版。

[45] 热诺尔·罗兰：《转型与经济学》，张帆等译，北京大学出版社 2005 年版。

[46] 阮新邦、朱伟志：《社会科学本土化：多元视角解读》，美国八方文化企业出版公司 2001 年版。

[47] 萨缪尔·亨廷顿：《变化社会中的政治秩序》，王冠华等译，上海世纪出版社 2008 年版。

[48] 盛明科：《服务型政府绩效评估体系的构建与制度安排研究》，湘

潭大学出版社 2009 年版。

[49] 水藏玺、唐晓斌、冉斌：《绩效指标辞典》，中国经济出版社 2005 年版。

[50] 孙立平：《现代化与社会转型》，北京大学出版社 2005 年版。

[51] 王华：《中国地方政府绩效差距研究》，上海社会科学院出版社 2011 年版。

[52] 王浦劬：《国家治理现代化理论与策论》，人民出版社 2016 年版。

[53] 文硕：《世界审计史》，中国审计出版社 1990 年版。

[54] 沃尔夫冈·查普夫：《现代化与社会转型》，陈黎、陆宏成译，社会科学文献出版社 2000 年版。

[55] 伍彬：《政府绩效管理：理论与实践的双重变奏》，北京大学出版社 2017 年版。

[56] 徐海波：《中国社会转型与意识形态问题》，中国社会科学出版社 2003 年版。

[57] 徐坡岭：《转型政治经济学导论》，经济科学出版社 2014 年版。

[58] 许耀桐：《中国国家治理体系现代化总论》，国家行政学院出版社 2016 年版。

[59] 杨凤春：《中国政府概要》，北京大学出版社 2002 年版。

[60] 杨国枢、文崇一：《社会及行为科学研究的中国化》，"中央"研究院民族学研究所 1982 年版。

[61] 俞可平、托马斯·海贝勒、安晓波：《中共的治理与适应——比较的视野》，中央编译出版社 2015 年版。

[62] 俞可平：《治理与善治》，社会科学文献出版社 2000 年版。

[63] 俞可平等：《中国公民社会的制度环境》，北京大学出版社 2006 年版。

[64] 袁方等：《社会学家的眼光：中国社会结构转型》，中国社会出版社 1998 年版。

[65] 赵晖：《政府绩效管理与绩效评估》，南京师范大学出版社 2011 年版。

[66] 郑方辉、冯健鹏：《法治政府绩效评价》，新华出版社 2014 年版。

[67] 郑杭生、李强等：《社会运行导论：有中国特色的社会学基本理

论的一种探索》，中国人民大学出版社 1993 年版。

[68] 秦德君：《执政绩效探微：战略、评估及设计》，上海人民出版社 2006 年版。

[69] 朱庆芳、吴寒光：《社会指标体系》，中国社会科学出版社 2001 年版。

[70] 卓越：《公共部门绩效管理》，福建人民出版社 2004 年版。

[71] 卓越：《公共部门绩效评估》，中国人民大学出版社 2005 年版。

[72] 卓越：《政府绩效管理导论》，清华大学出版社 2006 年版。

中文期刊论文/报纸

[73] 柏维春：《制度自信与推进国家治理体系和治理能力现代化》，《政治学研究》2014 年第 2 期。

[74] 包国宪、李一男：《澳大利亚政府绩效评价实践的最新进展》，《中国行政管理》2011 年第 10 期。

[75] 包国宪、孙斐：《政府绩效管理价值的平衡研究》，《兰州大学学报》（社会科学版）2012 年第 5 期。

[76] 包国宪、周云飞：《英国全面绩效评价体系：实践及启示》，《北京行政学院学报》2010 年第 5 期。

[77] 包国宪、周云飞：《英国政府绩效评价实践的最新进展》，《新视野》2011 年第 1 期。

[78] 包国宪、周云飞：《政府绩效评价的价值载体模型构建研究》，《公共管理学报》2013 年第 2 期。

[79] 薄贵利：《政府绩效评估必须确立正确的价值导向》，《国家行政学院学报》2007 年第 3 期。

[80] 蔡立辉：《政府绩效评估：现状与发展前景》，《中山大学学报》（社会科学版）2007 年第 5 期。

[81] 蔡立辉：《政府绩效评估的理念与方法分析》，《中国人民大学学报》2002 年第 5 期。

[82] 陈天祥：《政府绩效管理研究：回归政治与技术双重理性本义》，《浙江大学学报》（人文社会科学版）2011 年第 4 期。

[83] 陈天祥：《政府绩效评估指标体系的构建方法——基于治理过程

的考察》，《武汉大学学报》（哲学社会科学版）2008 年第 1 期。

[84] 陈天祥：《政府绩效评估的经济、政治和组织功能》，《中山大学学报》（社会科学版）2005 年第 6 期。

[85] 陈新：《职能转变视角下的政府绩效评估研究》，博士学位论文，南开大学，2014 年。

[86] 范柏乃、朱华：《我国地方政府绩效评价体系的构建和实际测度》，《政治学研究》2005 年第 1 期。

[87] 范逢春：《建国以来基本公共服务均等化政策的回顾与反思：基于文本分析的视角》，《上海行政学院学报》2016 年第 1 期。

[88] 方慧：《我国政府绩效评估发展历程述评》，《财会通讯》2009 年第 15 期。

[89] 付景涛：《政治和技术的二分与互动——引证于"万人评议政府"绩效评估模式分析》，《甘肃行政学院学报》2011 年第 1 期。

[90] 付景涛：《我国地方政府绩效评估的主客观模式及进展》，《领导科学》2010 年第 23 期。

[91] 葛蕾蕾：《多元政府绩效评价主体的构建》，《山东社会科学》2011 年第 6 期。

[92] 黄萃、任弢、张剑：《政策文献量化研究：公共政策研究的新方向》，《公共管理学报》2015 年第 2 期。

[93] 蒋小杰、马玉超：《试析政府公共治理效能价值定位的必要性及历史进程》，《经济研究导刊》2009 年第 6 期。

[94] 景维民、黄秋菊：《转型经济学的学科定位与展望》，《东岳论丛》2010 年第 3 期。

[95] 郎玫、包国宪：《博弈视角下政府绩效评价模型选择的理论优化》，《西北师大学报》（社会科学版）2012 年第 3 期。

[96] 雷战波、姜晓芳：《我国电子政务绩效评估发展综述》，《情报杂志》2006 年第 12 期。

[97] 李放：《现代国家制度建设：中国国家治理能力现代化的战略选择》，《新疆师范大学学报》（哲学社会科学版）2014 年第 4 期。

[98] 李景鹏：《关于推进国家治理体系和治理能力现代化——"四个现代化"之后的第五个"现代化"》，《天津社会科学》2014 年第

2 期。

[99] 李维丽：《政府红头文件若干法律问题研究》，硕士学位论文，山东大学，2010 年。

[100] 刘笑霞：《论我国政府绩效评价主体体系的构建——基于政府公共受托责任视角的分析》，《审计与经济研究》2011 年第 3 期。

[101] 刘燕：《后发型国家的现代化发展与中国的战略选择》，《中山大学学报》（社会科学版）2005 年第 2 期。

[102] 马宝成：《试论政府绩效评估的价值取向》，《中国行政管理》2001 年第 5 期。

[103] 马得勇、王正绪：《民主、公正还是绩效？——中国地方政府合法性及其来源分析》，《经济社会体制比较》2012 年第 3 期。

[104] 马佳铮、包国宪：《美国地方政府绩效评价实践进展评述》，《理论与改革》2010 年第 4 期。

[105] 倪星、李晓庆：《试论政府绩效评估的价值标准与指标体系》，《科技进步与对策》2004 年第 9 期。

[106] 倪星、余凯：《试论中国政府绩效评估制度的创新》，《政治学研究》2004 年第 3 期。

[107] 倪星、余琴：《地方政府绩效指标体系构建研究——基于 BSC、KPI 与绩效棱柱模型的综合运用》，《武汉大学学报》（哲学社会科学版）2009 年第 5 期。

[108] 倪星：《地方政府绩效评估指标的设计与筛选》，《武汉大学学报》（哲学社会科学版）2007 年第 2 期。

[109] 彭国甫、张玉亮：《追寻工具理性与价值理性的整合——地方政府公共事业管理绩效评估的发展方向》，《中国行政管理》2007 年第 6 期。

[110] 彭国甫：《基于 DEA 模型的地方政府公共事业管理有效性评价——对湖南省 11 个地级州市政府的实证分析》，《中国软科学》2005 年第 8 期。

[111] 彭国甫：《价值取向是地方政府绩效评估的深层结构》，《中国行政管理》2004 年第 7 期。

[112] 钱振明：《公共治理转型的全球分析》，《江苏行政学院学报》

2009 年第 1 期。

[113] 秦晓蕾：《地方政府绩效评估中的有效公民参与：责任与信任的交换正义——以南京市"万人评议机关"15 年演化历程为例》，《中国行政管理》2017 年第 2 期。

[114] 邱法宗、张霁星：《关于地方政府绩效评估主体系统构建的几个问题》，《中国行政管理》2007 年第 3 期。

[115] 冉敏、刘志坚：《基于立法文本分析的国外政府绩效管理法制化研究——以美国、英国、澳大利亚和日本为例》，《行政论坛》2017 年第 1 期。

[116] 尚虎平、韩清颖：《政府绩效立法的央地互动模式：美国的经验与启示》，《甘肃行政学院学报》2016 年第 5 期。

[117] 尚虎平、杨娟：《公共项目暨政府购买服务的责任监控与绩效评估——美国〈项目评估与结果法案〉的洞见与启示》，《理论探讨》2017 年第 4 期。

[118] 沈亚平、马建斌：《政府转型：涵义、动因和目标》，《内蒙古大学学报》（人文社会科学版）2008 年第 1 期。

[119] 施雪华、方盛举：《中国省级政府公共治理效能评价指标体系设计》，《政治学研究》2010 年第 2 期。

[120] 孙斐、赵晓军：《价值协同：一个新的地方政府绩效评价价值冲突成因》，《公共行政评论》2016 年第 2 期。

[121] 孙斐：《中国地方政府绩效评价的价值冲突管理——基于四川省资中县政府的质性研究》，《公共管理学报》2015 年第 3 期。

[122] 孙少博：《战略性人力资源管理对组织效能的影响研究》，博士学位论文，山东大学，2012 年。

[123] 唐任伍、唐天伟：《2002 年中国省级地方政府效率测度》，《中国行政管理》2004 年第 6 期。

[124] 唐天伟、曹清华、郑争文：《地方政府治理现代化的内涵、特征及其测度指标体系》，《中国行政管理》2014 年第 10 期。

[125] 汪丁丁：《转型期中国社会的社会科学研究框架》，《财经问题研究》2011 年第 7 期。

[126] 王明杰、闫丽：《政府绩效评估的动力机制》，《求索》2009 年

第 4 期。

［127］ 王浦劬：《国家治理、政府治理和社会治理的含义及其相互关系》，《国家行政学院学报》2014 年第 3 期。

［128］ 王浦劬：《论新时期深化行政体制改革的基本特点》，《中国行政管理》2014 年第 2 期。

［129］ 吴家庆、王毅：《中国与西方治理理论之比较》，《湖南师范大学社会科学学报》2007 年第 2 期。

［130］ 吴建南、高小平：《行风评议：公众参与的政府绩效评价研究进展与未来框架》，《中国行政管理》2006 年第 4 期。

［131］ 吴建南、刘佳：《构建基于逻辑模型的财政支出绩效评价体系——以农业财政支出为例》，《中南财经政法大学学报》2007 年第 2 期。

［132］ 吴建南、马亮、杨宇谦：《比较视角下的效能建设：绩效改进、创新与服务型政府》，《中国行政管理》2011 年第 3 期。

［133］ 吴建南、阎波：《地方政府绩效评估体系的路径选择——福建的分析》，《中国行政管理》2008 年第 2 期。

［134］ 吴建南、阎波：《政府绩效：理论诠释、实践分析与行动策略》，《西安交通大学学报》（社会科学版）2004 年第 3 期。

［135］ 吴绍琪、冉景亮：《政府绩效评估主体的研究》，《软科学》2006 年第 6 期。

［136］ 习近平：《切实把思想统一到党的十八届三中全会精神上来》，《人民日报》2014 年 1 月 1 日第 2 版。

［137］ 习近平：《决胜全面建成小康社会　夺取新时代中国特色社会主义伟大胜利——在中国共产党第十九次全国代表大会上的报告》，人民出版社 2017 年版。

［138］ 杨雪冬：《论作为公共品的秩序》，《中国人民大学学报》2005 年第 6 期。

［139］ 俞可平：《治理与善治引论》，《马克思主义与现实》1999 年第 5 期。

［140］ 臧乃康：《和谐社会构建中的政府绩效评估价值重置》，《甘肃社会科学》2006 年第 1 期。

［141］臧乃康：《政府绩效评估价值与和谐社会的契合》，《探索》2005年第4期。

［142］赵鼎新、龚瑞雪、胡婉：《"天命观"及政绩合法性在古代和当代中国的体现》，《经济社会体制比较》2012年第1期。

［143］赵晓男、刘霄：《制度路径依赖理论的发展、逻辑基础和分析框架》，《当代财经》2007年第7期。

［144］郑方辉、段静：《省级"政府绩效评价"模式及比较》，《中国行政管理》2012年第3期。

［145］郑功成：《中国社会公平状况分析——价值判断、权益失衡与制度保障》，《中国人民大学学报》2009年第2期。

［146］《中共中央关于全面深化改革若干重大问题的决定》，《人民日报》2013年11月16日第1版。

［147］中国行政管理学会联合课题组：《关于政府机关工作效率标准的研究报告》，《中国行政管理》2003年第3期。

［148］周志忍：《政府绩效管理研究：问题、责任与方向》，《中国行政管理》2006年第12期。

［149］周志忍：《公共组织绩效评估中国实践的回顾与反思》，《兰州大学学报》（社会科学版）2007年第1期。

［150］卓越、杨道田：《基于战略的公共部门绩效评估模式构建》，《天津行政学院学报》2007年第4期。

［151］卓越、赵蕾：《公共部门绩效管理：工具理性与价值理性的双导效应》，《兰州大学学报》2006年第5期。

英文著作及论文

［152］Ammons, D. N. and Rivenbark, W. C., "Factors Influencing the Use of Performance Data to Improve Municipal Services: Evidence from the North Carolina Benchmarking Project", *Public Administration Review*, Vol. 68, No. 2, March/April 2008.

［153］Andrews, R., Boyne, G. A. and Law, J., "External Constraints on Local Service Standards: The Case of Comprehensive Performance Assessment in English Local Government", *Public Administration*,

Vol. 83, No. 3, September 2005.

[154] Andrews, R., Boyne, G. A., Law, J., et al., "Organizational Strategy, External Regulation and Public Service Performance", *Public administration*, Vol. 86, No. 1, March 2008.

[155] Andrews, R., Boyne, G. A. and Meier, K. J., et al., "Vertical Strategic Alignment and Public Service Performance", *Public Administration*, Vol. 90, No. 1, March 2012.

[156] Andrews, R. and Boyne, G. A., "Capacity, Leadership, and Organizational Performance: Testing the Black Box Model of Public Management", *Public Administration Review*, Vol. 70, No. 3, May/June 2010.

[157] Bastiat, F., *"The Law" "The State" and Other Political Writings, 1843 - 1850*, Indianapolis, Indiana: Liberty Fund Inc., 2012.

[158] Behn, R. D., *Rethinking Democratic Accountability*, Washington, DC: Brookings Institution Press, 2001.

[159] Behn, R. D., "Why Measure Performance? Different Purposes Require Different Measures", *Public Administration Review*, Vol. 63, No. 5, September 2003.

[160] Bevir M., *Key Concepts in Governance*, London: SAGE Publications, 2009.

[161] Boyne, G. A., James, O. and John, P., "Top Management Turnover and Organizational Performance: A Test of a Contingency Model", *Public Administration Review*, Vol. 71, No. 4, July/August 2011.

[162] Boyne, G., Day, P. and Walker, R., "The Evaluation of Public Service Inspection: A Theoretical Framework", *Urban Studies*, Vol. 39, No. 7, June 2002.

[163] Brewer, G. A. and Walker, R. M., "Personnel Constraints in Public Organizations: The Impact of Reward and Punishment on Organizational Performance", *Public Administration Review*, Vol. 73, No. 1, January/February 2013.

[164] Cameron, Kim S. , "Effectiveness as Paradox: Consensus and Conflict in Conceptions of Organizational Effectiveness", *Management Science*, Vol. 32, No. 5, May 1986.

[165] Cameron, Kim, "Measuring Organizational Effectiveness in Institutions of Higher Education", *Administrative Science Quarterly*, Vol. 23, No. 4, December 1978.

[166] Carter, N. , Day, P. and Klein, R. , *How Organisations Measure Success: The Use of Performance Indicators in Government*, London: Routledge, 1995.

[167] Chan, H. S. and Gao, J. , "Can the Same Key Open Different Locks? Administrative Values Underlying Performance Measurement in China", *Public Administration*, Vol. 91, No. 2, 2013.

[168] Commission on Global Governance, *Our Global Neighbourhood: The Report of the Commission on Global Governance*, Oxford: Oxford University Press, 1995.

[169] Connolly, T. , Conlon, E. J. and Deutsch, S. J. , "Organizational Effectiveness: A Multiple – constituency Approach", *Academy of Management Review*, Vol. 5, No. 2, April, 1980.

[170] Dahl, R. A. , "The Science of Public Administration: Three Problems", *Public Administration Review*, Vol. 7, No. 1, 1947.

[171] De Bont, A. and Grit, K. , "Unexpected Advantages of Less Accurate Performance Measurements. How Simple Prescription Data Works in a Complex Setting Regarding the Use of Medications", *Public Administration*, Vol. 90, No. 2, June 2012.

[172] De Waal, A. A. , "Behavioral Factors Important for the Successful Implementation and Use of Performance Management Systems", *Management Decision*, Vol. 41, No. 8, October 2003.

[173] Donahue, A. K. , Selden, S. C. and Ingraham, P. W. , "Measuring Government Management Capacity: A Comparative Analysis of City Human Resources Management Systems", *Journal of Public Administration Research and Theory*, Vol. 10, No. 2, April 2000.

［174］ Ephraim Yuchtman and Stanley E. Seashore, "A System Resource Approach to Organizational Effectiveness", *American Sociological Review*, Vol. 32, No. 6, December 1967.

［175］ Etzioni, *Modern Organizations*, Englewood Cliffs, NJ: Prentice Hall, 1964.

［176］ Fessler, J, W. and Kettl, D. F., *The Politics of the Administrative Process*, New Jersey: Chatham House, 1991.

［177］ Flamholtz, E., *Effective Management Control: Theory and Practice*, Norwell, Massachusetts: Kluwer Academic Publishers, 1996.

［178］ Garnett, J. L., Marlowe, J. and Pandey, S. K., "Penetrating the Performance Predicament: Communication as a Mediator or Moderator of Organizational Culture's Impact on Public Organizational Performance", *Public Administration Review*, Vol. 68, No. 2, March 2008.

［179］ George A. Boyne, Kenneth J. Meier, Laurence J. O'Toole Jr. and Richard M., *Public Service Performance: Perspectives on Measurement and Management*, Cambridge: Cambridge University Press, 2006.

［180］ Goodman, P. S. and Pennings, J. M., *Critical Issues in Assessing Organizational Effectiveness*, New York: Wiley – Interscience, 1979.

［181］ Goodman, P. S. and Pennings, J. M., *New Perspectives on Organizational Effectiveness*, San Francisco: Jossey – Bass, 1977.

［182］ Gore, A., "From Red Tape to Results: Creating a Government That Works Better & Costs Less", Report of the National Performance Review, 1993.

［183］ Hannan, M. T. and Freeman, J., "The Population Ecology of Organizations", *American Journal of Sociology*, Vol. 82, No. 5, March 1977.

［184］ Harrington, H. James, *Business Process Improvement: The Breakthrough Strategy for Total Quality, Productivity, and Competitiveness*, New York: McGraw Hill Professional, 1991.

［185］ Holloway, J., Lewis, J. and Mallory, G., *Performance Measurement and Evaluation*, California: Sage Publications, 1995.

[186] Howard, A. and Bray, D. W. , *Managerial Lives in Transition: Advancing Age and Changing Times*, New York: Guilford Press, 1988.

[187] Hughes, O. E. , *Public Management & Administration – An Introduction*, London: Macmillan Press Ltd. , 1998.

[188] Jabbra, Joseph G. and Dwivedi, O. P. , *Public Service Accountability: A Comparative Perspective*, West Hartford, CT: Kumarian Press, 1988.

[189] Jessop, B. , "The Rise of Governance and the Risks of Failure: The Case of Economic Development", *International Social Science Journal*, Vol. 50, No. 155, March 1998.

[190] Julnes, P. L. and Holzer, M. , "Promoting the Utilization of Performance Measures in Public Organizations: An Empirical Study of Factors Affecting Adoption and Implementation", *Public Administration Review*, Vol. 61, No. 6, November 2001.

[191] Kearns, K. P. , *Managing for Accountability: Preserving the Public Trust in Public and Nonprofit Organizations*, San Francisco: Jossey – Bass, 1996.

[192] Krippendorff, K. , *Content Analysis: An Introduction to Its Methodology*, Thousand Oaks, CA: SAGE Publications, 2004.

[193] La Porta, R. , Lopez – de – Silanes, F. and Shleifer, A. , "The Quality of Government", *The Journal of Law, Economics, and Organization*, Vol. 15, No. 1, April 1999.

[194] Lee, J. Y. J. and Wang, X. H. , "Assessing the Impact of Performance – Based Budgeting: A Comparative Analysis across the United States, Taiwan, and China", *Public Administration Review*, Vol. 69, No. 1, December 2009.

[195] Light, P. C. , *Monitoring Government: Inspectors General and the Search for Accountability*, Washington: Brookings Institution Press, 2011.

[196] Longo, P. J. , *The Performance Blueprint: An Integrated Logic Model Developed to Enhance Performance Measurement Literacy: The Case of Performance – Based Contract Management*, Ohio University, 2002.

[197] Machi, L. A. and McEvoy, B. T., *The Literature Review: Six Steps to Success*, California: Corwin Press, 2016.

[198] Meier, K. J. and O' Toole, L. J., "Public Management and Educational Performance: The Impact of Managerial Networking", *Public Administration Review*, Vol. 63, No. 6, November 2003.

[199] Meier, K. J., Winter S. C., O' Toole, L. J., et al., "The Validity of Subjective Performance Measures: School Principals in Texas and Denmark", *Public Administration*, Vol. 93, No. 4, December 2015.

[200] Melkers, J. and Willoughby, K., "Models of Performance – Measurement Use in Local Governments: Understanding Budgeting, Communication, and Lasting Effects", *Public Administration Review*, Vol. 65, No. 2, March/April 2005.

[201] Mohr, L. B., "The Concept of Organizational Goal", *American Political Science Review*, Vol. 67, No. 2, June 1973.

[202] Neely, A., Richards, H., Mills, J., et al., "Designing Performance Measures: A Structured Approach", *International Journal of Operations & Production Management*, Vol. 17, No. 11, November 1997.

[203] Njoh, Ambe J., "A Clint Satisfaction Model of Public Service Organizationa Effectiveness", *Social Indicators Research*, Vol. 32, No. 3, July 1994.

[204] Parsons, T., *Structure and Process in Modern Societies*, New York: The Free Press, 1960.

[205] Pfeffer, J. and Salancik, G. R., *The External Control of Organizations: A Resource Dependence Perspective*, Stanford University Press, 2003.

[206] Poister, T. H., Pasha, O. Q. and Edwards, L. H., "Does Performance Management Lead to Better Outcomes? Evidence from the US Public Transit Industry", *Public Administration Review*, Vol. 73, No. 4, July/August 2013.

[207] Quinn, R. E. and Rohrbaugh, J., "A Spatial Model of Effectiveness Criteria: Towards a Competing Values Approach to Organizational Analysis", *Management Science*, Vol. 29, No. 3, March 1983.

［208］ Rainey, H. G. and Steinbauer, P. , "Galloping Elephants: Developing Elements of a Theory of Effective Government Organizations", *Journal of Public Administration Research and Theory*, Vol. 9, No. 1, January 1999.

［209］ Rainey, H. G. , "Toward a Theory of Goal Ambiguity in Public Organizations", *Research in Public Administration*, Vol. 2, No. 1, 1993.

［210］ Riggs, F. W. , *The Ecology of Public Administration*, Bombay : Asia Publishing House, 1961.

［211］ Simons, R. , *Performance Measurement and Control Systems for Implementing Strategy*, New Jersey: Prentice Hall, 2000.

［212］ Taylor, J. , "Factors Influencing the Use of Performance Information for Decision Making in Australian State Agencies", *Public Administration*, Vol. 89, No. 4, December 2011.

［213］ Tharenou, P. , "Going up? Do Traits and Informal Social Processes Predict Advancing in Management?", *Academy of Management Journal*, Vol. 44, No. 5, October 2001.

［214］ Tyler, Tom R. , "Psychological Perspectiveon Legitimacy and Legitimation", Annual Review of Psychology, Vol. 57, 2006.

［215］ Van Ryzin, G. G. , Muzzio, D. , Immerwahr, S. , "Explaining the Race Gap in Satisfaction with Urban Services", *Urban Affairs Review*, Vol. 39, No. 5, May 2004.

［216］ Von Bertalanffy, L. , "The History and Status of General Systems Theory", *Academy of Management Journal*, Vol. 15, No. 4, December 1972.

［217］ Wang, Wen, "Improving the Capacity to Govern Based on Rules in China", *Public Administration Review*, Vol. 73, No. 5, September/October, 2013.

［218］ Wilson, W. , "The Study of Administration", *Political Science Quarterly*, Vol. 2, No. 2, June 1887.

［219］ Yang, K. and Holzer, M. , "The Performance – trust Link: Implications for Performance Measurement", *Public Administration Re-*

view, Vol. 66, No. 1, January 2006.

[220] Yang, K. and Hsieh, J. Y., "Managerial Effectiveness of Government Performance Measurement: Testing A Middle – Range Model", *Public Administration Review*, Vol. 67, No. 5, September 2007.

[221] Zhong, Y., "Do Chinese People Trust Their Local Government, and Why? An Empirical Study of Political Trust in Urban China", *Problems of Post – Communism*, Vol. 61, No. 3, May 2014.

后　记

　　地方政府效能评价是一个幅度宽阔、内涵丰富的研究主题，关于这一研究主题，很多学者提出了较为成熟的理论体系和理论观点。可以说，选择这样的研究主题既需要巨大的勇气，亦需要与之匹配的研究能力，呈现自己这本以博士论文为基础修改而形成的书稿，我认为自己的勇气可嘉，但研究能力尚有很大提升空间。

　　在书稿最初写作，也就是博士论文写作过程中，我与任何一名博士生写作博士论文过程相似，经历了"衣带渐宽终不悔，为伊消得人憔悴"的过程，但是写作完成后却没有"众里寻他千百度，蓦然回首，那人却在灯火阑珊处"的解脱之感。博士论文顺利通过答辩之后，我依然无法停止对治理转型视域下我国地方政府效能评价问题的思考，尤其是党的十九大召开以来，我国进行的全方位深化改革战略布局，让我对地方政府效能评价这一研究主题的兴趣更加浓厚。最初的博士论文的核心思路是认为进入新的历史发展阶段，我国地方政府治理转型蕴含的特定价值取向、制度基础和社会基础对地方政府效能评价提出了新诉求，效能评价作为推动政府治理现代化的重要治理工具，也必须站在新的历史方位，审视在新时代应该做出什么样的转变来适应地方政府治理转型的现实诉求，从而更加自觉地推动地方政府治理体系和治理能力现代化。随着改革实践的深入，我越发觉得这一思路的可行性与可能性，遂有了将博士论文进一步修改，形成书稿的想法。

　　无数实践证明，一项学术研究的顺利开展不仅需要一个人的刻苦钻研，还需要不断与他人探讨交流，发现问题，进而完善研究内容。在博士论文写作和书稿修改过程中，我的导师柏维春教授从选题、框架搭建到具体写作都对我进行了悉心的指导和帮助，尤其是在选题阶段，导师与我进行了多次的探讨与交流，正是导师的指引和帮助，才形成了最终的选题，在论文写作完成、书稿修改过程中，导师又结合党的十九大以来的改革实践提出了一些十分有益的建议。在博士论文写作和书稿修改过程中，我的师兄钟哲副教授也给予我丰富的指导意见和无私的帮助。此外，学院的其他老师也对论文写作和书稿修改提出了中肯的修改意见。在此，对他们无私的指导和帮助表示万分的感谢！

还需要交代的是，在写作本书的过程中，拜读了多位专家学者的著作、论文，受益匪浅，也在文中引用了多位专家学者的观点，并尽量注明了出处，但也难免挂一漏万，恳请各位专家学者谅解。同时，也需要坦言，地方政府效能评价是一个需要长期关注和探索的领域，作为一名初入学术大门的年轻学者，我对于地方政府效能评价的研究才刚刚起步，尽管这本书稿对地方政府效能评价提出了一点见解，但由于本人学识水平和研究能力的限制，还是有很多不尽如人意之处，真诚地欢迎专家学者和读者朋友能够不吝赐教，批评指正。

郭燕芬

2019 年 3 月 5 日

东北师范大学　冬华公寓